志布志事件は終わらない

編著 木村 朗
野平康博

まえがき

　今年（二〇一六年）五月二四日に東京都知事の舛添氏騒動の影に隠れるようなかたちで一つの重要な法案、すなわち、冤罪（えんざい）防止を目的とし取調べの可視化を義務付けた刑事訴訟法改正案が可決、成立した。この法案は、村木厚子厚生労働事務次官が逮捕され、その後無罪が確定した二〇〇九年の「郵政不正事件」に端を発する。その裁判の過程で、大阪地検特捜部の検事が証拠を改竄（かいざん）し、調書を捏造（ねつぞう）していた事実が発覚した。それを機に司法改革の必要性が叫ばれ、四年の歳月をかけて昨年（二〇一五年）三月にまとまったのが、この刑事訴訟法改正案であった（その内容は、公権力の肥大化という危うさをはらむものであることを強調しておきたい。第一部六章を参照）。

　今回の刑事訴訟法改正で最大の目玉とされた取調べの全面可視化の問題が全国的課題として浮上するきっかけとなったのが、二〇〇三年四月の鹿児島県議選で、鹿児島県志布志町（現志布志市）で起きたとされる選挙違反冤罪事件、すなわち志布志事件であった。この事件では、選挙で当選した中山信一県議が志布志町の懐（ふところ）集落の有権者に現金を配ったとして、一三人が逮捕・起訴されたが（うち一人の山中鶴雄さんは公判中に死亡し公訴棄却）、裁判では全員が容疑を否認し、二〇〇七年二月二三日、鹿児島地方裁判所（谷敏行裁判長）は「自白には信用性がなく、現金を配ったとされる元県議にもアリバイがある」として、被告人全員に無罪判決を下した。そして、鹿児島地検（水沼祐治次席検事）も「（認定された）アリバイを覆すのは困難。証拠全体の吟味が不十分だった」として控訴を断念し無罪が確定した。

この志布志事件をめぐっては、以下の四件の国賠訴訟が起こされ、いずれも国側の敗訴が確定した（志布志事件では、この他に、熊毛郡屋久島町在住の行政書士が原告となり、二〇〇七年二月に定年退職した黒健治志布志署長（事件当時）の退職金を県に返納させるよう県警本部長に対して求める訴訟も同地裁民事部で起こされたが、これについては鹿児島地裁が二〇〇九年一月一六日に「支払いが著しく妥当性を欠くとはいえない」として原告請求を棄却している）。

最初に判決が確定したのは、任意の事情聴取中に県警の元警部補、濵田隆広被告人（特別公務員暴行陵虐罪で福岡地裁林秀文裁判長に在宅起訴）が、川畑幸夫さんに親族の名前などが書かれた紙を無理やり踏ませた「踏み字」事件の損害賠償請求訴訟である。二〇〇七年一月、同地裁が取調べの違法性を認め、県に六〇万円の支払いを命じた。この裁判では濵田被告人は、「踏み字行為を一回させたことは事実で、反省している」と事実関係を認めながら、「特別公務員暴行陵虐罪の陵虐や加虐的行為には当たらない」と無罪を主張した。二〇〇八年三月一八日の被告人に懲役一〇月、執行猶予三年を言い渡した判決では、「踏み字」について「常軌を逸した行為」とし、被疑者の人権に配慮して取調べを行うべき取調官としてあるまじきもの」と断罪した。しかし、一方、川畑さんが「一〇回以上」と主張し争点となっていた「踏み字」の回数については、川畑さんの証言に「疑問が残る」などとし、「一回踏ませた行為を認定する」にとどまった。これに対して、川畑さんは、「思っていた以上に厳しい判決だった。（被告人は）判決を真摯に受け止め反省してほしい」と述べるとともに、「踏み字」の回数が「一回」とされたことについて「残念だ」とし、真実を明らかにするためにも「一日も早い取調べの『可視化』が必要だ」と強調した。

次に判決が確定した裁判が、捜査の過程で被告人との接見内容を調書化されたとして弁護士一一人が国と県を訴えた接見交通権訴訟である。この裁判では、容疑者や被告人との接見内容を調書にされ、接見交通の秘密を違憲・違法に侵害されたとして、鹿児島県などの弁護士一一人が国と県に総額一億二一〇〇万円の損害賠償を求めた。二〇〇八年三月二四日、鹿児島地裁（高野裕裁判長）で出された判決では「違法に弁護人固有の接見交通権を侵害した」として原告の請求を一部認め、国と県に計五五〇万円の支払いを命じた。この接見交通権をめぐる訴訟は、日本弁護士連合会が把握している六二件のなかでも異例で、他の訴訟の場合のように接見禁止・妨害をめぐるものではなく、接見内容の聴取や調書化の是非が争われた点で前例がないということで全国から六一一人の弁護士が原告代理人に名を連ねた。

そして、判決が確定した第三番目の訴訟は、二〇〇三年鹿児島県議選をめぐる公職選挙法違反（買収・被買収）事件で全員無罪が確定した元被告人一二人（原告団長は藤山忠さん）と、公判中に死去した元被告人（山中鶴雄さん）の遺族ら計一七人が、鹿児島県警や同地検の捜査や取調べ、長期間の拘束で肉体的・精神的苦痛を受けたとして、国と県を相手に総額二億八六〇〇万円を求める国家賠償請求訴訟を鹿児島地裁に起こしたものである。原告らは県警や地検が、⑴証拠や嫌疑がないことを知りつつ逮捕、勾留した、⑵証拠がないにもかかわらず見込みで起訴した、⑶無罪が明確なのにもかかわらず公判を続けた、⑷常軌を逸した長時間の取調べや、自白の強要など違法な捜査をした、と主張。捜査や公判を続けるために組織的にさまざまな違法行為を行った、と訴えていた。鹿児島地裁の吉村真幸裁判長（川崎聡子裁判長代読）は、二〇一五年五月一五日、捜査・起訴の違法性を認めて警察、検察の在り方を断罪し、元被告人とその遺族ら一七人に計五九八〇万円の損害賠償を支払うよう、県と国に命じる判決を言い渡した。同判決では、県警の捜査を指揮した当時の黒健治志布志署長と捜査二課の磯辺一信警部が、事件の構図を読み誤り捜査員に違法な捜査を続けさせ、元被告人らに虚偽の自白をさせたと認定し、地検も、元被告人らが全員否認に転じた後も漫然と起訴、勾留を続けたとして、県警、地検のいずれの捜査や判断にも違法性があったと断じており、二〇〇七年二月の無罪判決より一歩踏み込んだ内容であった。

だが、原告らが求めた直接謝罪も行われることはなく、捜査の端緒情報や元被告人らが起訴された理由など事件の真相が解明されることはなかった。この直接謝罪については、二〇一五年六月一一日に県議会代表質問で、県警の種部滋康本部長は、元被告人らが求める志布志市での直接謝罪について「(事件はでっちあげだとする) 原告の主張が前提なら、直接の対応は難しい」と答弁し、従来の立場を崩さなかった。傍聴していた元被告人の懐俊裕さんは「直接謝罪がない限り、事件が終わったとは感じられない」と憤った。また、この判決から一年過ぎた時点で、元原告団長の藤山忠さんは「志布志事件とはいったい何だったのか。直接謝罪もなく、答えは見つからないままだ」と語った。この二人の元被告人の言葉は非常に重い。

そして最後が、つい最近福岡高裁宮崎支部で原告側勝訴の判決が出されて、双方が上告を断念した結果、その二審判決が確定した「叩き割り」訴訟である。

この「叩き割り」訴訟では、事件の関連捜査で県警から違法な取調べを受けて自白を強要されたなどとして志布志市の住民が県を相手に慰謝料を請求していた。二〇〇三年四月の鹿児島県議選をめぐり、県警が当時地元の消防団長だった浜野博さんを買収の容疑者に仕立てようと、架空の自白を強要して調書を作成していたことが二〇〇六年一月に判明した。県警は捜査員や浜野さんから聞き取り調査し、倉田潤・県警本部長（当時）は県議会で「強要の事実は認められなかった」と否定した。そのため、浜野博さんが原告団長となってほかの住民六人とともに、過酷な取調べでうその自白を強要されるなど精神的苦痛を強いられたなどとして県に一人あたり三三〇万円、総額二三一〇万円の損害賠償を求めていた。一審の鹿児島地裁・吉村真幸裁判長（川崎聡子裁判長代読）は、逮捕されるなどした原告三人について捜査の違法性を認め、計一八四万円の賠償を支払うよう県に命じた。ほかの四人の請求は棄却した。判決は原告男性の逮捕容疑について、「事件で無罪が確定した元被告人らの虚偽自白に支えられており、合理的理由が欠如していた」と指摘。他の二人（浜野さんの妻・栄子さんと川畑まち子さん）も、取調べ中に警察官が大声で「外道」と怒鳴ったり、窓の外に向かって「現金と焼酎をもらった」などと叫ばせたりした行為が「社会通念上許されない」と判断した。四人については、「取調べから相当時間が経過している」として、法廷で証言した内容の信用性に疑問が残ると退けた。この明暗を分けた判決に対して、原告団長の浜野博さんと浜野さんの妻・栄子さん、川畑まち子さんら六人は直ちに控訴した。

その志布志市の住民六人が県警の違法な取調べで苦痛を受けたとして県に計一九八〇万円の損害賠償を求めた訴訟の控訴審判決が二〇一六年八月五日、福岡高裁宮崎支部であった。西川知一郎裁判長は取調べの違法性を認定した上で一審鹿児島地裁判決を変更し、全員に対する計五九五万円の賠償を命じた。この控訴審判決は原告・被告側双方が上告をせずそのまま確定し、志布志事件に関連する一連の裁判はすべて終結することとなった。

しかし、この控訴審判決は、「真実に反する自白に追い込むなど、被疑事実の存在を前提に相当強く追及した」などと違法な取調べを認定したものの、「事件はでっち上げであった」との原告（被害者側）・弁護団の訴えに真正面から応えるものではなかった。原告（被害者側）が求めている直接謝罪もいまだなされていない。すべての裁判が終結した現在でもなお事件全体の真相の解明（とりわけ、端緒情報の開示）も責任追及も中途半端なままで今後の課題として残されており、その意味でも「志布志事件は終わった」とは到底言えないであろう。

　この志布志事件の特徴は、捜査段階での自白の強要や、「踏み字」行為、「叩き割り」、秘密交通権の侵害、そのほか「人質司法」とも呼ばれる異例とも思える長時間の勾留（在宅起訴された一人をのぞく元被告人の勾留日数は、八七日から三九五日に及ぶ）などが問題となった（事件の経緯については、巻末の年表を参照）。ここで、志布志事件とは何であったのかを考える場合の最大の問題は、志布志事件とは重大なミスや予断によって起こされた「冤罪」事件であったのか、それとも一部の警察幹部の暴走とそれと一体化した検察・裁判所による「でっち上げ」事件であったのか、という点である。一連の裁判では捜査の端緒情報は最後まで開示されなかったものの、一部の勇気ある内部告発者と魂のあるジャーナリストの連携で明らかにされた取調小票（とりしらべこひょう）の存在や捜査会議で「この事件はなかったのではないか」と発言した現場の捜査官が、捜査からはずされ、異動させられたという事実などから、この志布志事件が、一部の捜査当局幹部が意図的にでっち上げた架空の事件であったといえよう。しかし、もしそうであったとしても、無実の人たちを犯人に仕立て上げようとして過酷な取調べを行い、未遂に終わったとしても自殺行為にまで及ばせるにいたった真の動機・目的は一体何だったのか。志布志事件の真相は依然として藪の中だ。県警や地検・地裁などの当事者が「違法捜査」（長期勾留の誤りを含む）を率直に認め、元被告人・被害者らへの直接謝罪を行うとともに、責任者を厳しく処分しない限り、志布志事件が終わることはない。取調べの全面可視化や証拠の全面開示など「適正な捜査・裁判」が行われない限り、志布志事件のような「冤罪」（「でっち上げ」を含む）事件は今後もなくならないだろう。

最後に、志布志事件に関連して、これまでに亡くなられた四人の方々（二人の元被告人である山中鶴雄さんと永利忠義さん、二人の元弁護人の有留宏泰・東條雅人両先生）に、この場をお借りして、心からご冥福をお祈りいたします。

二〇一六年八月一八日　志布志事件最後の「叩き割り」訴訟の控訴審判決確定の日に

共同編集者　木村　朗

志布志事件は終わらない——目次

目次

特別編　大崎事件

第3部　資料編

■志布志事件関係地図

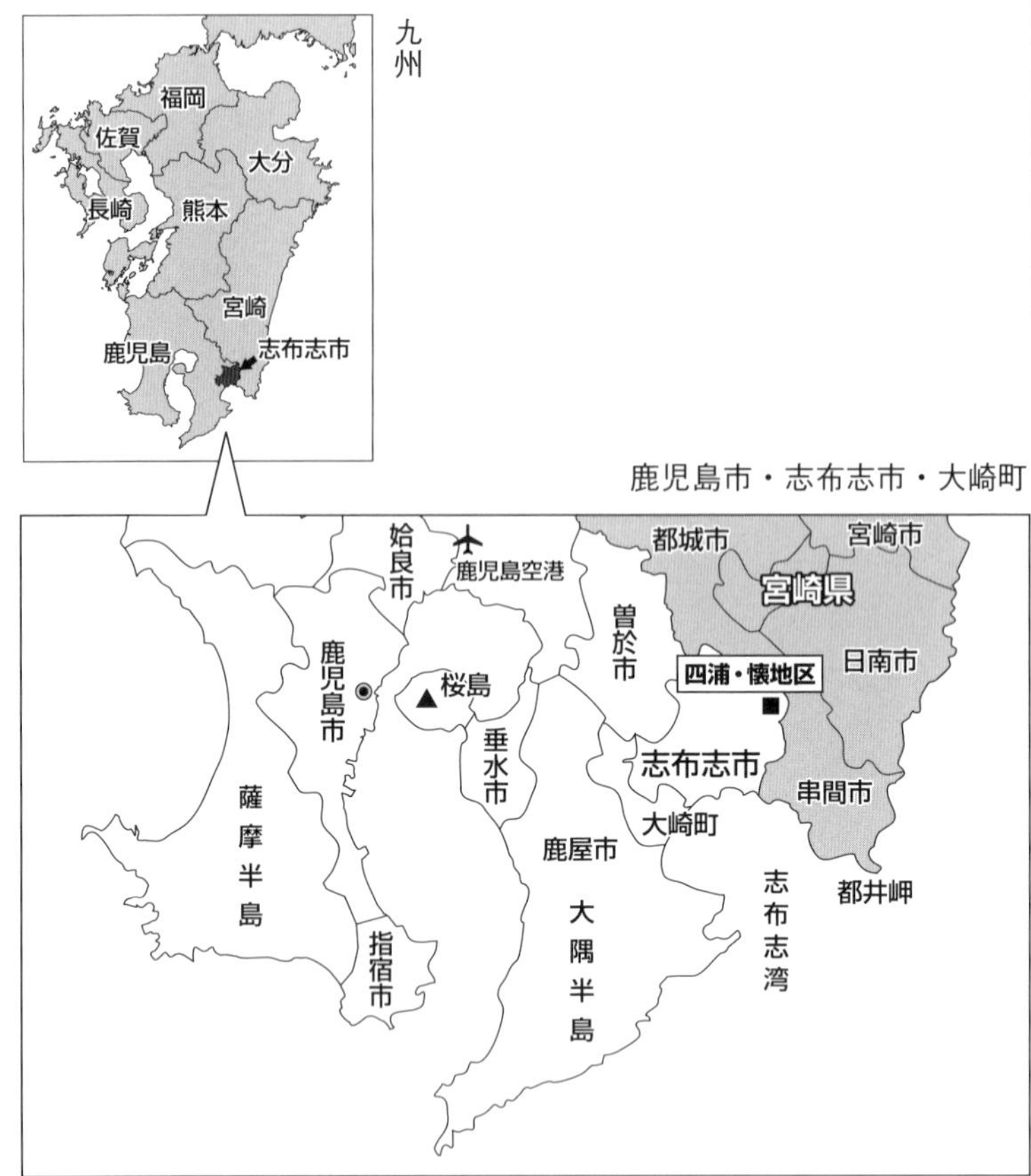

■凡例

・「浜野博」氏、「浜野栄子」さんについては、文献により「濱」の表記がありますが、本書ではご自身が使用されている「浜」としました。

・氏名をイニシャル等で表記しているところがありますが、著者の意向を尊重しました。

・地名その他の振り仮名は、「まえがき」「第1部」「第2部」「特別編」「あとがき」のそれぞれ初出に振りました。また、引用文中の振り仮名は編者によります。

第1部　志布志事件とは何であったのか

1 志布志事件の刑事弁護活動を振り返って

野平　康博

1 永山トメ子さんの弁護活動

1 第一回公判期日について

平成一五年七月三日午前一〇時は、いわゆる志布志事件の第一回公判期日でした。そのとき、私が弁護していたのは、志布志事件の永山トメ子さん（以下「トメ子」という。敬称略）だけでした。私は、この期日直前にトメ子に裁判所の接見室で面会をしていました。私は、当時七二歳の無実のトメ子の様子が気になり裁判所で面会しました。トメ子は、力強く、「私は何も悪いことはしていないので、大丈夫です。裁判の流れは説明を受けているので分かっています」と、人生ではじめての刑事法廷でしたが、落ち着いた様子で話してくれました。私は、トメ子の様子に安心し、それから、法廷に向かって階段を上っていました。すると、七名ほどの検事や副検事が物々しい雰囲気で、私が会釈をしても目もくれず、法廷に入って行きました。当時、裁判所の庁舎は建て替え工事中で、プレハブの法廷は狭かったのですが、傍聴席は満員で、スーツ姿の刑事達も大勢傍聴席に座っていました。

この日は、それまでの私の弁護生活の中で最も忌まわしい日となりました。

私が検事達に続いて法廷に入ろうとすると、裁判所の事務官が声をかけてきました。裁判官（当時単独事件）が面談したいとのことでした。私は、何のことだろうと、全く想像することもできませんでした。この期日は、一回目買収会合事件の六名が起訴されており、他の弁護人五名は既に打合室で進行協議をしているとのことでした。私が打合室に入ると、既に裁判官と他の五名の弁護人も着席していました。

裁判官は開口一番、本日朝、検察官から連絡があり、複数の国選弁護人が、接見禁止に違反して親族の手紙などを被告人に見せるなどの違法行為を行っていることが判明した、このまま公判を開廷すれば、公判廷で解任請求するほかないなどとの申し入れがあり、裁判所としても、法廷の混乱を予防する観点から、人定質問だけで公判期日を終えたいなどと申し入れをしてきました。

私は、その意味が理解できませんでした。山口政幸弁護人（鶴雄さんの弁護人）だけは、延期に異論を述べているようでした。私も、期日延期は、第一回公判期日の終了時まで接見禁止もついているし、トメ子にとって不利益が大きいと考え、それには同意できないと伝えました。裁判所は夏期休廷直前の状況でしたから、このままでは、第一回期日は、八月中旬以降ということになりかねず、到底受け入れることができない状況でした。検察官が引き延ばしをしている感じがしました。裁判官は、それでも、刑事部の部長に相談したいが不在だし、法廷の混乱を避けるためにやむを得ないので協力して欲しいと言ってきました。私は、頭の中で「公判の分離」などと考えたのですが、それは果たしてトメ子にとってよいのだろうか、無実を訴えている人がいるのであれば、皆で公判を闘った方がよいのではないか、などといろいろ考えました。他の弁護人は、解任予告された国選弁護人も含まれていましたので、延期もやむを得ないという雰囲気でした。

私も、その雰囲気に押された感じで、延期することにやむなく同意しました。そして、人定質問、起訴状朗読までやって、期日は延期されました。トメ子達はあっけに取られていました。このようにして始まった志布志事件の審理が、それから延々と五四回もの公判期日を重ねることになるとは、当時の私は夢想だにしませんでした。

このような公判期日が延期になった理由は、その後の手続きのなかで分かっていきましたが、余りにも理不尽なものでした。

2　志布志事件との出会い

さて、私は、平成一五年五月、曽於(そお)郡区で選挙買収事件があったと新聞で読み、志布志事件の存在を知りました。しかし、当時、私は、原爆症認定集団訴訟、中国残留孤児集団訴訟、消費者訴訟などの集団訴訟を抱えており、その買収事件は記憶の片隅に残っていただけでした。

同年六月上旬になると、一本の電話が事務所にありました。その電話の主は、六月三日に一回目買収会合で起訴され、四回目買収会合で再逮捕されていたトメ子の長男でした。長男は、「母が起訴された。井上弁護士が弁護してくれているが、勾留場所が志布志署で、面会も大変で、大変困っている」という訴えでした。

私は、既に井上順夫弁護士や本木順也弁護士が弁護活動をしていることから、果たして私まで弁護人に必要かと思いました。井上弁護士の了解のもとでのことか確認し、井上弁護士とも一緒に会うことにしました。長男と井上弁護士と会って、これまでの経緯・事情の説明を受けました。

トメ子は、当時、志布志町の四浦（ようら）校区内にある懐（ふところ）集落に身体障害のある夫と一緒に暮らしていました。四浦簡易郵便局の局長でした。二月上旬に、近所に住むいち子さん宅で中山信一さんの選挙買収があり、会合の場でいち子さんから現金六万円をもらったとして六月三日に起訴されていました。トメ子は、いち子さんから金をもらったことはないし、隣だけど、最近はいち子さん宅に行ったこともないと訴えているとのことでした。

井上弁護士と本木弁護士がトメ子のため弁護活動をしていましたが、中山信一さん・シゲ子さんがいち子さん宅での選挙買収事件で逮捕されたので、弁護活動が十分にできないとのことで、トメ子の弁護をして欲しいとのことでした。

私は、他の事件が忙しく、鹿児島市内から片道車で二時間かかる志布志署での勾留ということで、十分な接見が可能か、不安がありましたが、母は無実だとの真摯な訴えでしたので、接見時間を工夫すれば何とかなるものと考え引き受けることにしました。

そこで、私は、早速、六月七日午後、志布志署にトメ子に面会に行きました。志布志署に到着すると、いつもの接見と違い、何か異様な雰囲気がしていました。志布志署全体が、ぴりぴりとした雰囲気に包まれていました。私がいつものように面会の申込みをすると、留置係が現れ、既に三名の弁護人が就いているが、どうして面会されるのかなどと質問してきました。私は、どのような理由であろうと面会の理由を聞かれることは問題だと思い、長男からの要請なのでトメ子と今すぐ会いたいとだけ答えました。すると、現在、トメ子は取調中で、女性の留置係が不在なので、留置場に戻せないから少しだけ待って欲しいと言われました。私は、とにかく急いで欲しいと言って、少し待つことにしました。余り長時間待たされれば、接見妨害として訴えることも頭によぎりました。ただ、ほどなく面会できることになり、接見室に通されました。

このとき、志布志署の接見室は、留置係の部屋がドア一枚で隔ててあり、留置係には複数の者がいる雰囲気が漂っていました。誰かが慌ただしく出入りしている雰囲気もありました。会話を盗み聞きできる部屋で、秘密交通権などとはおこがましい接見室です。

私は、接見室の椅子に腰掛けて、アクリル板の向こうにトメ子が来るのを待っていました。ほどなく七二歳のトメ子が現れました。とても上品な女性でした。私は自己紹介をして、長男の依頼で来たことなどを説明しました。起訴された事実や逮捕勾留されている事実について確認しました。いずれも、そのような事実はないと否定されました。その否定には言いよどむこともなく、しっかりとした口調での否認でした。

私は、事件の構造を直ぐにのみ込むことができませんでした。四月二〇日の取調べはいち子さんが焼酎と現金を持ってきただろうと言われたこと、五月一三日の逮捕は、二月上旬にいち子さん宅で会合があり、いち子さんから現金六万円をもらっただろうというもの、そして、六月四日の逮捕は、いち子さん宅で会合があり中山信一さんから現金一〇万円をもらっただろうというものだったのです。しかも、会合参加者は殆ど同じ顔ぶれが上がっているというのです。どうして会合が何回もいち子さん宅であり、選挙買収金が何度も渡されるのか、全く理解できないものでした。

また、取調べは、トメ子は、当初警察への信頼があり、必ず自己の無実は分かってもらえると思っていたが、刑事からは、「おまえは暴力団より悪い」と屈辱的な言辞を浴びせられ、精神的なショックを受けていました。あるときは、刑事は、トメ子が座っている机の前にやってきて殴りかからんばかりの動作で、大きな声で怒鳴って、認めるよう強要しました。刑事は、トメ子に対し「もういいが。もう相当頑張ったが。あんたは最高記録」と言いながらも、トメ子の必死の弁明を真摯に受け止めず、有罪であるとの前提で、うその事実を押しつけようとしたのです。刑事は、紙に『悪いことをした人は、罪を謝罪して、認めて謝罪をすべきだ』という文章を書き、毎日取調室の机にそれを置いてトメ子に毎日それを読ませ、謝罪を強要していました。毎日、朝から夜まで同じ質問の繰り返しで、いち子さんの家で会合があっただろう、そこで選挙の金をもらっただろうということの繰り返しで、否定し続けても、おまえは嘘をついているなどと怒鳴られているとのことでした。

そこで、私は、トメ子に取調べ状況を毎日ノートに書くようお願いしました。現在は、弁護士会が作った「被疑者ノート」を被疑者に差し入れていますが、当時は、そのようなものはなく、各弁護士が大学ノートを差し入れるなどして、取調べ状況を記録するよう指示していました。私は、当日、出先から接見に赴いた関係で大学ノートを持参していなかったので、購入して記すようお願いして帰りました。トメ子は、その指示を守り、大学ノートに取調べ状況を書くようになりました。ただ、留置係は短時間しかボールペンを貸してくれなかったので、トメ子は思うように日記をつけることはできませんでした。

その後は、井上弁護士らとシフトを組んで交代で、毎日のように接見を繰り返しました。私は、夕方五時過ぎに鹿児島にある自分の事務所を出て、午後七時過ぎに志布志署で接見し、午後九時ころまでトメ子と接見して帰宅するという生活を続けました。片道二時間、接見時間を入れると六時間以上を費やした接見でしたが、トメ子は、私に対し、「遠いところ有り難うございます。山道ですから気をつけてお帰り下さいね」と、外灯もない暗い山道を鹿児島に帰ることを知っていて、自宅に帰る私をねぎらってくれました。私は、このような優しい人が、このような事件で、敢えて嘘をつくなどあり得ないことだと確信していました。トメ子の話す内容は、いつも一貫しており、どこから聞いてもいち子さん宅での会合などあり得ないと思いました。

3　接見の繰り返しで、無実を確信

トメ子の弁護は接見の繰り返しでした。会って話を聞く度に、トメ子の無実を強く確信していきました。

一回目会合は二月上旬として起訴されていましたが、検察官が証拠請求した証拠は、どれも他の人々の自白調書だけで、これを裏付ける客観証拠は含まれておらず、しかも、共犯者自白は、相互に矛盾したものも含まれ、また、変遷に変遷を重ねていました。買収金の原資も分からず、もらった金の使途も不明で、どうしてこのような事件が発覚したのか、その端緒も、よく分かりませんでした。このような証拠でよく起訴できたものだとあきれるものでした。相当にレベルの低い起訴だと思いました。よくも裁判官は逮捕・勾留を容認したものだと、裁判官にもあきれました。しかも、検察官請求証拠には弁護人との接見内容を記載したものも多数含まれていました。「本当は会合はあったのに、弁護人から嘘をつくように言われ、否認を唆(そそのか)されている」などとする内容虚偽の供述調書が作成されており、驚きでした。

トメ子が再逮捕された四回目会合も、三月下旬ころというだけで、多数人が参加したはずの会合日も特定

されておらず、トメ子の弁護人としては、いつ会合があったというのか、全く不明で、共犯者供述をどのように弾劾するのか、弁護方針が定まりませんでした。どのように防御すればよいのか、全くわけが分かりませんでした。

そこで、私は、とにかく二月、三月のトメ子の行動から、会合に参加できない日を潰していこうと思い、一日ずつ確認していきました。トメ子の長男、長女、長女の婿などにも頻繁に連絡をとり、アリバイや人間関係なども聞き出していきました。

4　常軌を逸した取調べの強要

私はいろいろ聞き取り調査していきましたが、トメ子は状況的に一回目から四回目まで、買収会合に参加できないことなどは分かりました。ただ、捜査側が会合日を全く特定していないので、この時点では、決定的なアリバイを明らかにすることはできませんでした。そのこと自体、会合参加者とされた他の方々のアリバイはあるのではないかと思っていました。会合に参加したとされる方々の中には、確実に会合に参加できない日があったからです。また、四浦校区は市街地から来るまで四〇分ほどかかる山奥で、当時は携帯電話の通話ができない地区であり、参加したとされる者同士がどのように連絡をとりあったのかも、全く不明であり、余りにもずさんな供述調書だったからです。

このようななかで、とにかく、トメ子が虚偽自白することを防ぐことに全力を傾注するほかないと考え、井上弁護士らとともに、トメ子との接見を最優先で行っていました。

私たちは、トメ子は無罪と確信しており、勾留の理由がないものと考えていたことから、裁判所に勾留理由開示裁判も求めました。裁判所が嫌疑をしっかりと吟味すれば、その根拠がないことが明らかになるものと考えていたからです。この裁判は公開法廷で開かれることになっており、その日程も決まっていました。当時、トメ子には接見禁止がつけられており、弁護人以外とは接見できませんでした。既にトメ子は逮捕されて四〇日以上、弁護士以外、家族との面会はできない状況が続いていました。トメ子も、長男ら家族も、久しぶりに公開法廷で会えるものと楽しみにしていました。

ところが、この裁判の日、警察は、トメ子の四浦簡易郵便局の家宅捜索を実施しました。このため、長男らは、法廷に出頭できず、トメ子と会うことは叶いませんでした。私は警察の悪意を感じました。

この後も、私たちは、トメ子との接見を繰り返していたところ、六月二五日、トメ子の四回目会合の勾留延長満期日を迎えました。四回目会合について、検察官は、この時点でトメ子らを誰も起訴することはできず、トメ子は処分保留で釈放されたのです。ただ、それでも、検察官らは、一回目会合の起訴勾留を用いて、勾留を続け、余罪取調べを継続し、一回目会合だけでなく、四回目会合についても、取調べを続けていました。そこで、私たちは、一回目も、四回目も既に起訴後の任意の取調べであるから、取調受忍義務を課した取調べは行うことがないよう、警察や検察に内容証明郵便で求めました。

その後の、トメ子の聞取りから、取調べはありもしない余罪が中心であること、トメ子は、長期間接見禁止の状態で連日朝九時から夜九時ころまで取り調べられ、怒鳴られ、ときには認めれば早く身柄も解放されるぞ、家族にも迷惑がかからないぞなどと利益誘導による自白を迫られ、さらに、会合参加は皆が見ていたなどと嘘の事実を述べて自白を迫るなどされていることも判明しました。トメ子が留置場内で取調状況についてメモしたノートを取調官が密かに盗み見をして、それをトメ子から何の法的根拠もなく留置場内のトメ子の私物を入れるロッカーからから取り上げようとしているとの訴えもありました。

トメ子は、七二歳と高齢で、持病もありましたが、自己の無実を訴え続けました。取調官の常軌を逸する執拗な取調べ（もはや取調べとは言い難い）が続き、疲労困憊（こんぱい）し、トメ子は取調室に入れられる度に恐怖心が募り、冷や汗をかくなど身体症状があらわれるようになっていました。

私は、このような精神状態に追い込むことが捜査の名で許されるはずはないものと思いましたが、ただ弁護人として接見を繰り返し、励ますことしか方法がありませんでした。現在であれば、「被疑者取調べ適正化のための監督に関する規則」に基づく監督対象行為があるとして抗議することもできるのですが。

トメ子は、既に当時は、完全な被告人の地位にあり、取調受忍義務はないはずでした。任意捜査としての取調べが可能なだけでした。しかし、取調官は執拗に取調べに応じるように強要し、既に起訴された事実について取調べを継続していました。トメ子は、自己の無実をはらすために取調べに応じてきましたが、それも身体的・精神的限界に達していました。このような勾留場所での勾留は、まさに自白強要の温床となるだけでした。

そこで、私は、志布志警察署の留置場から、本来の留置場所である鹿児島市内にある拘置支所に勾留場所を変更するよう、裁判所に求めました。拘置支所に移送されることによって、連日、長時間の違法取調べを阻止でき、トメ子の肉体的・精神的苦痛から解放することができると考えたからです。

一回目会合に関する第一回公判期日が七月三日午前一〇時と指定されていましたから、勾留場所を変更するよう申立を行いました。ところが、裁判所は、検察官の意見が、鹿児島拘置支所の女子房が満杯だとの理由で、暫くしてから再度申立をして欲しいと言って、職権の発動をせず、勾留場所は志布志警察署の留置場のままでした。

それで、私は、第一回公判期日が間近の時点で、再度、勾留場所の変更を求めたのです。すると、第一回期日後の七月四日に勾留場所を変更するとの決定をしたのです。これも何か不自然・不合理な感じがしました。このころ、私は、検察官の対応が不自然な感じがしていて、とても気になっていました。井上弁護士らは、選挙買収されたとするトメ子だけでなく、買収会合を開催したとされていた中山信一さんらも一緒に弁護を担当していました。それで、捜査側は私たちを何か怪しんでいる雰囲気がありました。そこで、私が単独でトメ子の弁護を担当することとし、井上弁護士らにトメ子の弁護人を辞任してもらうことにしたのです。これは、われわれ弁護人がトメ子に否認の慫慂（しょうよう）などしておらず清廉潔白であることを捜査側に示す意図もありました。このようにして、このときから、私は一人でトメ子の弁護をすることになったのです。

5　延々と続く異常取調べ——警察・検察に警告の申し入れ

しかし、結局、第一回公判期日は、延期されました。このような異常事態は、私の弁護経験上、後にも先にも、全く初めてのことでした。そして、この後も、異常事態は続きました。

このような異常事態に直面し、私は、到底一人ではトメ子の弁護活動を行うことは不可能であると考えました。そこで、中国残留孤児訴訟などの弁護活動を一緒に行ったことのある笹川竜伴弁護士と中園貞宏弁護士に応援を依頼しました。両弁護士は、事態の深刻さを理解され、迅速に対応してくれました。七月四日には、裁判官の決定で勾留場所も拘置支所に移されていたので、両弁護士も直ぐにトメ子に接見してくれ、弁護人選任届を作成し、トメ子弁護団として弁護活動を始めてくれました。

ところで、俊裕さんの国選弁護人といち子さんの国選弁護人は、検察官から呼出を受けたり、裁判所からの呼出を受けたりしていましたが、裁判所は、七月七日には、この二人の国選弁護人を解任するという暴挙に出ました。このとき、担当裁判官は、単独の裁判官でしたが、二人の国選弁護人が裁判所から呼出を受けたときは、部総括裁判官も一緒に話しを聞き、発言もしていたのですが、このときのことを裁判所書記官が記録した口頭聴取書によれば、担当裁判官だけが発言したことになっていました。これは明らかに事実に反するものでした。裁判所も内容虚偽の文書を作成していたのです。

私たちトメ子弁護団は、検察官や県警本部に宛てて、七月八日には、次の申し入れを行いました。

『上記事件について、検察官の第一回公判期日当日の不当な申出で裁判所が違法・不当な訴訟指揮権の行使により第一回公判期日が延期となったところ、上記事件に関する平成一五年六月三日付け起訴状記載の事実関係（以下「本件事件」という）並びに同年六月六日付け勾留状記載の事実関係（処分保留で釈放されている。以下「余罪事件」という）につき、検察官及び取調官は、その後も引き続き、被告人取調べを実施し並びに供述調書を作成しようとしているが、これらの行為を直ちに止めて頂きたい。即時中止を求めるものである。また、検察官及び捜査機関は、公判期日に多数の捜査官（確認しただけで一六名）を法廷に動員しているが、これは、被告人らに対する威圧・恫喝行為であり、法廷に対する冒涜である。このように多数の捜査官が傍聴することは、捜査上の行為ではあり得ず職務上の行為とも言えないもので、明らかな公費の無駄遣いである（県公安委員会などに監査請求などを行う予定である）。次回の公判期日には、多数の捜査員を法廷に動員することがないよう強く要請する。公判中心主義に悖（もと）る行為である』

と。

その理由は、次のようなものでした。

トメ子は公訴提起され、既に、裁判で、一方当事者たる地位にあったので、このような者と相対する検察官は、起訴後に被告人の協力を一切得ずに立証すべき義務があり（憲法三八条第一項）、起訴後の手続は全て公開法廷で行われることになっています（憲法第三七条第一項）。また、起訴後の手続には被告人を法律上助言する弁護人が欠けてはならないとの弁護人依頼権の保障（憲法第三七条第三項）があります。憲法上の保障からは、起訴後の被告人取調べは、格別の慎重さが要請されているのです。最高裁昭和三六年一一月二一日判決は、このような観点から、被告人取調べは、①被告人の当事者たる地位を実質的に害することなく、かつ②公判手続に支障を来さない必要最小限度に止めるべきだと判示しています。検察官や捜査官が、公訴提起後も引き続き本件事件について被告人取調べを連日実施していることは、まず、本件公訴提起が見込み起訴であったことを窺わせる事情でした。見込み起訴だとの疑念・疑惑は、開示された証拠にも現れていました。開示された殆どの書証は起訴後の供述調書だったからです。トメ子は、終始冤罪と叫び続けてきた者でした。このような者を起訴した以上、十分な証拠有りとの心証を得た上で訴追しているはずで、いまさら被告人取調べの必要性は全くなかったはずです。既に検察官及び取調官は、任意捜査の段階から現在まで本件事件について接見禁止の状態で被告人を取調べしてきたはず（実際毎日のように八時間以上にわたり、禁止されている利益誘導や恫喝、弁護人への誹謗中傷などを繰り返しながら取調べをしてきた）で、もはや公訴維持に必要な取調べはあり得ないことでした。被告人取調べを行わなくても、全く公判手続に支障を来さない（上記②の要件を欠くことになる）。公訴権を独占し公益の代表者として、検察官は廉潔性を厳に保持すべきでした。法の遵守者・実行者として、憲法の要請に真摯に応えるべきでした。また、トメ子は、終始被告人は冤罪だと叫び続けてきた。捜査段階では自己の無実をはらすために、能う限り取調べに応じてきたが、捜査官はトメ子の真摯な叫びに一切耳を傾けてくれませんでした。この期に及んで被告人の協力を求めることは、公判手続で自己の無実を明らかにしようとする被告人の防御権を違法に侵害する行為だと言わざるを得なかったのです（上記①の要件を欠くことになります）。また、公判中心主義に悖る行為でもあったのです。この点、トメ子は、終始無実を叫び続けているのであり、捜査官の取調べに任意に応じることがないことは明らかでした。実際、トメ子は検察官及び取調官との面会自体を拒否していたのです。第一回公判期日直前に被告人の取調べを強行することは、トメ子の公判準備に支障を来すものであり、弁護人の弁護を受ける権利を侵害すると考えられます。そこで、捜査機関に警告したのです。四回目会合事件については、トメ子は既に処分保留で釈放されていました。だから、一回目会合事件の身柄を利用して引き続き取調べをすることは、刑事訴訟法第二〇八条、第二〇九条が勾留期間を定めた趣旨を没却するものであり、違法といわざるを得なかったのです。また、捜査機関が上記のように起訴後も引き続き取調べを継続し、供述調書を作成することは、トメ子の自由な意思を阻害することになり、刑事訴訟法の理念である公判中心主義に著しく反するものでした。捜査機関は、既に余罪事件についても捜査を遂げており、トメ子には余罪事件について取調受忍義務は認められなかったのです。

　平成一五年七月八日午後から、四回目会合事件についても、取調官は鹿児島拘置支所内で被告人取調べを強行していました。しかし、トメ子は、公判で自己の無実を明らかにしようとしていたのですから、この取調べは適正ではなかったのです。その段階では、取調べについてトメ子の任意の同意はあり得ないのですから。実際、トメ子は弁護人に取調べを拒絶したいと強く求めていました。既にトメ子は度重なる取調官の強要・恫喝で疲労困憊していたのです。そもそもトメ子は過喚起症候群の持病をもち、任意捜査時も利益誘導や恫喝を伴う違法な取調べのため、救急車で搬送された経験を持っていました。この弁護士の抗議時点でも、体調の著しい不良を訴えており、七二歳の高齢者の女性であることを考えると、接見禁止状態を利用した執拗な取調べ強要は、憲法の禁止する拷問に等しいものでした。トメ子弁護人である私たちは、検察官及び取調官に対し、ありもしない余罪事件について、今後一切被告人取調べをしないよう求めたのです。また、第一回の公判廷には、一六人もの警察官が傍聴していました。このような行為は、警察官の職務行為と言えるか、極めて疑問がある行為でした。なぜそのように多くの警察官を法廷に並べる必要があったのか、準司法機関である検察官が、これを容認すること自体も、大問題でした。トメ子は一市民にすぎず、絶対的な権力を有する検察官は、一人でも訴追権を行使できる立場の者です。何を怖れていたのだろうか。一六人もの警察官の公判廷への出頭は、トメ子らに対する権力を誇示する以外の何ものでもありませんでした。公判廷が捜査機関の取調室であるかのような強い印象をトメ子らに植え付けようとしているように感じられました。このようなことをすれば、それだけ、公判廷自白は任意性に重大な疑いを生じさせるものとなるだけでした。このような警察官の示威行為は、法廷の権威に対する冒涜であり、裁判官の職務行為の独立に対する挑戦でもあったのです。検察官は即時にこのような行為を止めさせるべきであったのです。また、公費の無駄遣いであることも吟味されるべきでした。そのような時間があるのであれば、検察官は公訴維持のため、警察官は他の犯罪の防止・摘発のため、全力を尽くすべきでした。それが捜査機関に求められていることでした。このようなことから、私たちは、法曹として検察官の冷静な対応を強く求めたのです。私たちは、このようにして、延期された第一回公判期日には、このようなことがないよう強く求めたのです。

6　弁護士会への申立

私たち、笹川、中園及び私の三名のトメ子弁護団は、捜査機関に対し、このような警告を行いつつ、他方、鹿児島県弁護士会に対して、検察官の違法な秘密交通権侵害を訴えました。二人の国選弁護人と被告人との接見状況を記載した供述調書の存在は、端的に弁護人の固有権としての秘密交通権を侵害するものだったからです。

弁護士会は、素早く行動してくれました。そして、検察官、そして、国選弁護人を解任した裁判所に強く抗議するとともに、弁護士会として、国選弁護人の推薦停止決議を行うべきかどうか、さまざまな観点から議論をしました。

また、私達は、延期された公判期日の指定について、裁判所に申し入れをしました。

「期日当日の直前に、国選弁護人解任請求という行為を行うことは、検察官の法廷の威信に対する挑戦であり、許されるべきではない。まして検察官は公益の代表者であり、法廷の攪乱を行うべき立場に立ってはならない存在である。他方、検察官がかかる暴挙に出た場合でも、裁判所は被告人の憲法上の権利である迅速な裁判を受ける権利が侵害されないよう適正な訴訟指揮権を行使すべきなのである。法上それが可能なはずである。第一回公判期日が延期され被告人の罪状認否ができなかったことにより、被告人は、今後とも、接見禁止が継続するとの重大な不利益を被っている。憲法上の権利である被告人の迅速な裁判を受ける権利を侵害するものであり、違法・違憲のものである。本件被告人は、平成一五年五月一三日逮捕され、以後勾留され、その時から接見禁止決定を受け、起訴後も第一回公判期日まで接見禁止決定を受けている。トメ子は七二歳の高齢者で、長期間にわたり外界から遮断され孤立無援の状態で勾留され続けているのである。なお、この間、トメ子は起訴後もうその自白をするよう捜査機関から強制され続けている。裁判の長期化は、うその自白を強要せんとする検察官の企図するところであるが、期日延期によるトメ子の不利益負担の増大は顕著と言わざるを得ない。弁護人としては、一刻も早い被告人の権利回復措置が裁判所を通じて取られるべきと思料する。そこで、第一回公判期日を全ての他事件の期日に最優先して、直ちに実現されるよう上申する。裁判所が指定する七月三一日では、被告人の著しい不利益負担がある。これは検察官の暴挙を許した裁判所の重大な責任である。弁護人としても、万難を排して期日調整に協力する所存である。なお、弁護人としては、本件は合一確定の強い要請があるものと思料するので、弁論の分離には強く反対するものである。仮に期日指定しないのであれば、速やかに接見禁止決定を解除すべきである。検察官の捜査は既に相当長期にわたっており、接見禁止を解除しても何らの不利益はない。また、強大な権力機関である検察官は、本件について長期間の捜査により証拠を確保しているはずであり、期間の経過により、一被告人が接見禁止をつける程の罪証隠滅できる状況は全く存在しなくなっており（そもそも身柄拘束が必要な程の罪証隠滅のおそれはないのであるが）、そのおそれは消滅していると言わざるを得ない。なお、この場合、余罪に関する罪証隠滅のおそれを理由とすることは断じて許されないといわなければならない。検察官は、この点混同していることは注意する必要がある」などと主張した。この結果、裁判所の夏期休廷前に、七月二四日と同月三一日の二期日が指定されることになった。

7　忌避申立

私たちは、第一回期日が指定され、期日が開かれた七月二四日に、「裁判長裁判官大原英雄及び裁判官前沢久美子は、いずれも鹿児島地方裁判所刑事部に所属し、合議体を構成して、被告人に対する公職選挙法違反被告事件の審理担当裁判官である。裁判長裁判官大原英雄は、まだ合議決定がなされる以前であるにも拘わらず、共同被告人の国選弁護人二名の解任手続について、当該国選弁護人二名から直接事情を聞くなどして関与したものであるが、この裁判官の行為は、本来関与できない裁判手続に関与したものであり、裁判官の独立を侵害する違法な行為を行った者であり、裁判官が不公平な裁判をする虞があるとき（刑訴法二一条一項）に該当する。また、裁判官前沢久美子は、検察官からの国選弁護人二名の解任請求を受けたが、この検察官の行為は、弁護人の純然たる公判準備のための接見状況をこと細かく調書にとるという違法な接見交通権の侵害行為に基づくものであるにも拘わらず、公判手続において対立当事者である被告人や国選弁護人について十分な弁明手続を経ずに当該国選弁護人二名を解任しているものであり、また、関与してはならない裁判官大原英雄を関与させて解任された当該国選弁護人二名から事情を聞いたものであり、この一連の裁判官の行為は、裁判官が不公平な裁判をする虞があるとき（刑訴法二一条一項）に該当する」と主張して、二人の裁判官の忌避申立を行った。弁護生活ではじめての忌避申立でした。

忌避申立の判断には、①簡易却下という裁判と、②別の合議体に審理させて裁判させる二つの方法があります。いずれの審理を行うかは、合議体（三名の裁判官）の合議による必要があります。しかし、裁判長は、合議をすることなく、自分だけの判断で、六名の被告人のうちトメ子の公判だけを分離し、忌避申立の判断についても、別の合議体に審理させる旨決定して、トメ子及び私たちトメ子弁護団を公判廷から退廷させてしまいました。

その後、別の合議体が我々トメ子弁護団の忌避申立を却下しましたが、その却下理由は、意味不明であり、裁判官仲間を庇うようなものでした。

それでも、私たちトメ子弁護団は、即時抗告して争うと裁判が長期化することから、これを避けることを優先し、トメ子の審理も他の方々と一緒に審理することを求めたのです。決して忌避申立の却下決定に納得したものではありませんでした。

このようにして、トメ子の審理も、他の方々の公判と併合されたのです。

8　保釈や勾留の執行停止の申立

そもそも、トメ子の嫌疑はないのであり、勾留の理由はありませんでした。そこで、私たちは、保釈を何度も申請しました。しかし、同じ証拠構造のもとで、虚偽自白したいち子さんほか二名は全ての起訴が終わった八月一二日、一三日の段階で、検察官が保釈に「しかるべく」との意見を出したことから、裁判所は易々と保釈を認めました。しかし、否認していたトメ子は、起訴された全員の被告人質問が終了するまで保釈は認められませんでした。福岡高等裁判所宮崎支部へも抗告しましたが、これも認められませんでした。勾留期間一八〇日に及びました。これは、本当に悪しき人質司法です。本当に許されないと腸（はらわた）が煮えくりかえりました。裁判所は冤罪被害の実情に問題意識を持っているのでしょうか。

拘置支所での勾留生活で、高齢のトメ子は、ますます体調不良となっていました。夏場を迎え、体力的にも限界を迎えていました。そこで、トメ子弁護団は、保釈がだめならと、勾留の執行停止の申立をしました。「被告人は、平成一五年五月二二日以来現在まで勾留されてきたところ、被告人は七二歳の高齢者で、長期間の接見禁止をともなう身柄拘束で身体並びに精神状態に異変を来している。本日の笹川弁護士との面会でも、被告人は、これまで以上に精神的に不安定な状態にある。入眠困難をともない、何度も同じ言葉を繰り返し、面会中も手足の震えが止まらず、集中力がなく、記憶も断片的な傾向があり、なにより捜査官の名前をいうと過度の驚愕反応を示し、抑うつ状態にあることが明白である。これは、長期間の勾留にともなうものであり、勾留以前には見られなかったものである（このことは、被告人は郵便局でばりばり仕事をこなしていたことから明白である）。このような状態からは、被告人はＰＴＳＤないし急性ストレス障害の状態にあるものと思料される。この状態がこのまま継続すると、快復困難ないし不可能となる。その改善のためには、早期の入院による加療が必要である。精神的に追いつめて、自白を強要するやり方は、前近代的な方法であり、許されるべきではない。適切な診断と治療が必要なケースであると考える」という理由で求めました。

鹿児島地裁の池谷泉裁判長、山本義彦裁判官及び平井健一郎裁判官の三名の裁判官は、病院への入院を条件に勾留の執行停止を認めました。私たちは、飛び上がらんばかりに、率直に嬉しかったです。しかし、あろうことか、検察官は、この執行停止と同決定の取消を求めて福岡高等裁判所宮崎支部に抗告しました。同裁判所の裁判官達は、この検察官の抗告を認めて、勾留執行停止の決定を取り消してしまいました。人権の砦としての裁判所は全く機能していないと痛感させられました。私たちトメ子弁護団は、無辜（むこ）のトメ子の悲痛な叫びに応えてあげられない虚しさで一杯となりました。本当に悔しい日々でした。

トメ子は、被告人質問が全員終わった平成一五年一一月になり、ようやく保釈されましたが、余りに長きにわたる留置生活で、心身ともに疲弊しきっていました。ただ、この長期にわたる過酷な勾留生活を乗り切ることができたのは、無実を信じるトメ子の夫や子ども達の健気な精神的支えがあったからでした。ただ、トメ子の苦痛と屈辱に満ちた空白の時間は、トメ子の人生を取り返しがつかないほど傷つけるものとなったのです。

2　公判の弁護活動を振り返る

私たちは、四浦地区という地域がどういうところか、起訴事実である、いち子さん宅での四回の買収会合と一九一万円の買収金の受供与事実、しかも、同じ顔ぶれに対するという構図は、どう考えても、異常なものでしたので、トメ子らの無実を確信し、いち子さん宅などがある四浦地区を実際に見分することとしました。

1　七月二〇日、四浦集落を訪ねる

左記は、トメ子の弁護団長及び中山信一さん・シゲ子さんの弁護人の一人である本木順也弁護士とで、いち子さん、俊裕さん及び邦雄さんの国選弁護人に対して行った報告の内容です。

四浦の懐集落。志布志市街地から車で約40分、宮崎県境に近い山中にある（編者提供）

トメ子の弁護人である当職、笹川及び中園と、信一及びシゲ子の弁護人本木は、平成一五年七月二〇日午後二時から午後九時までの間、志布志にあるホテルダグリ荘二階の一室において、下記の者らの聴き取り調査を実施しましたが、その結果について、下記のとおり、概略を報告します。

なお、当日の聴き取りの状況については、全てビデオ撮影をしており、希望があれば、そのダビングテープの貸し出しも行うので、当職まで連絡下さい。また、録音反訳についても当職において作成中であり、近日中にお渡しできます。当日の聴き取り者名簿も添付します。

記

当日、弁護士四名で、この懐集落にも行ってきましたが、志布志の町から車で三〇分以上かかるところで、山間の小さな集落でした。懐集落の人家は隣接しており、鶴雄だけが少し離れたところに住んでいます。また、邦雄は、別の岩郡集落に居住しており、狭く急な坂道を下って行くと車で五分くらいで行けるところですが、安全な道をとおると一〇分はかかるところに住んでいます。高齢の邦雄が酒を飲んで運転して帰宅するところとしては、怖いところのように思えました。なお、二月八日には雨が強かったことも参考にしてください。この調査結果を踏まえ、弁護人の真実義務にしたがい、公訴事実に関する弁護人の意見について、十分にご検討下さい。

そもそも二月上旬の公訴事実に関しては、会合に参加したはずの参加メンバーの供述調書が事前開示されていない点に重大な問題があるものと思料します。

今回聴き取り調査した、その人々の供述内容は、大要下記のとおりであり、これが真実であるとすれば、本件は全くのえん罪ということになると思料します。単にトメ子だけが否認しているわけではないのです。大えん罪事件となる可能性が高いと思います。とすれば、被告人が単に認めているというだけで、訴訟手続を終えることは、刑事裁判手続への信頼を害することになり、刑事弁護の死を意味することにもなります。十分な検討が必要です。これまでの刑事手続きの問題（検察官の違法な接見交通権の侵害による国選弁護人解任請求と裁判所の解任劇など）も含め、厳しい目で証拠を吟味する必要がある事件だと思います。僭越ではありますが、是非ご検討下さい。

このような報告をしましたが、残念なことに、邦雄さんの国選弁護人は、延期された七月二四日の第一回公判期日で、邦雄さんが第一回会合で金をもらったことを認めたことに続き、検察官請求証拠に全部同意してしまったのです。そして、同様に、同月三一日には、邦雄さんの国選弁護人は、七月一七日に起訴された四回目会合事実についても、邦雄さん同様に起訴事実を認め、さらには検察官請求証拠を全て同意してしまったのです。

　また、ホテルダググリ荘での聞き取りでは、踏み字事件の被害者である川畑幸夫さん夫婦に出会いました。この聞き取り調査で、川畑幸夫さんは、刑事から取調べ中に踏み字をさせられたことなどを訴えられたのです。このときの聞き取りにより、踏み字国賠訴訟、そして、刑事の特別公務員暴行陵虐罪事件の告訴へと繋がっていったのです。

　このときの聞き取りで、この川畑さんの取調べ以外にも、いろいろな方々から、取調室での取調べの過酷さを訴えられました。これだけたくさんの方々から訴えを聞いたのは、初めてのことでした。このことは、後に、浜野博さんら七名の方々が提起した叩き割り国賠訴訟（平成二八年八月五日、訴えた方々全員について、福岡高等裁判所宮崎支部で取調べの違法が断罪されました）へと展開していくことにもなったのです。これほどまでの取調べのむごさ、脅威を痛感した聞き取りは、私たちは、これまで一度も経験したことがありませんでした。大変、衝撃的な出来事でした。そのときのビデオ映像は、今も残っています。

2　会合日の特定について

　検察官は、一回目会合の日を二月上旬頃と主張し、四二回公判まで日時を特定しませんでした。同様に、四回目会合の日も三月下旬頃と主張し、四二回公判まで日時を特定しませんでした。二回目及び三回目会合については、最後までその特定を行えませんでした。

　どの被告人の弁護人らも、みな、この検察官の対応に強く反発しました。会合日が特定されていない中では、個々の被告人のアリバイ立証も困難で、防御に重大な支障が生じます。とくに、公判が始まった段階では、既に二月から三月にかけて、いち子さん宅で中山信一さんや川畑幸夫さんが参加した会合を開くことができない日は、相当多数日が明らかになっていました。虚偽自白調書の記載内容からすれば、一回目は二月八日以外にはあり得ず、四回目会合も三月二四日以外にはありえなかったのですが、それでも、検察官は、会合日の特定を拒否し続けていたのでした。これは、既に起訴された方々が無実であることを知っていて、会合可能日を作り出すことが不可能だったからに他ならないと思います。少なくとも、通常の検察官であれば、そのことは知り得たことでした。立候補予定者がこっそりと行動することは相当に困難なことです。後援会活動の一環として、各地の集まりや会合に顔を出すのが普通です。後援会活動としての行動は、自由です。後援会としての挨拶まわりは、当然、選挙運動の自由の範囲内の行動ですが、これをやらずに新人の候補者が当選することなど不可能です。そして、この活動を効率よくやるためには、候補者やその妻の携帯電話を有効に活用する必要があるので、それらの通話履歴は重要でした。だから、警察も当初から、携帯電話や固定電話の通話履歴を入手していたのです。そして、その記録からも、四浦地区が携帯電話の通話圏外であったことから、中山信一さん、川畑幸夫さん、中山シゲ子さんらの携帯電話の通話履歴がある時間帯は、いち子さん宅での会合へ参加することが不可能であったことを示していました。

そこで、弁護人らは、平成一五年八月一二日付け起訴状記載の公訴事実並びに同月二七日付け起訴状記載の公訴事実について、次のような釈明を求めました。

① 公訴事実中「平成一五年二月下旬ころ」とあるところ、その日時は二月二一日から同月二八日までの間の特定の日時という趣旨か。

② それとも証拠上日時が明らかでないという趣旨か。

証拠上日時が明らかであれば、その日時を特定明示されたい。

③　平成一五年八月一二日付け起訴状記載の公訴事実中「平成一五年三月中旬ころ」とあるところ、その日時は三月一一日から同月二〇日までの間の特定の日時という趣旨か。

それとも証拠上日時が明らかでないという趣旨か。

証拠上日時が明らかであれば、その日時を特定明示されたい。

④　いずれにしろ日時を特定できない理由は何か。その理由を明示されたい。

⑤　また、いずれの訴因についても、受供与は、全ての被告人と同一の機会になされたものとする趣旨か。

3　アリバイの聞き取り調査

検察官は、この求釈明に一切答えませんでした。裁判所も、会合日時の特定について、全く無関心でした。通常ならば、裁判所の関心事でもあるはずです。供述調書には会合日時として特定して記載されているものもありました。それらの調書には、明確に一回目は二月八日、四回目は三月二四日と記載してありました。そうであるのに、どうして特定できないのかも明らかにしないのは、不自然な主張です。検察官は、会合日時を特定した供述調書を自ら作りながら、会合日時の特定を拒否したこと自体、それだけで会合はなかったという合理的な疑いも生じます。検察官は、会合の場で金銭の授受があったことは認めていたのですから。

通常、日本語の意味からすれば、上旬とは、一日～一〇日までの間を指します。そうであるのに、検察官は、上旬「頃」であり、一日前も指すし、一一日も含むなどと答えました。こんな特定では起訴された人は誰も防御できません。まして、多数の人々が集まった会合ですから、会合日時の特定は必ずできるはずです。本件の買収会合事件は、自宅において一人で覚醒剤を使ったのがいつかを特定明示する場合とは、明らかに異なるケースです。

　このような対応を繰り返す検察官や裁判所には付き合っていられないと思い、私たちは、とにかく二月から三月にかけて参加者として起訴された方々のアリバイを明らかにしようという目的で、志布志の住民に対する聞き取り調査を実施することにしました。とくに、金を配ったとされる中山信一さんや川畑幸夫さんが参加できないのであれば、検察官の描いた構図は完全に崩れることになるので、それらのアリバイを聞き取り調査することが重要であると考えていました。

　当時、弁護人の寄せ集めでした。ですので、弁護団としての聞き取り調査ではなく、有志による情報収集でした。志布志に赴き、志布志の住民の方々から取調べに関する情報やアリバイについて聞き取り調査をしました。ビデオカメラや録音機を持参し、いろいろ調査を実施しました。この調査の過程で、中山信一さんやシゲ子さんの二月及び三月の動静が判明していきました。

　中山信一さんもシゲ子さんも「後援会活動」（選挙運動ではない）の一環として、いろいろなところに挨拶まわりをしており、二月、三月にいち子さん宅で開催されたという会合への出席は不可能であることが明らかになっていきました。

　とくに、自白調書の記載内容によれば、一回目会合は二月八日であり、四回目会合は三月二四日とされていました。ほぼ断定的に記載されていました。

　そこで、二月八日の中山信一さんのアリバイの確認をしました。この日は、シゲ子さんの同窓会があることも判明しました。それは、押収されたカレンダーの二月八日欄に「同窓会」の書き込みがなされていたことから判明したことではありませんでした。むしろ、この押収されたカレンダーの書き込みは、中山信一さんの同窓会のことでした。

中山信一さんも、二月八日は、午後七時から午後一〇時ころまで、ホテル玉垣での同窓新年会に出席していることも判明しました。そこで、そのアリバイを明らかにするために、同窓会出席者からの事情聴取を始めました。同窓会出席者は多数に上り、その一人一人に担当者を割り付け、事情を確認し、同窓会の開始時刻や終了時刻、その間の中山信一さんの動静などを克明にしていきました。その様子は、ビデオ撮影し、これを反訳して記録化し、供述内容を正確に話してもらう準備をしていきました。何度も旧志布志町・有明町に赴き、調査したのです。当日、新年同窓会が開催された事実は、同窓会の開催場所であるホテル玉垣から宴会台帳を提出してもらいました。この提出をしてもらったときのいきさつも明らかにしていきました。

また、三月二四日は、中山信一さんに二つのアリバイがありました。一つは、ホテル玉垣で行われた志布志町上小西自治会の宴会に出席していたという事実でした。当日、午後七時三〇分ころから開始された宴会で中山信一さんは、挨拶をしていました。そこで、この宴会出席者からの事情聴取も行いました。当日の式次第など自治会の資料も提出してもらいました。参加者の住所・氏名をもとに事情聴取のため自宅などを訪問し、ビデオ撮影等しながら、事実関係を確認していきました。このようにして、当日の宴会での中山信一さんの行動を明らかにしていきました。この日、中山信一さんは、田平さんの運転する車の助手席に乗って、午後七時前ころ、後援会事務所からホテル玉垣に向かい、午後七時三〇分から始まった上小西自治会宴会で挨拶をさせてもらったのです。各テーブルをまわって挨拶をしました。この挨拶を終えたのが午後八時前のことでした。

また、中山信一さんは、当日は鍋集落という、四浦集落とは反対方向の集落の挨拶まわりも予定されていました。これが三月二四日の二つ目のアリバイです。このホテル玉垣の上小西自治会宴会で挨拶した直後、田平さんの運転する自動車で鍋集落に挨拶まわりに行ったとのことでした。そこで、私たちは、挨拶まわりをした一軒一軒のお宅を訪問し、三月二四日の出来事を確認し、その資料を頂きました。例えば、あるお宅では、この日が購入した自動車の納車日であり、その納車事実を自動車会社から資料の提供をもらい、さらには、購入代金の振り込み日などを明らかにしました。また、あるお宅では、嫁いだ娘が出産して退院したのが三月二四日のことであったということでしたから、その入院していた病院から弁護士法二三条の二の規定に基づき退院日を明らかにしたり、戸籍謄本を取り寄せて、その関係を明らかにしたりしました。その上で、その方々に中山信一さんが訪問したときの状況を子細に聞き取りました。いずれも三月二四日午後八時以降九時ころの訪問事実を子細に語ってくれました。これをビデオ撮影し、反訳して、やがてアリバイ立証のために公判廷で明らかにするために備えました。私たちは、この立証は直ぐにでもできる状況にありましたが、検察官が四二回公判期日まで、会合日を特定しなかったため、その立証に入れませんでした。

検察官の対応は、全く酷いものでした。私たちは、自白調書の犯行日時を特定した該当部分を全部抜き出して、検察官に特定を迫ったりしました。

さらに、会合があったとされるいち子さん宅から同窓会などがあったとされるホテル玉垣までの裁判所の検証を実現するために、弁護人の写真撮影報告書（時間と距離の測定など）を作成し、これを証拠として請求すると同時に、検証請求も行ったのです。

このような作業と並行して、その他の会合参加者についても、アリバイの事情聴取を行っていきました。何度も志布志の町に足を運びました。

4　公判廷自白に対する対応

邦雄さん、いち子さん及び俊裕さんは、公判廷でも自白してしまいました。私たちは、公判廷でも虚偽自白をする冤罪被害者の心理を学ぶ必要があることを痛感させられました。また、邦雄さんの国選弁護人は、事実調査を無視し、検察官請求証拠を全て同意してしまいました。この弁護人の心理も検討する必要があります。他方、いち子さん及び俊裕さんの国選弁護人は、公判廷自白について、認否を留保し、検察官請求証拠についても、意見を保留しました。これは、志布志事件の全容が判明していない段階でしたので、余りに当然の対応でした。弁護人は、裁判所が審理促進に協力して欲しいと言っても、弁護人の職責を果たすことが先決であり、この対応は、褒められることと思います。

私は、邦雄さんの国選弁護人の対応に困っていました。ただ、全ての起訴が終わると、検察官は、邦雄さんの保釈請求に「然るべく」の意見を出したため、邦雄さんは保釈されました。四浦地区の一つで、自宅のある岩郡集落に戻った邦雄さんは、妻から、どうして本当のことを言わないのかと責められました。邦雄さんは、自分の対応を恥じて、国選弁護人を解任し、私選弁護人を選任することにしました。そして、有留宏泰弁護士が弁護人に選任されました。有留弁護士は、邦雄さんから事情を聴取し、そして、邦雄さんは有留弁護士に、本当はいち子さん宅で開かれたという会合などには行ったことはないこと、最初から会合はないと言い続けていたことなどを訴え、ついに公判廷でも否認に転じ、公判は併合されることになりました。

邦雄さんが公判廷で否認に転じたことは、鹿児島地裁が刑事部が一つしかなく、他の者の起訴された事件も、裁判官も同じ顔ぶれであることを考えると、大変意義のあることでした。共犯関係にある一方が自白し、他方が否認しているのに、同じ裁判官が裁判することは、既に予断偏見が入り込む可能性が高いことは余りに当然のことだからです。

　また、いち子さんも俊裕さんも、身体拘束から解放され、心身の苦痛から解放され、取調官の脅しなどに遭うこともなくなったため、一番最初の任意同行時点に立ち戻り、会合などには参加したこともないし、お金を受け取ったこともないと否認することになったのです。

　このようにして、起訴された一三人全員が否認となりました。

5　進行協議の対応

　裁判所、検察官との進行協議は、荒れたものとなりました。唾を飛ばし合うほどの激論が交わされました。

　検察官は、自白調書の採用を目指し、任意性の立証をすると主張し、検察官や警察官の証人請求をすることになりましたが、他方、被告人の主張を先にするべきだと譲りませんでした。しかし、弁護人の求める証拠開示には応じることなく、取調状況一覧表（各冤罪被害者の取調べがどのようになされたかをまとめた一覧表）の提出も、自分たちで勝手にまとめたものの提出のみで、被疑者留置人出入簿、留置人名簿等の勾留状況を記録した留置場の記録類の提出を拒んできました。しかも、任意段階の取調べについても、何らの資料もなく、一覧表を作成して提出してきました。本来、このもとになる取調小票（とりしらべこひょう）が存在していたはずですが、検察官は、提出を拒否してきました。この取調小票は、現在も、やみの中に隠されたままです。しかし、まず、留置人名簿等の提出があれば、いち子さんが留置場や取調室でどのような酷い扱いを受けていたかは歴然でした。検察官は、この状況を訴訟の間隠し続けたのでした。裁判所も、われわれの証拠開示請求を認めていれば、検察官の任意性の立証を断固として認めなかったと思います。

国賠訴訟の際に作成されたいち子さんの聞き取り書には、いち子さんの五月二七日の検事取調べのときの状況が克明に記載されています。いち子さんの聞き取り書の一部を転記します。

記

ア　午前中は、龍造寺検事の取調べが鹿児島地検でありました。

この取調べでは、私は、取調中、龍造寺検事から、会合があったことを認めろと言われました。

私は、新納先生に言われていたので、H田の取調べがあまりに怖いので、龍造寺検事に、H田が「やった。やった。」と言って聞いてくれないから、根負けして認めたと言いました。

しかし、龍造寺検事は、「H田の悪口を言うな」と言いました。私の言うことを聞いてくれませんでした。

私は龍造寺検事に「H田のことを殺してやりたい」と言いました。それでも龍造寺検事は、何もしてくれませんでした。龍造寺検事は、私がH田にされたことを言うと、悪口だと言って「聞かない」と言い、私を怒りました。

私は、新納先生から、「検事さんは話を聞いてくれるものだよ」と言われていたので、本当のことを言ったのです。でも、私が必死で言っても、龍造寺検事は、「Ｈ田刑事さんの悪口を言うな」と大声で怒鳴りました。

　龍造寺検事は、「お前は口止め料のことも言っている」と言い出したので、「そんなことはない」と言いました。Ｈ田と全部一緒だと思いました。頭にきて、頭の血が上り、パソコンのひも（後で、「マウスコードのコード」と教えてもらいました）を首にまき付けて、「殺してくれ」と泣き叫びました。どうしてそうしたのか、私も分かりませんでした。鹿児島南署から一緒に来た婦警さんが止めました。私は、「もうどうでもいい」と思いました。私は、泣きわめき、叫び続けました。（なお、このときの留置記録には、いち子は錯乱状態となったと記載されています。婦警がそのように受け取ったのですから、相当の精神錯乱の状態だったのでしょう）

　龍造寺検事は、この私の行動を見て、私に「頭を冷やせ」と怒鳴り、私は、取調べを受けることなく、そのまま鹿児島南警察署に帰ることになりました。帰りの車の中でもずっと泣きわめいていました。

イ　鹿児島地検から戻った私は、鹿児島南警察署の留置場内で、自分が着ていた肌着を破りました。肌着はぼろぼろになりました。肌着を破って、それで首をしめようと思ったのです。

　私は、Ｈ田や龍造寺検事がやってもいないことを「やった、やった」と言って責め立て、酷い取調べをするので、「かあっー」となって服を破ったのです。「死んだ方が楽だ」とも泣き叫んだと思います。看守の人とも、けんかをしました。警察は酷いです。大嫌いです。

　その日、私はノートに「刑事さんに毎日怒られています。やっていないといっても、きかないです」と書いています。Ｈ田や龍造寺検事が全然違うことを「認めろ」と言うから、メモしておこうと思った

のです。

　ノートには、五月一三日から五月二七日まで記載がありません。これは、私が鹿児島南署に移送となり、同署の留置係がボールペンを貸してくれなかったからです。また、留置場内でメモができず、メモをするときも、看守が私をずっと見ていて、「時間切れ」とか言って、少ししかボールペンを貸してくれませんでした。

　この後、私は、頭が変になり、午後の取調べはありませんでした。
ウ　検察庁から戻った後、私は、泣きわめきながら、服を破ったりしたのですが、その後、午後二時三〇分ころ、新納先生が面会に来てくれました。
　私は、まだ興奮していました。涙がとまりませんでした。自分で引き裂き、ぼろぼろになった服を着たままで、新納先生に面会しました。そのときは、恥ずかしいと思いませんでした。今から思うと恥ずかしくて赤くなります。私は、新納先生に「留置場で自分で自分の首を締めようとした。検察庁でもコードで首を締めようとした。検察庁での調べを途中でやめて帰ってきた」と、早口で言ったと思います。

　私は、「二五日から、検察官二人の取り調べを受けたが、やっていないと言った。二六日は、やっていないという調書も作った」と新納先生に言いました。私は興奮していたので、私だけが泣きながら、早口で言いました。私は、興奮すると早口になります。新納先生は「無理して取り調べを受ける必要はない。困ったらすぐ私の事務所に連絡しなさい」とずっと落ち着くように言ってくれました。私は、新納先生も困らせたと思います。

私は、新納先生が来てくれたので、少し落ち着くことができました。

エ　私は、夕食も拒否し、洗面も拒否しました。私は、泣きながら、H田や龍造寺は大馬鹿だとわめいていました。

私は、その晩も、破れた服を着替えませんでした。一晩中、看守に見張られていました。今、弁護士に見せてもらいましたが、夜の留置場の記録には、「房内で特異言動」と書いてあります。看守から見ても、すごくおかしかったのでしょう。私が自殺すると思ったのかもしれません。私は、心配や疲労のため、衰弱してしまい、「もう死んでもいい」と思っていました。

これは、取調べの実態を如実に示したものです。無実の者をこれほどまでに苦しめた事実、この訴えを聞き届けなかったことは、同じ司法に携わる者として断腸の思いです。

結局、裁判所は、検察官が日付けを特定しない、証拠開示もしないなかで、被告人質問から行うこと、それまでは保釈は認めないことなどの手続きがなされ、弁護人らの手持ち資料が少ないなかでの被告人質問を行わざるを得ないという状況となりました。

このような人質司法のもとで、偏頗（へんぱ）な手続きがなされ、無実を争う者の防御などできるはずもありません。いわれて久しいことですが、この点を含めた司法改革は急務です。

6　明らかな誤判―虚偽自白調書の採用

警察官らの証人尋問やアリバイの証人尋問等を経て、そして、刑事訴訟法三二一条等による虚偽自白調書

が採用されるに至りましたが、警察官・検察官は、捜査・取調べは適法だったと言い張り、真実の証言はしませんでした。自白調書に記載されている、会合があったとされる二月、三月のいずれの日にも、会合参加者として名前の挙がった誰かが必ず会合に参加できない日があり、しかも、皆当時から会合はなかったと訴えていたのですから、会合があり、買収金をもらったとする供述が虚偽であることは明らかで、これは取調官が主導して作出されたことも明白な事実であったのです。そうであるのに、裁判所は任意性に疑いはないとして、虚偽自白調書は全てといってよいほど証拠採用されてしまいました。明らかな誤判です。警察官らの違法な取調べは、後に提起された四つの国家賠償請求訴訟で明らかにされています。裁判所が自白調書を採用したことから、トメ子らには有罪の危険が生じたのです。裁判所としての常識を疑うほかありませんでした。裁判所は、一旦証拠採用しても、証拠を精査したところ、任意性がないとして証拠排除決定を行って、有罪の証拠がないから無罪とすることもできたのです。ただ、裁判所は、最終的にはアリバイの成立を柱として、自白は信用できないなどとして、会合はなかったと認定し、究極的な誤判は免れ、全員に無罪の判決をしたのは広く知られているとおりです。

2　調査報道で暴いた志布志事件捜査の違法性

梶山　天

1　組織的な権力犯罪

二〇一五年は、「志布志事件」の関係者にとって何かと気をもむ年であった。警察庁長官に一月二三日付で就任した金高雅仁氏（六一）は、直後の二六日付朝日新聞二面「ひと」欄でこれまで携わった事件の中で、痛恨事としてずばり志布志事件をあげた。金高長官は、警察庁と警視庁で、汚職や企業犯罪といった知能犯を捜査する捜査二課長や刑事部長、刑事局長など刑事畑の重要ポストを歴任してきた人物だ。

警察が架空の犯罪で多くの人々を無理やり都合のいいように供述させて逮捕、それを後押しするように検察が起訴して取調べの可視化が議論されるきっかけにもなったとんでもない事件である。元被告である志布

志市内の住民一三人は、同市内での会合で現金を授受した公職選挙法違反（買収・被買収）の罪で起訴されたが、鹿児島地方裁判所（谷敏行裁判長）は二〇〇七年二月、一二人（一人が公判中に死亡、公訴棄却のため）全員を無罪とし、確定した。

この事件の発端である四年に一度ある統一地方選が行われた二〇〇三年当時、金高長官は、警察庁の捜査二課長だった。同年四月一三日投開票の鹿児島県議選曽於郡選挙区（定数三）の選挙違反をめぐり多くの人々の冤罪を生んだ鹿児島県警捜査の問題を見抜くべき立場にあった。「全国から報告される膨大な事件の山に埋もれて点検し切れなかった」と朝日新聞の取材の中で述懐している。全国の警察本部を指導監督する警察庁のトップがこの事件をきちんと捜査すべきだったと認めたのだ。

私の手元に「鹿児島地方検察庁との協議結果について」と題する二〇〇四年一一月一四日付の内部文書がある。鹿児島県警捜査二課の磯辺一信警部が上司である捜査二課長宛てに作成した報告書である。それによると、この日午後二時から約三時間半にわたり、鹿児島市山下町の鹿児島地方検察庁三階会議室で志布志事件を捜査していた地検の三席検事ら二人、そして磯辺警部ら鹿児島県警本部刑事部の捜査幹部ら四人が、進行中の刑事裁判の対策協議を行った。

「反対尋問対策（中山信一の調べ関係）」という項目名が記され、志布志事件捜査に国税局を入れて捜査していたことが裁判で表に出ないように対策を練っていた。一部引用する。

検事　磯辺さんが、中山（信一県議）に「国税が本件捜査に参加していること」を告げているが、国税は捜査権がないので、証言して貰（もら）っては困る。

磯辺　本部長や参事官からも、指示されて告げた事項もある。
検事　あくまでも調査という形である。本件の場合、国税は検事正の指示で、隈田支部長が依頼したものであった。国税が独自に嫌疑を持って調査に入ったのであれば構わないが、そうではなかった。

脱税などを専門的に調査する俗称「マルサ」が行ったのは、志布志事件裁判の本丸である買収会合事件で中山信一さんが配ったことになっている計一九一万円の原資（出どころ）を突き止めることだった。しかし、そのプロが調査しても原資は分からなかった。原資も分からず、検察は起訴したということだ。

さらに二〇〇四年一一月二日付「地検協議結果について（報告）」では、志布志事件の捜査に当たった一線の警察官から進行中の捜査への異議や反対意見である「消極意見」が出たことについても警察と検察が話し合いをしていた。検事が県警側に捜査に対する「消極意見」が出た時の状況を聞いていた。県警側は、捜査を開始して二ヵ月以上たった六月二一日の志布志署での捜査会議で「原資、使途先、オードブルが出ない、多額買収事件（捜査）の経験がないことから『この事件があったら、あれば、使途先などが出るはずであるが……』との発言があった」と記されている。

かいつまんで説明すると、自白調書に基づいて裏付け捜査をしていた捜査員の一部が、買収会合で被告たちに配られたとする買収資金の出所（原資）や、会合が開かれた場所で出されたことになっていたオードブルを作った店などがどんなに探してもいっこうにつかめず、供述にあるような物証が何も出てこないことに供述の信憑性（しんぴょう）どころか、事件の存在そのものを疑う意見が捜査会議で二人のベテランの捜査員から出たと報告しているのだ。裏付け班の報告書によると、オードブルの出どころを探すために隣県の宮崎県内にも足を

運び懸命の捜査をしていたのだ。

私が驚いたのは、県警側のこの回答に対して、検事が発言した言葉である。「検察庁においても消極意見はあった。しかし、主任が起訴すると決めたら、これに従うのが『組織捜査』である」。まさに権力機関の暴挙としか思えない言葉だ。捜査の見直しを訴える一線の捜査員の声に耳を傾けるどころか、「組織の論理」を振りかざして無情にも志布志の住民の人生を狂わせたのである。二〇〇三年の夏、買収会合を開いたとして逮捕した中山信一さんらを一通り起訴した直後に今後の見通しを話し合う最中に磯辺警部が検事たちに事件そのものの存在がないことを明かし「振り上げた拳は下ろせないですよ」と話したという。転勤した仕事先まで真意を確かめに行ったある検事は「勝てば官軍だからね」と答えるだけだった。

でっち上げは、一審判決理由でも明らかだ。起訴状では、買収会合が四回開かれたことになっていたが、犯行日時特定が二年以上もかかり、一回目と四回目しか特定出来なかった。しかも特定したその二回は、主犯で会合場所にいたとなっている中山信一さんには、アリバイがあった。アリバイとは、犯行時間帯に現場にいなかったことの証明なのだ。事件そのものがないのだから、まさに事件があったかのようにでっちあげたということだ。磯辺警部から事件が存在しないことを聞いたとする検事たちは、公訴を取り下げることはなかった。事件そのものがなかったことを知った三席検事たちは、その事実を隠し判決が出る四年間、素知らぬふりを通したのだ。これがこの買収会合事件の真相である。

その鹿児島県警の捜査が始まってはや一三年がたった。昨年（二〇一五年）五月一五日、元被告と遺族が二〇〇七年の無罪判決後に国と県を相手取り、計二億八六〇〇万円の支払いを求めて起こした国家賠償請求訴訟と、起訴はされなかったが、逮捕や「叩き割り」と呼ばれる強引な取調べを受けたとして当時、志布志町消防団長の浜野博さんら住民七人が県に対して計二三一〇万円の損害賠償を求めた二つの訴訟判決が午前と午後に鹿児島地裁（吉村真幸裁判長）で相次いであった。

その買収会合事件の方は、国と県に計五九八〇万円の損害賠償を支払うよう命じ、叩き割りについては七人のうち、三人について県に計一八四万円の支払いを言い渡した。

吉村裁判長は、買収会合事件では、県警の捜査を指揮した当時の黒健治・志布志署長と捜査二課の磯辺一信警部が事件の構図を読み誤って捜査員に指示し、虚偽の自白を作り出したと指摘。体調不良を訴えた元被告らへの強引な取調べも「社会通念上許されない」と、捜査の違法性を認めた。鹿児島地検については有罪の見込みがないと認識しながらも漫然と起訴、勾留を続けた判断を「違法」と断じ、「職務上尽くすべき注意義務に違反し、過失があった」と認定した。

一方、叩き割りでは、原告七人のうち三人について、十分な嫌疑がないのに逮捕されたり、大声で怒鳴られるなどの「圧迫的な取調べ」を受けたりしたと認定。残り四人については、訴えを退けた。

この判決に対して買収会合の方は国と鹿児島県が控訴断念で、確定した。だが、叩き割りの方は、住民七人のうち消防団長の浜野さんら六人が判決内容を不服として控訴した。

判決直後に私に多くの方々から連絡を頂いた。「検察や警察の違法性が認められましたね。起訴されてない人もだから、あの捜査は江戸時代の岡引（おかっぴき）と一緒だね」が大方の意見だった。その際にうまく心境を説明できなかったが、志布志事件刑事裁判判決の一年以上前から捜査当局の捜査のおかしさを独自に入手した機密の内部文書をもとに調査報道してきた朝日新聞鹿児島総局を指揮した自分としては、判決内容には不服だった。冤罪に対する日本の裁判のあり方の限界を痛切に感じたと言っても過言ではない。

私たちは、現職の警察官を説得して多くの内部文書を入手した。それは捜査の一連の手続きから経緯を記録した文書や、事件に関わった人物、その人物たちが事件で果たした役割、事件の広がりなどが一目瞭然になるように情報を基に見立てを行い、事件の構図を描いたチャート図、取調調書やそれの下書きに当たる「取調小票」、県警と地検との裁判対策の協議内容を詳細に記した報告書などの数々だ。いわゆる捜査当局の証拠類である。

2　取調小票

志布志事件は多くの教訓を残した。犯罪事実を証明する証拠は、いったいだれのモノなのかというテーマだ。被告のモノでなければ、捜査当局や裁判所のモノでもない。犯罪の事実を発見する公共の財産なのだ。しかし、志布志事件でもそうだが、冤罪が発覚して今回の損害賠償請求訴訟などでは、捜査当局の違法性を冤罪の被害者が裏付けしなければいけない。しかし、現実は厳しい。そもそも証拠は、初めから捜査当局の手中にある。捜査で集められた証拠類は、全てを裁判に提出するわけではない。検察が起訴した被告を有罪にするために有利な証拠は裁判に提出するが、都合の悪い証拠は出さない。まるで、ポーカー・ゲームをしているみたいなものだ。捜査当局に都合の悪い証拠こそ、被告の犯罪事実を否定する証拠なのだ。

志布志事件での元被告である冤罪被害者が自分たちの無実を証明する証拠の開示を求めても門前払いだ。例えば、捜査報告書など書類の証拠が万が一開示されたとしても、大半が黒く塗りつぶされる「マスキング」状態で、その内容を読むことすらできない。だとすれば、公判を指揮する裁判所が責任をもって公開を捜査当局側に命じるべきではないのだろうか。それらを集めて裁判所が審議するのが真の裁判と言える。残念なことに、志布志事件の国賠訴訟では、捜査当局側に証拠開示の勧告をする姿勢は微塵も感じられなかった。公判の中で捜査当局が少なからず認めざるえなかったものを違法としているだけにすぎない。殺人など重要な裁判では、市民参加の裁判員裁判を行っているのに、未だに不公平な「茶番の裁判」を続けているのが現状なのだ。国民のための開かれた裁判には、ほど遠い。どこを向いて裁判官たちが仕事をしているのか。そろそろ非常識な裁判に気づいても良さそうなものだが。

裁判所が志布志事件で犯した責任は極めて重い。逮捕状を発布するのは裁判所だ。選挙違反容疑事件で一回も犯行日時が特定されていないのに、鹿児島県警から逮捕状の請求を受け、いとも簡単に逮捕状を出している。逮捕にあたいする事実があるのか、確認もしないで逮捕状を出したと言われても反論のしようもあるまい。さらに買収会合を開いたとして、中山信一さんの勾留が一年以上になったので分かるように罪を認めない被告らは長期の勾留を余儀なくされた。いわゆる人質司法である。それを続けさせたのは、裁判で人権を守る最後の砦である裁判所だ。裁判所としてまともな機能をしていなかった。結果的に警察、検察の違法に加担したと言える。代用監獄制度といい、世界の舞台である国連で、人権侵害も甚だしい捜査を改めない国と見なされている日本の司法の病的な姿勢を改める改革は急務といえよう。

それからもう一つ付け加えると、叩き割り裁判では、七人のうち、四人が棄却された。不服として六人が控訴した。

記者人生の中で事件担当が長かった経験から分析すると、この志布志事件の鹿児島県警の捜査は、最初から破綻している。というのも、統一地方選の選挙違反摘発は、全国の警察にとって「お祭り」みたいなもので、「オレがオレが」と言わんばかりに全国の警察が競い合って取り締まりを強化する。警察庁の指示を受けて、各都道府県警はいろいろな選挙違反状況を把握する内偵捜査に乗り出し、投票前には警告などを発する。

現に、鹿児島県警捜査二課の特捜班が投開票前に摘発を目的に当時の黒・志布志署長に報告したのは、逮捕、起訴された中山信一さん陣営の選挙違反ではなく、他の現職候補二人の陣営の買収と日当買収だった。しかもその事件は、複数の現職警察官が私の取材に対して立件可能だったと証言したからあきれる。そして、なぜか捜査は動かなかった。本来、選挙違反捜査は、投開票直後に家宅捜索などの動きが始まる。それがないということは、選挙違反摘発がないということなのだ。だから多くの特捜班の捜査員は、曽於郡区では捜査が動かないと思っていたという。

興味深い内部文書が二〇〇四年一〇月二〇日付の「地検協議結果について（報告）」だ。磯辺警部が捜査二課長宛てに作成している。それによると、この日午後一時半～午後六時一五分ごろまで鹿児島地検の四階小会議室で地検側が三席ら二人、県警側が磯辺警部や参事官、管理官心得ら五人が出席して公判対策を協議している。「磯辺補佐証人テストに関する打ち合わせ」と題してこう記されてある。

「昨日事件の見立てについて、一通り聞き取りしたが、聞き取りした内容（各事件の山や原資の問題）を法廷でありのまま出すのは、やはり難しいと考えている（裏が取れていないのが理由）」。

要約すると、公判で行われる磯辺警部の証人尋問の証言内容を聞いたが、当初から捜査を始めた数々の事件の内容を証言するのは裏がとれてなく難しい。

志布志事件は主に中山信一さんら一三人が起訴された二月から三月にかけて計四回あったとされた買収会

合事件のことをさす。だが、県警は最初からこの摘発をしたわけではない。川畑幸夫さんにキリシタン弾圧を想像させる「踏み字」をさせた「ビール供与事件」、さらに旧有明町で「いとこ会」と称して中山さんが有権者を集めて飲み食いをさせたとした「供応接待事件」、旧志布志町の住民に焼酎と現金を配って中山さんへの投票を依頼したとする「焼酎・現金供与事件」などの容疑で住民たちを任意で調べたが、ことごとく立件することが出来ず、その調べの中でこの買収会合事件を住民六人が自供したから立件することになったと警察、検察が法廷で説明していたのだ。そもそもこの事件は磯辺警部らがありもしない事実をでっち上げているのだから、買収会合事件前の立件できなかった事件を説明すること自体出来ないから、ある意味この内部文書に書かれているのはそのことを裏付けていることになる。

さらにその二課長宛ての報告書に記されたこの内容には驚いた。

「森県議に接触した理由については、受供与者（足）を出すための手段であった（足が複数取れないと本庁指揮が降りず、事件として着手できないことから）」

この記述から分かるのは、四月一三日に投開票が行われた県議選（曽於郡区）に七期目を目指し立候補、当選した自民党公認の現職の森義夫氏（故人）と県警の磯辺警部が選挙違反摘発を前提に買収金をもらった人物を特定するために接触し、相談したということだ。

実は磯辺警部は投開票当日、森県議の自宅を訪問していたことが二〇〇五年一月二一日に開かれた第三二回公判で問題になった。この森県議こそ今回の志布志事件摘発を前に県警捜査二課の特捜班が運動員の選挙違反があるとして志布志署の黒署長に報告したが、なぜか摘発されなかった現職県議二人のうちの一人だ。被告一二人の弁護団の野平康博弁護士が磯辺警部に選挙当日に森県議宅を訪問したことを確認。訪問の理由を聞くと「ちょっと面識がありまして、一般情勢的なことで、聞きに行ったということです」と証言していた。しかし、磯辺警部が二課長宛てに作成した内部文書には、買収の受供与者（足）を出すための手段で森県議に接触したことが報告されている。法廷での磯辺警部の偽証を裏付けている。

私たちに協力してくれた警察官によると、この文書を裏付けるように翌日の四月一四日に志布志市内で、森県議の支援者である建設業の二業者が調べられる手はずになっていた。その業者に取材すると、磯辺警部が森県議宅を訪問した一三日の午前中までに二業者のうちの一人には「お前と○○は中山陣営からビールをもらっただろう」などと森県議から電話があった。この業者によると、二業者そろって森県議宅を訪ねると「お前たちは警察から取り調べられることになる」と言われ、驚いた二人は、強く否定した。結局、取調べはなかった。なぜ、森県議がこの二人が取調べを受けるという県警の内部事情を知っているのだろうか。それ自体、おかしい。何が何でも事件を作ろうとする磯辺警部らの悪だくみがうかがえる。

この事件で初めて世の中の人たちが知った警察の機密文書がある。「取調小票」と呼ばれる取調べで作られる供述調書の下書きにあたるもので、上司の決裁印を押す欄まである歴（れっき）とした公文書である。まさか、この小票が報道の手に渡るとは警察、検察も思っていなかっただろう。買収会合事件は、起訴された一三人のうち六人が容疑を認める供述をした。その内容は、会合は二月から三月にかけて計四回開かれ、計一九一万円配られ、十数人が受け取ったことになっている。そこで供述した山下邦雄さんの取調小票を見てみよう。取調官は、捜査二課の有得敏昭警部補だ。いやはや、受供与金額一七八万円と山下さん一人で受け取っていることになっている。全体で一九一万円なのに、これはどういうことだ。さらに四回あったとする買収会合回数だが、一月中旬に三万円受け取ったのを機に四月中旬（一四日頃）の九万円までに調書にある四回の会合を含め一三回の現金受取が行われていると供述している。調書と小票の供述の内容が一致しなくてはいけないはずなのに全く違う。ということは、供述調書の改竄が行われているということだ。他の人たちの小票を見ると、これまた違うから開いた口がふさがらない。確かめるべくディープスロートに確認すると、おのおのの取調官たちが一堂に集まり、一番少ない四回に統一したというからもともと架空の事件だから現金授受回数もいい加減なのだ。

このいい加減なことを証明する小票の存在が明るみにならないようにやはり鹿児島地検と県警が協議していた。二〇〇四年一一月二日の両者による協議の報告書には、検察側が小票を公判に出す必要がないように調書以上のことは書いていないことを証言してほしいと県警に要請。県警側は、実際のところ困り果てていて、小票には調書に書けないことも書いていたからどう証言するかと地検側に弁護団からの追及をかわす名案がないか相談していた。

それに対して検察側は、「当方としては、裁判所に『小票提出』の訴訟指揮を出させないようにしたい」と答えている。犯罪を摘発して有罪に持ち込むための協議とはとても考えられない。いったいこの協議は何なのだ。自分たちがありもしない犯罪を作り上げ、それを隠すための協議じゃないか。これが日本の検察と警察の姿なのか。とんでもない事を裏づける内部文書なのだ。

「小票の問題は頭を抱えている」。一一月九日付の地検、県警の協議報告書には、こういう書き出しで小票問題について検察側から話が出ていたことが記されている。さらに、検察庁としては絶対に出さないという方針であるが、弁護人が近い将来出せと言ってくる可能性があると心配している記述が続く。その後に協議が行われていた。一部引用する。

伊内管理官　個々の小票に接見状況に関することが書いてあることを証言してしまえば、弁護団の要求に拍車がかかってしまうのではと危惧する。
内田検事　検察側としたら、死んでも出さないつもりだが、最終判断は、裁判所にあり、裁判所が、必要性を認めたら出さざるを得ない。
磯辺補佐　調書を不同意にして、証拠能力のない小票を出せというのはおかしい。それを主張して小票の提出を拒否できないのか。
内田検事　磯辺補佐と同意見であるが、裁判所としては、なるべく見たいはずである。（中略）
磯辺補佐　小票が出たら、飛ぶ。

3　ミスを逃さない厳格な高裁判決

　被告全員が無罪になった買収会合事件の国賠訴訟は、検察と警察の違法性が認められ、確定という形で決着がついた。そもそもは、県警はいろんな事件をでっち上げては住民たちを無理やり呼び出して調べるが、ことごとくつぶれ、買収会合をでっち上げた。それでも主犯格とした中山さんが容疑を認めないため、今度は消防団長の浜野博さんを脅し、消防団員たちに現金を配ったとする「現金供与事件」に手を染める。

　これこそ、起訴はされなかったが、「叩き割り」という乱暴な取調べを受けた住民たちの損害賠償請求訴訟の原告の一人浜野博さんの事件だ。この人たちの訴訟判決内容は、果たして妥当なのか。いささか疑問だ。
特に訴訟の団長を務めた浜野博さん、栄子さん夫妻について、交番で叫ばされた妻だけ認められ、夫は却下されるのは、裁判官の事実認定に誤りがある。どうして夫婦が犯してもいない犯罪を認める供述をしたのか。県警がどんな調べをしたのか。捜査当局の捜査は、情報や風評などで嫌疑があれば、任意でも取調べするのは違法ではないと裁判所は判決理由の中で示しているが、はて、こんな場合もそれが認められるのか。浜野さん夫妻が受けた取調べを、順を追って再現してみる。

二〇〇三年四月一九日夕方だった。パートで弁当作りをしていた栄子さんに博さんから「すぐ帰って来い」と電話があり、あわてて戻ると、捜査員二人から「(選挙違反で)あなたの名前が挙がっている。話が聞きたい」と志布志署に車で連れて行かれた。川崎清警部補による取調べがその日から始まる。戸別訪問容疑で取調べを受けていた藤元いち子さんが一三人もの住民に焼酎と現金を配ったと供述したと県警の取調官たちが法廷で証言していた焼酎・現金・供与事件である。

「栄子さんに配った」と言っているとして川崎警部補が名前を上げた藤元いち子さんとは、中山さんが経営する太南農場で一緒に働いたこともあり、以前、卵を注文して自宅に届けて貰ったことがある。栄子さんの記憶で、問題の県議選前の二月か三月に藤元夫妻が「一〇パックしかなかった」と卵を持ってきたという。代金を払おうとすると受け取らないため、お土産を渡したと話すと川崎警部補は「卵のパックの中に現金が入っていただろう」と勝手に話を作り出したという。浜野さんの長男の寛爾（かんじ）さんは連日、栄子さんらの取調べ状況を聞き出し、ノートに克明に記録していた。

栄子さんは連日聴取され、食事がのどを通らず、四日目の四月二二日には、血圧が二〇〇近くまで上がるなど体調を崩して午前中は志布志市内の病院で点滴を受けた。その日の昼過ぎ、寛爾さん宅で休んでいたところ、川崎警部補がやってきた。

川崎警部補は「私個人ではなく、警察の意向として伝えに来た」と切り出し、「私の（取）調べが終わっても次の人（刑事）が来ますよ。ずっと続きます。私たちは、母ちゃんたちではなく、もっと上の人を捕まえたいのです。まあ、よく犠牲になることもあるんですよ」と説明した。

寛爾さんが「何で作り話をしなくてはいけないんだ」と言い返すと、川崎警部補は「他の住民が『もらった』と言っている」「認めれば逮捕もなければ、新聞にも載らない」などと取引を持ちかけてきた。寛爾さんは、その場に集まっていた博さんら家族五人で対応を相談する。「もうええが。言う通りにしよう。罰金で済むぐらいならいいんじゃないか」「何で認めなきゃいかんのか」。取調べによる栄子さんの体調悪化を心配する意見と、身に覚えのない自白は拒むべきだとの主張に分かれたが、夫の博さんと寛爾さんは「もう体がもてんど（もたない）。警察から殺されるぞ」と、栄子さんの命には替えられないと判断。「これで終わりですね。それでいいです」と川崎警部補の言葉に従うことにした。川崎警部補は「私が言わせたのではありません。浜野さんたちが認めたことなんですよ」と、用意周到に念押しまでした。

それから調書作りに入るが、川崎警部補が説明するには、いち子さん夫妻が栄子さん宅を訪れた四日後にいち子さん一人で再び訪れたことになっていて、渡した金額は初め一万円。もらったとされる一万円の使い道を考えるよう指示され、大分の母に介護用品を買って送ったのを思い出して伝えるとそれがもらってもいない一万円の使途に調書ではなった。焼酎二本はいち子さんからもらったことにしようと川崎警部補から持ちかけられ、歳暮として太南農場からもらった焼酎をそれに当てた。しかし、四月二九日にはいち子さんの供述が二万円に変わったとして、栄子さんの調書もいち子さんの供述に合わせられた。

その後、栄子さんの取調べは川崎警部補から障子田穂積警部補に代わり、今度は「藤元（いち子）」は一万円と言っている。金額が合わないじゃないか」と責められた。栄子さんにしてみれば、最初から身に覚えのないものを押しつけられて調書を作らされ、事実がころころ変わる事態に取調官が信用できなくなり、前任の川崎警部補から「どんなことがあっても供述は変えるな」と言われたことを守るしか術（すべ）はなかった。そして五月一二日、かたくなに二万円と言い張る栄子さんの姿勢に腹を立てたのか、突然関屋口交番で障子田警部補が窓の外に向かい「志布志の消防団長の妻は選挙で焼酎二本とお金二万円をもらいましたが、それ以外はもらっていません」と叫んだ。さらに「俺は叫んだぞ、お前の番だ。そげんして俺が今言ったことをおらばんか（叫ばんか）」などと何度も強要し、同じように叫ばせた。この叫ばせたことだけは、裁判所は違法と認めた。

栄子さんは、逮捕こそされなかったが、この事件の取調べが終わった後も長い間、心的外傷後ストレス障害（ＰＴＳＤ）に近い状況で苦しんできた。

取調べは、夫の博さんにも及んだ。五月一八日からの堂免国光警部補の調べは最初から脅しだった。翌日の取調べで「父ちゃんももらったやろ。逮捕もせんし、新聞にも載らんから認めろ」といったぐあいだ。博さんは選挙前の二〇〇三年三月一月からの春の全国火災予防運動を前に、一月に開いた消防団の幹部会で、目の前の部下たちに「消防団員は準公務員のような立場。今年は統一地方選があるが、選挙のことには関わるな。選挙運動は厳に慎め」と自ら通達を出した。それなのに取調官は「お前は栄子さんに罪をかぶせている。栄子さんを助ける気持ちはないのか。栄子さんを助けるにはお前と俺しかおらんだっど（いないぞ）」。

さらに栄子さんの逮捕をちらつかせて「留置場とはどんな所か想像できるか。鉄格子で畳一枚で厳しい取調べを受けるんだぞ。栄子さんも大分から来てね四〇年間夫婦でいて、相当苦労したはずだ。そんな栄子さんを助ける気持ちにならないのか」と迫った。

寛爾さんの五月二四日付のノートの記録には、病院で点滴をしたし、体調が悪いという博さんを呼びに来た二人の捜査員が博さんをどのようにして連行して任意聴取をすることになったのかを記している。これでも任意の聴取として容認されるものか。裁判官に問いたい。

その日朝、刑事から博さんの携帯に「今から（取り）調べる」との電話が入った。しかし博さんは体調が悪かったため、寛爾さんが病院に連れて行った。寛爾さんは刑事に電話を入れた。記録を引用する。

寛爾さん　父は頭がおかしくなっています。今日はやすませてください。
刑事　頭がおかしいとはどういうことですか。
寛爾さん　体調が悪いということです。
刑事　病院はどこですか。
寛爾さん　◯◯病院です。
刑事　先生に電話してみます。

昼過ぎ二人の捜査員が長男宅で休んでいる博さんを迎えに来て「◯◯先生に聞いたら、任意同行して取り調べするぐらい問題はないそうですと言われた」という。

博さん　調子も悪いし、夕方、会（合）もある。床屋にも行きたい。

刑事　それは理由にならない。出頭拒否とみなされる。黙秘しても証拠隠し（に）しかならない。いろいろな事実がある。兄さん（長男）にも見せてあげたい。

私たちも逮捕して、調べた方が迎えに行かなくてよいし、楽なんだよ。上からも言われる。でももう少し任意で調べさせてくださいと、上司に言っているのだ。人目もあるから、私たちは車に乗っている。相談しなさい。

博さん　よか、行く、行くが。

寛爾さんが病院の医師に確認の電話をすると、「頭が痛く耳鳴りがするということで、点滴を打ち、終わってタクシーで帰りました。それだけしか刑事には言ってません」とのことだった。医師が診察をして点滴を打っているのである。体調が悪い博さんを騙して連行している。こんな任意捜査が許されるのか。捜査活動の基本的なあり方として刑事訴訟法一九八条では、任意の取調べについて、被疑者（容疑者）は逮捕、勾留の場合を除いては、出頭を拒み、又は出頭後、いつでも退去出来ると定めている。任意調べは、拒否することが出来るのだ。博さんの場合は、体調も悪く、会合などの用事もあることから拒否しようとしたのに、迎えにきた捜査員が「それは理由にならない。出頭拒否とみなされる」などと言うのは、いわば強制的と言ってもおかしくない。

博さんの調べはこれだけではなかった。鹿児島県警捜査二課の特捜班が現地入りして捜査を開始、唯一立件にこぎ着けた買収会合は磯辺一信警部らが胸の内で描いたような筋書きには、すんなりといかなかった。任意捜査段階で容疑を認めていた被告たちも公判が始まると徐々に否認に転じた。元々取調官たちが無理強いして精神的に追いつめ、嘘で固めた供述だけに、自白調書を支える物証もなければ、買収金の出所である原資も突き止められなかった。そして特捜班長の磯辺警部自ら取調べをし、主犯格とした中山信一さんを落とせなかった。警部はこの調べの際に土下座もした。このような状況下で県警が二回目、三回目の買収会合容疑で二〇〇三年七月二三日に中山さんの三度目の逮捕はしたものの、起訴を目指す鹿児島地検としては、公訴の材料になる証拠が欲しくて県警に補充捜査を要請。だが、裁判所の判断次第ではいつ保釈されるか分からない。県警は、中山さんをどうしてももっと長く勾留し、時間をかけて容疑を認めさせようと企んだのだ。

磯辺警部はその頃、中山さんの取調べを降りて現地に戻って目をつけたのが立件はしなかったが焼酎・現金供与事件の捜査で脅して架空の調書を作った浜野栄子さんの夫である博さんの存在だ。栄子さんの体調を気遣うあまり、博さんも長男寛爾さんも捜査員の脅しに屈したことを重々知っていて利用する。

私の手元に鹿児島県警が作成したある事件のチャート図がある。

二〇〇三年八月三日現在と記されており、「中山信一運動員（志布志町消防団長）による現金買収容疑事案」となっている。チャートは、中山信一さんの妻シゲ子さんが県議選告示後の四月上旬ごろ、シゲ子さんが代表取締役を務める会社、中山信商店の従業員の藤元いち子さんに現金三〇万円入り封筒七通を手渡し、「票が足りない、一通はあなた（藤元いち子）の分、もう一通は山下邦雄に渡して欲しい。そして残りは確実に票の取れる五人にやって欲しい」と指示を依頼する旨のことが記されており、浜野博さんを含む数人に現金二一〇万円を配ったとしている。

チャートの中でいち子さんは、シゲ子さんから受け取った茶封筒の現金を確認後、自分と山下さんの取り分として現金三〇万円入り封筒二通を取り、残った封筒五通から各々一〇万円ずつ抜き取ったことになっている。二〇万円が入った五通のうちの一通が、いち子さんから浜野博さんの妻栄子さんを介して博さんに渡っていたことになっており、「四月五日から七日にかけて、八人の消防団員に各々現金一万円を供与」と記載。「供与金の残金は、生活費等として自己消費」と書かれている。

このチャートの通り、浜野博さんは七月二七日から三日間、宮崎県串間署で調べを受けた。取調べをしたのは、千々岩茂警部補。同署の二階の取調室に入るなり、「中山の関係者が、あなたに金を渡したと言っている」とこの志布志事件でお決まりの文言の大きな声で恫喝を始めた。博さんは、否認したが「だったら明日から志布志署で徹底的にやる。奥さんを呼んでね」と警部補は言い出した。博さんは全身の力が抜けた。「また地獄の日々が来る」と思うと従うしかなかった。

受け取った金額は千々岩警部補が紙に「五」「十」「二十」「三十」「四十」と書いて、博さんに指し示させた。博さんが適当に「五」を指すと警部補は「違う」と言い、「四十」は、「こんなにもらったか」と否定。「二十」を指すと「それだ」と言って決めたという。さらに千々岩警部補は「二一〇万円を一人で使うのは多いから団員に配ったことにしよう」と言い、八人の名前を挙げさせ、一万円ずつその団員たちに配ったと決めた。博さんはそうやって出来た調書に署名と押印した。その際に千々岩警部補は「あなたの事件でも何でもない。検察庁にも送らない。二〇〇%信用しろ。それでも信用できなかったらトップに会わせる」などと告げた。警部補は聴取の最後に「取調べの中身は家族にも言うな。これが出たらあなたも困るが、俺も困るんだ」と口止めもした。

翌八月一日午後五時過ぎに博さんの携帯電話に磯辺警部から「大黒（志布志市内のホテル）の駐車場に待っとけ」との連絡が入った。指定の場所に車で行くと、磯辺警部の車が横付けされ、博さんはその車の後部座席に乗るように指示され従い、宮崎県串間市内のファミリーレストラン「ジョイフル」で面談した。磯辺警部は架空の内容の調書に博さんが署名、押印したことについて一言「心配せんでいいが。来年は笑い事になる」と言った。

チャートにある八人の消防団員は誰一人事情聴取を受けておらず、博さんからとった架空の容疑の調書とこのチャート図を一緒に鹿児島地検に持ち込んで逮捕状を取る相談をしたが、地検は認めなかった。この調書には取調小票も取調計画書もない。つまりこの調書は県警本部に相談もせずに無断で作ったことになる。選挙違反事件は、県警の本部長指揮事件で、本部長から決済を受けなければいけない事件なのだ。ある捜査幹部は取材に対して「浜野さんの件でも分かるように、志布志の黒署長と磯辺班長の独断で指揮したと言わざるを得ない」と答えた。二〇〇六年一月五日付朝日新聞一面トップで浜野さんの架空調書問題が報じられ、八人の消防団員たちに涙ながらに謝罪した浜野さんの心中を察すると無念でたまらない。これでも裁判所は浜野さん夫妻のうち、栄子さんだけにしか県警の違法性は認めないのか。本丸の買収会合の無罪からかなりの年月が経っているが、裁判所はいったい何を精査して博さんへの違法性はないと判断したのか。不信感が募るばかりだ。

志布志事件の舞台となった志布志町四浦の懐集落は、当時人口七世帯二〇人と夜中に地区内を徘徊（はいかい）するイノシシやタヌキよりも少ない。この地区では、急病などで大隅曽於地区消防組合南部消防署の消防車で病院に運ばれるのは年に一人あるかないかの状況だった。ところが志布志事件の捜査が始まった二〇〇三年四月から五月にかけて五世帯五人が救急車で運ばれた。山中鶴雄さんは、県警の任意の調べに自分の車で向かった際に交通事故に遭ったものだが、残り四人は県警から任意で調べられ、直後に運ばれた人たちだった。いかにむごい取調べだったのか分かる。内訳は五人のうち四人が買収会合事件。残りの一人は、叩き割り事件で損害賠償を求め、認められなかった会社員藤元幸広さん。いち子さんの長男だ。救急搬送証明願によると、幸広さんは、五月一七日午後九時に通報で、いち子さん宅から高山町の病院に運ばれている。同月一一日から県警の調べを受けており、救急車で運ばれた日は、午前中の調べで取調官から「会合があったやろ、お金をもらったやろ」と追及を受け、否認。その日夕方六時すぎ、幸広さんは全身に震えが来て取調官の質問に答えられないほど、けいれんが起きた。吐き気がしてトイレに駆け込むと、そのまま吐いたという。聴取を終えて自宅に戻ると、頭痛がし始めて救急車を呼ぶことになり、その日は入院。翌日は取調官が病院まで来て志布志署まで連れて行かれ、引き続き取調べを午後七時半ぐらいまで受けた。この間に血を吐いたという。

幸広さんは同月一九日までに会合が行われたとして、新聞で見て知っている名前と家族の名前を会合の参加者として挙げたが、取調官から「お前の部落はどれぐらいの人数がいるんだ。永利（忠義）さんだけ呼ばないということがあるか」と言われて、永利さんも参加者に入れた供述をしたという。認めた理由は、補助官から「このまま行けば逮捕される」と言われ、怖くなったからだという。

これらを踏まえると、一審の叩き割り裁判の結果は裁判所の県警の違法の事実認定が不十分だ。だが、司法は腐ってはいなかった。二〇一六年八月五日の福岡高裁宮崎支部の判決は、一審判決を変更し、全員の取調べの違法性を認めて六人に六〇万から一一五万円の計五九五万円の賠償を鹿児島県に命じた。

　裁判は確定した。志布志事件捜査が始まって十数年。この日を知らず亡くなられた多くの人々のご冥福を祈りたい。

3 「まだ終わるわけにはいかない」
――その思いで闘い続けた二人――
「叩き割り」訴訟の浜野博さん
「踏み字」事件の川畑幸夫さん

大久保真紀

今年（二〇一六年）の八月五日午前一一時、福岡高等裁判所宮崎支部二〇一号法廷。西川知一郎裁判長が判決を読み上げると、原告六人の目がみるみるうちに潤んでいった。

「志布志事件」で起訴されなかったものの、鹿児島県警の違法な取調べで精神的な苦痛を受けたとして住民が県に賠償を求めていた訴訟の控訴審判決。控訴していた六人全員に賠償を認める内容だった。原告団長を務めた志布志市志布志町の農業、浜野博さん（七八）は目を閉じ、唇を震わせた。

閉廷後、傍聴席から「おめでとう」との声がかかった。浜野さんを支え続けた志布志市のホテル経営者、

原告全員に賠償を認めた控訴審判決を受け、記者会見した浜野博さん（右から２番目）、左後ろは妻の栄子さん＝2016年８月５日、宮崎市、大久保真紀撮影

川畑幸夫さん（七〇）の姿もそこにあった。

この日をどれほど待ち望んでいたか。浜野さんはそれまで苦労してきた思いがいっぺんに押し寄せ、思うように喜びを口にできない。言葉少なに川畑さんと握手した。

この後、県は上告を断念、判決は確定した。その結果、志布志事件をめぐる計六つの民事、刑事裁判はすべてが住民、原告側の勝訴で終結する形になった。

志布志事件を振り返るとき、そして、すべてが住民側の勝訴になった裁判闘争を通してこの事件を考えるとき、浜野さんと川畑さんは欠かせない存在だ。このふたりが、最後の勝訴を手にしたこの日をいかにして迎えたのかをこの章では記したい。

この判決から約四ヵ月前の二〇一六年四月二日。鹿児島市内にある県市町村自治会館で、「志布志事件を繰り返すな～冤罪事件の教訓は生かされてきたのか～」というシンポジウムが開かれた。このとき、川畑さんは壇上でこう訴えた。

「一部可視化は警察の思うように使われる。任意の段階から可視化しないと冤罪はなくならない。今日も（どこかで）、冤罪は起こっている。全面可視化を求めていきたい」

川畑さんは志布志事件に関連する捜査の中で起こった、いわゆる「踏み字」事件の被害者だ。

「全国の警察で冤罪事件が作られている。任意（の事情聴取）とは名ばかり。私の場合は午前八時から午後一一時まで。トイレに行くのにも取調官がついてきた。取調室の中では、常に二対一。こっちのいうことは一切聞かない。『認めろ』というばかりだった」

そう体験を語り、さらに、「もしみなさんが取調べを受けることになったら、任意の段階で録音し、すぐに弁護士に連絡するようにしてください。裁判は証拠がないと勝てない」と話した。

このシンポジウムは、鹿児島県弁護士会の主催。捜査の違法性を認めて国と県への損害賠償を命じた志布志事件の国家賠償請求訴訟判決から約一年、二〇〇三年の事件発生からはすでに一三年がたち、志布志事件そのものを知らない人たちも出てきたことから、改めて事件を振り返り、現在の刑事司法が抱える問題点や課題を考えるきっかけにしようという狙いの集まりだった。

講演者として、元北海道警の原田宏二さん、弁護士の佐藤博史さんと五十嵐二葉さん、元裁判官の木谷明さん、成城大学教授の指宿信さんら、刑事司法の専門家が全国から集まったほか、志布志事件の元被告などの被害者、再審無罪が確定した布川（ふかわ）事件の桜井昌司さん、足利事件の菅家利和さん、再審開始決定が出たばかりだった（二〇一六年八月には無罪が確定した）東住吉事件の青木恵子さんら冤罪被害者も顔をそろえた。学びの多い場となった。

しかし、この時点で志布志事件は終わっていなかった。それを象徴するのが、川畑さんとともにほかの住民ら計一六人と登壇した浜野さんの厳しい表情だった。壇上で発言することはなかったが、眉間にはずっと大きく、深いしわが刻まれたままだった。

浜野さんは志布志事件で逮捕も起訴もされなかったものの、任意の取調べで厳しく追及され、虚偽の自白を強要された住民だ。逮捕、起訴され刑事事件の元被告となった被害者たちとは別に、志布志事件の関連で厳しい取調べを受け、精神的苦痛を被ったとして住民七人が県に対して賠償を求めた「叩き割り」訴訟の原告団長を務めてきた。

この「叩き割り」訴訟は、国賠訴訟で元被告への賠償を認める勝訴判決が出た二〇一五年五月一五日の午後、判決が言い渡された。結果は、原告三人に対しては違法捜査を認めて賠償を命じたものの、浜野さんを含む残り四人は請求棄却だった。刑事・民事を含めて志布志事件関連のさまざまな裁判のなかで、この時点では唯一の住民側の敗訴といえる内容だった。逮捕され、一審で賠償を認められた一人を除く、原告六人は判決を不服として、控訴した。

本書の編者である木村朗・鹿児島大教授は二〇一五年後半から本書の執筆者に執筆依頼を始めた。当然のように、「踏み字」事件の川畑さん、そして「叩き割り」訴訟原告団長の浜野さんにも原稿の依頼をした。だが、二人は「いまは、原稿は書けない」と固辞した。

本書のタイトルは「志布志事件は終わらない」。事件の発端もわからないまま、被害者への直接謝罪もなく、また、きちんとした検証、反省もない中、事件が風化してしまわないように、との視点での企画だった。私自身、その趣旨に賛同、依頼を受けて大崎事件について寄稿させていただいている。ただ、その時点では、志布志事件の元被告らによる国賠訴訟の勝訴をひとつの区切りととらえてのものであったことも事実で、控訴審を闘っていた浜野さんにとっては、また、その浜野さんに寄り添い、裁判闘争を支援していた川畑さんにとっても納得しがたい感覚があったようだ。申し訳なさそうに、しかし、毅然と断る二人からは「一区切りなどついていない」という心の叫びを感じた。それが私がこの章を書くきっかけとなった。

本書で当時、朝日新聞鹿児島総局長だった梶山天が詳しく書いているが、志布志事件は全国でも珍しく、判決が出る一年ほど前から報道先行型で、取調べのずさんさや捜査の違法性が明らかにされ、追及された事件だ。そうした流れの中で、公職選挙法違反に問われ、起訴された一二人の元被告らが全員無罪を勝ち取り、さらに、長い闘いの末に損害賠償請求訴訟でも勝訴した。二〇〇六年から約二年間、鹿児島総局デスクを務め、その後記者に戻ってからも、弁論のたびに鹿児島に足を運んで取材してきた私は、無罪判決を勝ち取った元被告の方々の頑張りはもちろんだが、起訴をされたわけでもないのに、警察を相手に勇気をもって声を上げた川畑さんと浜野さんの闘いがなければ、もしかすると志布志事件の結論は変わっていたかもしれない、と正直思っている。ふたりの果たした役割は極めて大きい。川畑さん、浜野さんの闘いとともに、元被告の刑事裁判が同時並行的に推移し、捜査の違法性を追及する私たちのキャンペーン報道も実を結ぶ形になった。事件の推移、内実を知っているからこそ、この二人のことを抜きに、志布志事件を語ることはできないのではないかと思う。川畑さんと浜野さんの了承を得たうえで、彼らの代わりに彼らのこれまでの道のりを記すことを引き受けさせていただいた。原稿を書き上げた後に、控訴審での勝訴があり、改めて原稿に加筆したことをお断りしておく。（年齢は原稿の最終確認をしている二〇一六年一〇月時点）

◆でっちあげ事件を最初に広く世に問うた浜野さんの事件

志布志事件が県警の違法捜査によるでっち上げ事件であることが暴かれていく始まりは、浜野さんの決断からだったといっても過言ではない。

二〇〇六年一月五日。

朝日新聞の朝刊一面トップ（西部本社版）に「鹿児島県警　架空供述迫り調書　公選法違反事件　否認の男性に」という見出しの記事が載った。志布志事件にからんだ過酷な取調べで、うその自白を強要するなどして調書が作成されていたという内容だ。

この「男性」は浜野さんのことだ。この時点では浜野さんは、生活への影響を心配しており、匿名での報道だった。それでも、報じることは承諾。自白を強要する県警の取調べを世に問う大決心をしてのことだった。この第一報を報じた当時は、志布志事件の刑事裁判がまだ続いていた。

おさらいをしておくと、志布志事件は、二〇〇三年春の県議選で初当選した志布志町（現・志布志市）在住の県議（当時）の中山信一さんが買収会合を四回開き、計一九一万円を配って投票を依頼したとして逮捕され、中山さんと住民ら計一三人が公職選挙法違反の罪で起訴された事件だ。取調べ段階で六人が「自白」したが、裁判で否認に転じ、全員が無罪を主張、裁判が長引いていた。

被告となった住民らが無罪を主張していたが、当時、私たちは彼らへの取調べが違法であり、無実の罪に問われているという確証は得られていなかった。その可能性を感じながらも、逮捕、起訴され、裁判が進む事件になっている以上、確実な裏付けがなければ、捜査への疑問を軽々しく書くわけにはいかない。正直なところ、被告たちの言い分を書くのが精いっぱいだった。

一方で、志布志事件の関連で、捜査関係者から私たちに貴重な情報が寄せられた。被告ではないが、自白を強要され、ありもしないウソの調書をとられた人がいる、という内容だった。浜野さんのことだ。浜野さんや妻の栄子さん（七四）の身に、取調べと称して何が起こったかは、梶山が第一部第二章（五二頁以下）に詳しく記しているので、そこに譲るが、簡単に振り返っておこう。

消防団長を務めていた浜野さんは、二〇〇三年七月末に任意の取調べで、金をもらったと追及された。否認したが、捜査員に「それなら家族を呼んで徹底的にやる」と言われ、追い込まれた。結局、受け取ってもいない二〇万円をもらったことにし、配ってもいない金を一万円ずつ消防団員八人に渡したと認めた。

一般的には、なぜ犯してもいない罪を認めるのだろう、と不思議に思うかもしれない。しかし、志布志事件も含めた過去の冤罪事件で実際に起こっていることだ。決して特別なことではない。狭い取調室で責められ続けると、人はやってもいないことをやったと言ってしまうことがあるということだ。

浜野さんの場合は、虚偽の供述をした三ヵ月前、妻の栄子さんが、志布志事件に関連して一三〇時間を超える取調べを受け、歩けないほど衰弱した。栄子さんは逮捕や起訴はされなかったが、その影響は大きく、刑事や取調べを思い出し、涙が出て手が震えるなどＰＴＳＤ（心的外傷後ストレス障害）の症状が出ていた。心身ともに疲弊仕切っていた。「再び調べられたら妻はもたない」。妻を守りたい一心で、浜野さんは架空の容疑を認めた。

県警はこの架空の容疑をチャート図に起こし、逮捕状をとる手続きを進めた。志布志事件の首謀者とした中山さんを自白に追い込むために利用しようとしていた。

私たちはチャート図を入手、県警でこうしためちゃくちゃな捜査が行われたという内部情報を得た上で、当事者の浜野さんにあたった。当事者の証言がなければ記事にはできない。一方で、内部情報がなく、当事者の主張だけでは記事の信憑性は低いと言わざるを得ない。報道するには、ウラがとれた確実な情報が必要で、表と裏、両方からの確認が欠かせなかった。

虚偽の供述を強要されたのではないかと確認に行くと、浜野さんは最初はけんもほろろだった。「何しに来た。話すことはない」。浜野さんは自白を強要されたが、結果的には供与先として名前を挙げた団員は聴取もされず、自身も逮捕されなかった。だが、何の罪もない仲間の名を挙げた自分を責め、自殺を考えたこともあった。取調べから二年以上が過ぎ、やっと平穏な生活を取り戻しつつあり、妻とともに事件のことは忘れようとしていた。しかも、県警を相手にするということは、その後の生活に影響があるかもしれない。自営業を営む長男への影響や嫌がらせなどがないだろうか、とも心配した。ふつうの市民としては当然の思いだ。

だが一方で、事件をめぐっては、逮捕・起訴された人以外にも多くの住民が厳しい取調べを受けていた。浜野さんは考えに考えた末、「人権を無視した警察の捜査は許せない」と匿名で報道することを承諾した。この浜野さんの決断があって初めて私たちの記事が日の目を見ることになった。

自白を強要され、架空の自白調書をとられたという二〇〇六年年明けの記事は、県内に大騒動を巻き起こした。県議会が動き出し、県警も内部調査をせざるをえない状況になった。だが、県警は「捜査は適正だった」と繰り返した。事実を隠蔽し、自分をうそつきよばわりする県警のその姿勢に、浜野さんの怒りに火がついた。浜野さんは同年四月には実名を公表、報道陣の前で「捜査は全くのでっちあげ」と語り、損害賠償を求める訴訟に踏み切る意向を明らかにした。

夏には県弁護士会人権擁護委員会に、県警の捜査是正と名誉回復を求める人権救済の申し立てをした。浜野さんは、妻の栄子さんのほか、同じように過酷な取調べで自白を強要されたほかの住民六人と連携、同一〇月には、強引に自白を迫る「叩き割り」という違法な取調べを受けたとして県に賠償を求める訴訟を鹿児島地裁に起こした。原告の八人（うち一人は、訴訟途中で当時を思い出すことが精神的に負担として、取り下げ）は志布志事件の捜査で、県警から取調べを受けたものの立件されなかったり、逮捕されても不起訴になったりした人たちで、いずれも現金を配ったり、現金と焼酎を受け取ったりしたという身に覚えのない容疑で、長時間事情聴取されたと主張した。

こうした浜野さんたちの動きは、その都度、朝日新聞をはじめ、新聞やテレビが報じた。志布志事件の捜査をめぐって多くの人が声を上げているという状況が社会に知られていった。浜野さんらの行動は、起訴された被告らの事件を援護射撃する形になり、無実を訴える被告らの主張と、車の両輪のようになって、志布志事件について世の中に訴えていく大きな力になった。

また、浜野さんの記事は、私たちのその後の報道にも大きな動きをもたらした。浜野さんの記事をきっかけに始まった県警の内部調査で、複数の捜査員が、起訴された志布志事件そのものの捜査に疑問をもっていることが私たちの耳に漏れ聞こえてきたのだ。それが突破口となり、私たちは罪を問われていた被告たちへのずさんな取調べの状況をつかむことができた。捜査関係者の中にも、捜査のあり方に疑問をもつ心ある協力者が現れ、私たちは、逮捕、起訴された住民らへの違法捜査の実態を表と裏から確認しながら、次々と記事にした。社内外から「判決前にこんなに書いて大丈夫か」と心配されるほどだったが、内部情報があったからこそ、確信をもって報ずることができた。

一連の報道が志布志事件のおかしさを社会に知らしめることになり、結果として、二〇〇七年二月の無罪判決につながっていったといえる。浜野さんの決断がなければ、その後の捜査関係者からの内部情報を入手できていたかわからない。そうなれば、朝日新聞のキャンペーン報道はなかったかもしれない。被告全員が無罪判決を受けた志布志事件の中で、逮捕も起訴もされなかった浜野さんは全国的には知る人は多くないかもしれない。しかし、浜野さんがいなければ、無罪判決、その後の国賠訴訟の勝訴という結果も違う結果になっていたかもしれない。

◆切り込み隊長を務めた川畑さん

浜野さんと並び、志布志事件を世に問い、無罪判決を勝ち取る中で、忘れてはならないのが、川畑さんだ。

川畑さんは、江戸時代のキリシタン弾圧を思わせる「踏み字」事件の被害者として知る人ぞ知る存在だ。「踏み字」事件が起こったのは、県議選の開票日の直後、一連の捜査の最も早い時期だった。選挙では、妻順子さん（七〇）のいとこにあたる中山信一さんを応援した。川畑さんの身に起こったことを振り返ってみたい。

志布志事件の主犯とされた中山さんが県議選で初当選を果たした二〇〇三年四月一四日の朝、突然三人の警察官が自宅に訪ねてきた。午前四時すぎに起きて、経営するホテルの宿泊客のために朝食を作り終えたところだった。

「ちょっと選挙のことで聞きたいことがある。署まで来てもらえないか」

川畑さんはあまり深く考えずに、警察官が運転してきた白い乗用車で志布志署に行った。任意の事情聴取だ。

担当したのは、濵田隆広・警部補（当時）。川畑さんによると、濵田警部補は「（投票依頼のための）ビールを配っただろう！」と机をたたき、激高した様子で、容疑を認めるように迫ったという。宿泊客を紹介してもらった建設会社にお礼としてビールを渡したことはあったが、投票依頼はしたことはない。否定したが、「バカ、認めろ」などと怒鳴られ、午後一一時ごろまで取り調べられた。

翌日も午前八時ごろに濵田警部補が迎えに来て、取調べが続いた。川畑さんは昼ごろには、吐き気や頭の痛みを感じ、病院に連れて行ってほしいと何度も訴え、やっと近くの病院で診察を受けることができた。血圧が上がっていたため、薬を注射してもらい、一時間ほど病院で横になって休んだが、その後再び署に連れ戻され、取り調べられた。

なぜか追及される容疑の内容が変わっていた。配ったと追及されたものがビールから焼酎に代わり、「焼酎を配っただろう」としつこく聞かれた。調べは午後九時半ごろまで続いた。これもまた、身に覚えのない容疑だった。

翌一六日も午前八時に迎えが来た。この日、川畑さんは「もう今日は話さない。弁護士を呼んでください」と宣言した。踏み字事件が起こったのは、午後三時ごろになってからだった。濵田警部補が突然、机を自分の方に引いて、川畑さんの前に近づいてしゃがみ込んだ。「川畑の股ぐらに頭を入れろというなら入れるよ」と言って、川畑さんの股ぐらに頭を入れてきたという。いすに座っている川畑さんの左側にしゃがみ込み、川畑さんの股間から顔をのぞかせたという。その後、Ａ４の紙三枚にマジックでこう書いた。

「お父さんはそういう息子に育てた覚えはない」

「元警察官の娘をそういう男にやった覚えはない」

「沖縄の孫　早く正直なじいちゃんになってね」

濵田警部補はその紙を床に置き、「これを見て反省しろ」と言った。その後、川畑さんの左側に近寄り、しゃがみこんだと思ったら、いきなり両手で川畑さんの足首をつかんで持ち上げた。ひっくり返されると思った川畑さんはとっさに座っていたパイプいすの両脇をつかんだ。濵田警部補は「親や孫を踏みつける、血も涙もない奴だ」と言いながら、いすに座った川畑さんの両足を強くつかみ、その紙を踏ませた、という。

「怒りを通り越して、情けなかった」と川畑さん。この後、川畑さんは黙秘した。調べはこの日も、午後九時半まで続いた。翌日も午前八時ごろに警察が迎えに来たが、体調が悪く、引き取ってもらった。川畑さんはその日から約二週間、入院した。

これが、任意の取調べ中に起こった「踏み字」事件の概要だ。

その後、警察が四回の買収会合を開いたとして、次々と住民や中山さんらを逮捕していった。川畑さんも四回目の会合で司会を務め、主犯とされた中山さんと共謀して、出席者に一〇万円ずつを渡したとして、七月二四日に逮捕された。全く身に覚えのないことだった。容疑を認めるように追及され続けたが、川畑さんは否認し、八月一三日に処分保留で釈放された。

四回の買収会合で計一九一万円を授受したとされた一三人は起訴され、被告となった。一方、司会をしたとされた川畑さんは一二月二六日に不起訴（起訴猶予）となった。

取調べから時間がたっても悔しさは消えなかった。弁護士に相談すると、「やましいところはないか、胸ように手を当てて考えてほしい」と聞かれた。「ジュース一本配っていない」と即答すると、「（警部補を）訴えよう」と提案された。名誉を回復するため、権力を相手に闘う決意を固めた。

翌二〇〇四年四月、川畑さんは「県警の警部補から親族の名前などを書いた紙を踏みつける『踏み字』を強要されるなど、違法な取調べを受けた」として慰謝料など二〇〇万円を求めて県を提訴した。しかし、当時は、被告となった人たちの一連の逮捕から一年近くがたっており、世の中の関心は低かった。県に対して損害賠償請求訴訟を起こしたことについては、周囲の人たちからは厳しい視線を向けられた。「あいつは悪いことをしたに違いない。そうでなければ警察に呼ばれるわけがない」「金がほしくて裁判を起こした」などと言われた。

支えは「やましいことは何一つしていない」という思いと、妻の励ましだった。鹿児島市で二～三ヵ月に一回開かれる弁論には、片道二時間以上をかけて出廷したが、最初のころは足を運んだのは川畑さんと妻の順子さん二人だけだった。孤独な闘いだった。

もっと多くの人に事実を知ってもらう必要性を強く感じた。そのためにはどうすればいいのかと思案していたところ、新聞やテレビの報道で、取調室の様子を録音・録画する「取調べの可視化」という言葉を耳にした。「これがあれば、あんな取調べはできなかったのでは」。そう思った川畑さんは動き始めた。まずは、経営するホテルの周囲に「なくそう、不当逮捕」などと看板を立てた。さらに、中古のワゴン車を購入、車体に「可視化（録音・録画）でなくそう　違法な取り調べを！」などと字を書き、「取調べの可視化を実現しましょう」などという音声を流しながらあちこちに車を走らせた。

川畑さんは日本弁護士連合会に可視化の実現を陳情したり、さまざまなシンポジウムで講演したり、自分

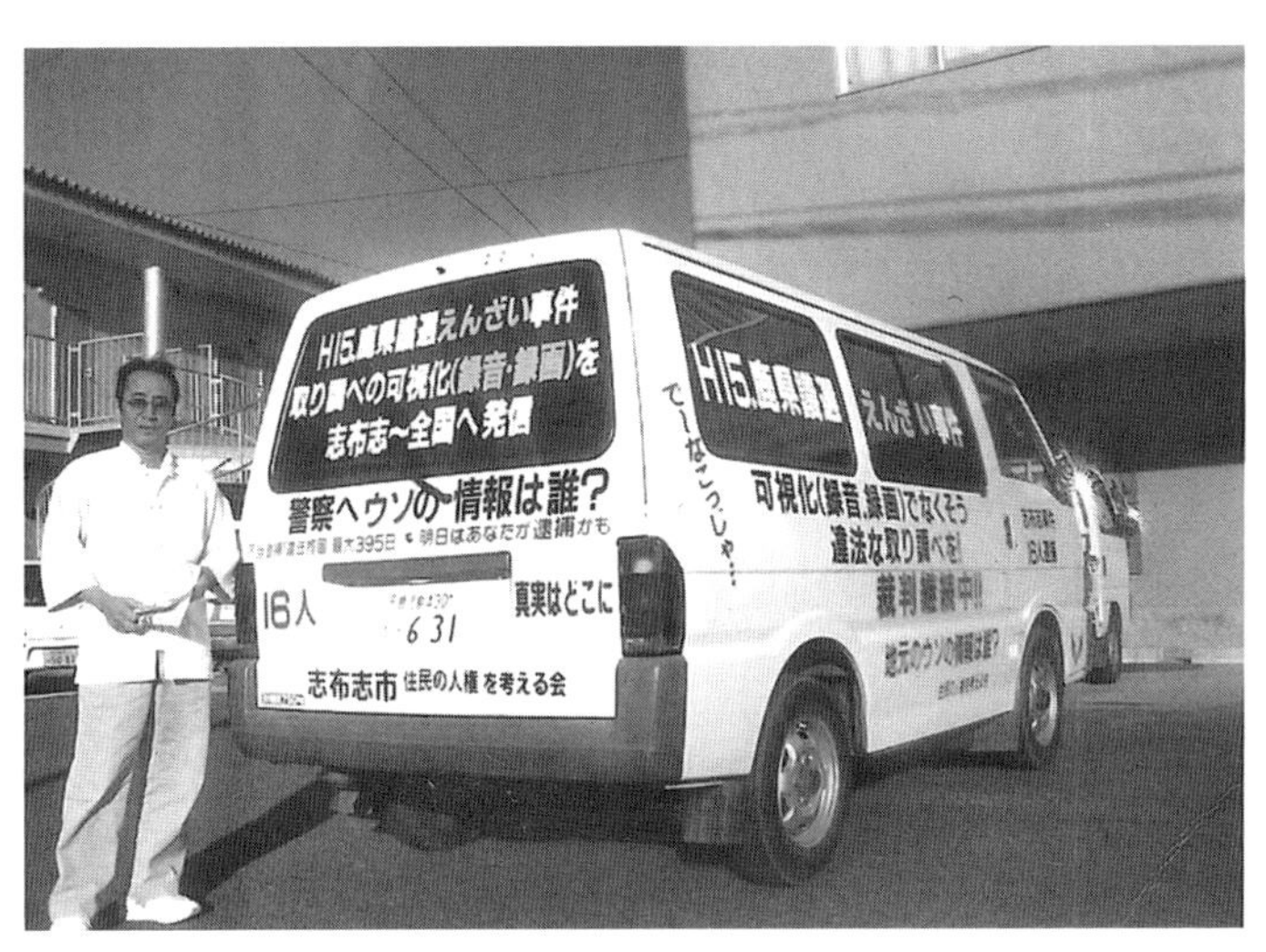

「取り調べの可視化（録音・録画）を　志布志〜全国へ発信」と車体に大書。可視化実現を全国に訴えた川畑さん（川畑幸夫氏提供）

の身に起こったことを積極的に語った。当初は引き気味だった知人たちもワゴン車の運転を買って出てくれるようになり、飲み屋で見知らぬ人から「頑張って」と声をかけられた。川畑さんは、妻と二人で始めた孤独な闘いが、少しずつ社会に広がっていくのを感じた。

そうした川畑さんの闘いが続くなか、二〇〇六年に入って前述した浜野さんが声を上げ、一〇月にはほかの住民らとともに違法な取調べで精神的な苦痛を受けたとして、県に損害賠償を求める訴訟を起こした。川畑さん、浜野さん、そして被告たちと志布志事件に立ち向かう住民たちが一丸となっていった。

その年の一二月には、川畑さんは県公安委員会に警部補ら志布志事件の捜査を指揮した県警の警察官三人の懲戒処分を請求するための署名活動も開始。それらの動きも、すべて報道された。

「踏み字」事件の損害賠償請求訴訟の判決が出たのは、志布志事件の買収会合事件の判決の約一ヵ月前。二〇〇七年一月一八日、鹿児島地裁は、取調べ中に「踏み字」

を強要させたことを認め、「取調べ手法が常軌を逸し、公権力をかさに着て原告を侮辱する行為により精神的苦痛は甚大」として、県に六〇万円の支払いを命じた。「反省を促すために、両足首を軽くつかみ、三枚のうち一枚の端の方に置いた」とした県側の主張に対しても「違法や有形力の行使であることは明らか。仮に一回でも、足先のみ紙にのせたとしても、違法性は十分認められる」と判断した。

密室の中で行われる取調べで、その違法性を問うのは一般的にかなり壁が高いが、警察官による「踏み字」の強要行為を「違法性がある」と明確に判断したこの判決は、志布志事件の大きな流れを作ったといえる。「踏み字」を強要した濵田警部補は、この約一ヵ月後に判決が言い渡される予定になっていた買収会合事件でも重要な取調べをしているひとりだった。

川畑さんは、勝訴判決を受けた後も追及の手を緩めなかった。六日後の二〇〇七年一月二四日には、「踏み字」を強要した濵田警部補に対する特別公務員暴行陵虐容疑の告訴状を鹿児島地検に提出、告訴が受理された。「踏み字」事件で敗訴した県は控訴を断念、判決が確定した。県議会では県警本部長が謝罪した。

福岡高検が濵田元警部補（二〇〇七年八月末で退職）を特別公務員暴行陵虐罪で福岡地裁に起訴したと発表したのは同年九月一九日。翌二〇〇八年三月一八日には、福岡地裁は「常軌を逸した違法な取調べ方法であり、被害者に多大な精神的苦痛を与えた。警察の捜査への国民の信頼も大きく損なった」と述べ、濵田元警部補に懲役一〇ヵ月執行猶予三年（求刑懲役一〇ヵ月）を言い渡した。濵田元警部補は控訴したが、二〇〇八年九月九日に福岡高裁は控訴を棄却。濵田元警部補が上告を断念し、刑が確定した。

ちなみに、買収会合で現金を授受したとして一三人が起訴された志布志事件で被告全員に無罪判決が出たのが二〇〇七年二月二三日。県警も地検も控訴せずに、無罪判決が確定した。八ヵ月後の同年一〇月には元被告とその家族らが、国と県を相手に賠償請求訴訟を起こした。

川畑さんの「踏み字」事件をめぐる闘いは、刑事裁判となった志布志事件の先陣を切る形で進み、自らの闘いに区切りがついてからも、今度は元被告らが起こした国家賠償請求訴訟や、浜野さんらの「叩き割り」訴訟の弁論に必ず応援にかけつけた。

川畑さんはいまでも、妻の順子さんと志布志事件について語らない日はない。毎日、必ず、事件のことは夫妻の話題にのぼる。自分たちの身に起こったこと、そして、ほかの住民たちの身に起こったことを忘れることはできない。かつてはほとんど知らない間柄だった浜野さんらとも一三年を越える闘いの中で、ひとごとでは済まされない関係になっていった。

特に、一審で損害賠償請求を棄却された浜野さんの心情を考えると、我がことのように心が痛んだ。それぞれに声を上げ、県警相手に立ち上がったという意味でも、その闘いの大変さを知っている立場としても共通点は多く、任意の取調べで受けた不当な扱いを許すことができないという思いとそれを認められない無念さは痛いほどよくわかった。だから、川畑さんは、浜野さんらとともに闘う気持ちを、持ち続けてきた。

川畑さんは言う。「全面可視化が実現していない現状では、また冤罪がだれの身に起こってもおかしくない。志布志事件から一三年がたったが、何も変わっていない」。さらに、「濵田元警部補がひとり責任を負わされ、トカゲのしっぽのように切られた形で、県警は、ほかにだれひとり責任をとっていないのではないか。考え方によっては、濵田元警部補が気の毒にさえ思えてくる」とも吐露する。

鹿児島県警をめぐっては、多くの無実の市民を苦しめた志布志事件の反省はどこにいったのかと言わざるを得ない冤罪事件もその後、起こっている。二〇一六年一月には福岡高裁宮崎支部で、強姦罪に問われた被告に逆転無罪が言い渡されるなど、ずさんで強引な捜査が繰り返されている。無罪を言い渡した控訴審判決は、鹿児島県警の鑑定について、抽出後に残りのＤＮＡ溶液を全て廃棄していたことや、精液を鑑定した記録は「いつどのように記入されたか不明」で、鑑定経過を記したメモも廃棄されていた点を重視し、信用性に疑いがあると判断した。検察は控訴を断念、判決は確定している。この事件では結果的に元被告の男性は「自白」しなかったので、自白の強要はなかったことになるが、男性は自白を迫られ、苦しかったという胸の内を語っている。

◆終わらない浜野さんたちの闘い

「心が怒りで爆発しそうだ。これまでの闘いは一体何だったのか」。二〇一五年五月一五日。取調べで精神的な苦痛を受けたとして県に損害賠償を求めた訴訟で原告七人のうち四人の請求が棄却となった結果に、原告団長だった浜野さんがはき出した言葉だ。

取調べ中に「二万円と焼酎二本をもらった」と窓の外に叫ばされた妻の栄子さんと、大声で怒鳴りながら机をたたき、「外道」などと言われた女性、逮捕、勾留されたものの不起訴となった住民の三人について、鹿児島地裁は捜査の違法性を認め、計一八四万円の賠償を県に命じた。栄子さんらへの捜査手法について「自由な意思決定を阻害し、社会通念上許されない」「原告に著しい屈辱を与え、人格を傷つけるものであり、捜査上の必要性も合理性も見いだせない」などと指摘した。だが、一方で、浜野さんら四人の請求は「時間が経過して記憶が消失、変容し、供述の信用性が低下している可能性を否定できない」などとして棄却した。

「冗談じゃない。警察の取調べで言われたこと、私は一〇〇%覚えていますよ。やられた人じゃないとあの悔しさはわからない」。判決後にそう語気を強める浜野さんの横で、「どうして……」と栄子さんは目を赤くした。「みんなきつい取調べを受けたのに、一方は認めて一方は認めないなんて……」。

浜野さんは二〇万円を受け取り、消防団員八人に一万円ずつ配ったという虚偽の自白を強要された。全く身に覚えのないことを認めたのは、そのころの取調べで容疑を認めるよう怒鳴られ続け、支えがなければ歩けないほど衰弱していた妻を「また一から取り調べる」と、取調官に迫られたからだ。栄子さんにしてみれば、夫は自分をかばって虚偽の自白をしたのに、その夫の訴えが認められず、かばってもらった自分の訴えが認められた。胸が張り裂けそうだった。

「父ちゃんは当時、何の罪もない消防団員の名前をあげたという申し訳なさから、自殺を考えるまで悩んだ。父ちゃんの訴えを認めてほしかった」と栄子さんは言った。自分の訴えが認められた喜びはなく、納得できない気持ちでいっぱいだった。

浜野さん自身、請求が棄却された判決後、一週間ぐらいは何も手に付かなかった。考えれば考えるほど腹が立った。

「我々には一点の曇りもない。やましい気持ちが少しでもあったら、裁判は起こさん。なりふり構わず犯罪者に仕立てようとした警察は許せない。どうして裁判所は認めてくれないのか」と浜野さんは怒りをあらわにした。

県警は法廷で「適法・適正に捜査した。原告らの体調に配慮して適宜取調べを中断・終了するなど、長時間、連続して取り調べた事実はない」との主張を繰り返した。取調べ中に小突かれたという浜野さんの主張も否定した。

一審判決が賠償を認めたのは、県警がその事実をわずかでも認めた住民の訴えについてだけで、厳しい取調べでけいれんを起こし、救急車で運ばれたにもかかわらず、病院から連行され、取調室に嘔吐用のバケツを置いて調べられた住民の訴えも棄却した。密室で行われる取調べの違法性を問うことの難しさが改めて浮き彫りになった。

浜野さんと妻の栄子さんら六人は、判決を不服として福岡高裁宮崎支部に控訴。その判決が、冒頭に書いたように、この八月に下された。

裁判闘争を続けることは簡単ではない。費用もかかれば精神的な負担もある。「本当はできることならば控訴したくない。お金もかかるし、法廷に通わなくてはいけないから」と栄子さんは苦しい胸の内を明かしていた。それでも「ここでやめるわけにはいかない」と闘い続けた。

「金じゃない。人を人とも思わない、人権を無視した取調べがあったことを認めてもらいたいだけだ。他には何も望まない」と話していた浜野さんの思いが届く結果となった控訴審判決は、警察官が大声で怒鳴って机をたたきながら詰問したことや、外に向かって大声で叫ぶように強要したことなどを「明らかに違法な態様」と認定、任意の取調べの回数や時間も「社会通念上相当と認められる限度を明らかに逸脱している」と指摘した。浜野さんら六人に、一人について六〇万～一一五万円、計五九五万円を支払うように県に命じた。

「裁判所はちゃんと耳を傾けてくれた」。浜野さんらは原告の仲間や支援者らと喜びを分かち合った。妻の栄子さんは、夫も含めて一審で棄却された原告もみな一緒に賠償が認められたことがとにかくうれしかった。「裁判長が神様に見えた」と言った。

だが、一方で、判決は捜査自体については「嫌疑がなかったとはいえず、合理的根拠を客観的に欠いていたとまではいえない」とした。この部分については、原告団、弁護団にとっては不満が残る内容だったが、密室で行われた取調べの違法性を断罪したという意味では、非常に意義ある判決だった。

指宿信・成城大教授（刑事訴訟法）も「日本の裁判の現状としてこれ以上望めないぐらいの内容といえる。原告の言い分をかなり認め、取調べの違法性を認定したという点で一審より前進した。だが、捜査自体の違法性は否定した。警察がほとんどの捜査資料の開示に応じない中で、立証責任を原告に負わせるのは酷。警察不服申し立て委員会や警察オンブズマンといった外部からの監督の仕組みが必要だ。任意の取調べで可視化が必要であることも判決は示した」と私の取材に答えてくれた。

判決から一二日後の八月一七日の朝。志布志市内で青い空に花火が上がった。

県警が前日に上告を断念すると発表したことを受けて、川畑さんが「祝い」の意味で上げた花火だった。隣では、浜野さんが上空を見上げながら、「今までの苦労が吹き飛んだようにさわやかで、今日の空のように晴れ晴れとした気持ちだ」と語った。

事件発生から一三年。浜野さんにもやっと心の平穏が訪れた。

だが、浜野さんは言う。「密室の中での取調べは、ほかの人には想像がつかない。全面可視化をしないと、またこういう事件が起こる」。川畑さんも全く同じ意見だ。そして、浜野さんは「警察は心を込めて、誠心誠意、謝罪してほしい」と訴えたが、同時に「期待はできないが」とあきらめたように付け加えた。

浜野さんをはじめ志布志事件で厳しい取調べを受けた住民たちを支援してきた「住民の人権を考える会」

の名誉会長を務める、志布志市の一木法明さん（八一）はこう語る。「住民たちにとって裁判は終わったが、志布志事件はまだ終わっていない。県は税金を使って賠償をするだけ。謝罪という基本的なステップがなければ、また同じ事が繰り返される恐れがある」

志布志事件とはいったい何だったのか。なぜこんなでっちあげ事件が起こり、住民たちが巻き込まれたのか。それらは一三年たったいまもわかっていない。そして、二度と同じようなことを起こさないためには何が必要なのか。捜査側の反省、謝罪、検証はもちろん、任意の段階でも取調べを可視化するなどの制度や仕組みづくりは欠かせない。それらが実現していない現状では、決して「志布志事件は終わった」とは言えない。浜野さんも川畑さんもそんな思いでいる。

4　元捜査第二課長がみた志布志事件
――国賠訴訟判決を読んで

原田　宏二

二〇〇三（平成一五）年四月一三日に施行された鹿児島県会議員選挙における志布志警察署（以下「志布志署」）よる一連の公職選挙法違反事件（以下「志布志事件」）の捜査から一三年の歳月が流れた。当選した中山信一さんを含む全員の無罪判決は、現職時代に捜査第二課長として、公職選挙法違反事件（以下「公選法違反事件」）の捜査指揮に当たった筆者は強い衝撃を受けた。

警察の犯罪捜査には様々な問題があるが、公選法違反事件の捜査は、選挙という民主主義の根幹に係る事柄であり、捜査の対象が日ごろは犯罪とは無縁な市民であることからも、一般の事件より以上に慎重な捜査が求められていた。

しかし、鹿児島県警察（以下「県警」）の捜査には、これが捜査と言えるのだろうかと思うほど多くの疑問があった。その後、中山信一さんらが国家賠償請求訴訟（以下「国賠訴訟」）を提起するに至り、志布志市で開かれた集会に参加したり、弁護団から意見書の作成を依頼されるなど、私なりの支援活動を行ってきた。

二〇一五（平成二七）年五月一五日には、延々と続いた国賠訴訟も判決（「無罪国賠判決」及び「不起訴等判決」）が言渡された。「無罪国賠判決」は、県警が最初に捜査に着手したビール買収事件、続いて着手した焼酎事件、現金・焼酎事件の捜査の違法性を認めず、全員が無罪となった四回の買収会合事件について、取調べ、任意同行、逮捕・取調べ、弁護人との接見内容の調書化等の違法性を認定、原告一七人に対し慰謝料等の支払いを命じた。一方、「不起訴等判決」は、原告七人のうち三人については、県警の取調べの一部について違法性を認め、慰謝料等の支払いを命じたが、四人については、請求に理由がないとして全て棄却した。このうち六人は判決を不服として控訴した。

1　常識では考えられない県警の捜査

捜査は、投票日明けの四月一四日の「ビール買収事件」に始まり、「焼酎買収事件」、「焼酎・現金買収事件」、「買収会合事件」、「多額現金買収事件」と五事件に及んだ。「買収会合事件」の最後の起訴は一〇月一〇日のことだ。

これだけ長期間にわたる捜査の結果は、「買収会合事件」は起訴された一三人（裁判中一人が死亡）が全員無罪、「ビール買収事件」、「焼酎買収事件」、「多額現金買収事件」は、不送致終結、「焼酎・現金買収事件」は二人を逮捕、受供与者を書類送致したが全員不起訴処分、「買収会合事件」でも、逮捕された三人が不起訴処分になっている。

公選法違反事件の捜査の手順は、投票日前日までに各警察署長から捜査第二課を経由して、警察本部長あてに、投票日明けに捜査に着手可能な事件について、事件の端緒情報、その信憑性、それまでの裏付け捜査状況、犯罪事実、事件の進展見通しなどを報告させ、捜査第二課が中心となりその内容を検討、警察本部長の指揮を受けて、各警察署にゴーサインを出すのが通例だ。着手前にはそれぞれの地方検察庁と協議し、国の機関の警察庁刑事局捜査第二課にも報告する。

この場合、警察本部長が各警察署にゴーサインを出す事件は、原則一件であり、投票日明けに着手し、概ね、一ヵ月を目途に捜査を終結するのが警察内部での常識である。

最初に着手した事件が不発に終わった場合は、原則としてその警察署が新たな事件の捜査に着手することはありえない。ましてや、投票日明けに新たな着手事件を探すために情報を収集することなどは考えられない。

その理由は、選挙違反事件は、事前に情報収集の期間が設定され、警察本部長指揮事件として、殺人事件並みの捜査本部体制を敷くこともあり、警察署がそうした体制を長期間にわたり維持することは他の警察業務にも影響を与えるという警察内部の事情と、何よりも、捜査期間が長期にわたることにより、事実上、選挙結果が不安定になるからである。

筆者は、少なくとも、被疑者を逮捕して捜査する事件は、検察官が起訴し、有罪の判決が得られると確信できるものに限定するべきであると考えていた。逮捕した被疑者が不起訴処分になったときには、捜査は失敗したと理解していた。ましてや、逮捕した被疑者全員が無罪になるなどという結果は、捜査を指揮した幹部は全員引責辞職するべきだと考える。

刑事訴訟法（以下「刑訴法」）二四六条は、警察が捜査した事件は全件を検察官に送致することを原則としている。例外として認められるのは微罪処分等に限られる。少なくとも、刑訴法や捜査の基本を定める犯罪捜査規範（国家公安委員会規則、以下「規範」）には「不送致終結」なる制度は存在しない。志布志事件の捜査では「不送致終結」の事件が異様に多い。このことをもってしても、捜査がいかに杜撰（ずさん）だったかを物語っている。

筆者は、検察官が嫌疑なし、あるいは嫌疑不十分などで起訴しなかった事件、警察が誤認逮捕した事件のほか、警察が被疑者を取り調べながらうやむやのうちに闇に葬った不送致終結事件を「隠れ冤罪」と呼んでいる。

何故、犯罪捜査の常識では考えられない無謀かつ杜撰な捜査がまかり通ったのか、以下、主要な点について考えてみたい。

2　情報収集と捜査の端緒

公選法違反事件の捜査は、そのほとんどは情報が端緒だが、その多くが反対陣営からのものが多いところから、その信憑性については、より慎重に検討されなければならない。「不起訴等判決」（七一六頁）は、警察の情報収集活動について、「刑事訴訟法上捜査といえない捜査着手のための準備活動というべきものを行うことも許容されていると解すべきである。」と判示している。ここでいう「捜査着手のための準備活動」こそが、警察が行っている情報収集活動である。

情報収集については、警察法第二条が法的な根拠だとする主張がある。本来、警察法は組織法であるところから、この考えには異論もあるが、刑訴法による捜査と情報収集は厳密に区分されなければならない。情報の信憑性の吟味に当たっては、情報提供者（情報源）の適格性、その目的・真意、情報の内容等について慎重かつ十分な検討が必要である。

志布志署が最初に捜査に着手した「ビール買収事件」は、志布志署員の情報が端緒であった。「不起訴等判決」（三九七頁）によると、この情報については、志布志署に派遣された県警捜査第二課のＩ警部らが、捜査に着手する前日に、情報の確度を確認するため中山派の対立候補だった県会議員を訪れた事実が明らかになっている。Ｉ警部は、志布志事件捜査の中核となった幹部である。これだけでも志布志事件の捜査の本質が分かる。

志布志署が、続いて着手した「焼酎買収事件」も志布志署に派遣された捜査第二課の捜査員が入手した情報が端緒だ。Ｉ警部の証人調書によると、裁判長の質問に対して「そういう情報があったというだけで、（確度が高いという）そこまでの判断はしていなかった。」と答えている。

志布志署は、翌日、四月一六日には、この情報に名前の挙がった三人を取り調べたが、いずれも金品の授受の事実を否認した。（「不起訴等判決」四〇七頁）結局、この事件も立件することができずに終わった。

Ｉ警部らは、再び、中山派の対立候補の支持者である有力者から、中山派の支持者と思われる人物の名前を入手し、翌四月一七日から、情報に登場した人物に次々と任意同行を求め取調べを開始した。

こうした一連の捜査手法は、取調べによって新たな情報を得ようとするもので、明らかに捜査権の乱用に当たる。しかし、同判決（七二一〜七二七頁）は、「法の予定する一般的な警察官を前提として通常考えられる警察官の個人差を考慮に入れても、なおかつ行き過ぎで経験則、論理則に照らして到底その合理性を肯定することができないとまではいうことはできないというべきである。」として、国家賠償法上の違法性を否定した。

法の予定する一般的な警察官…というのも意味不明だが、これでは、叩けば何か出るだろうという、いわゆる「叩き割り捜査」を判決が認めたことになる。

3　任意の限界を遥かに超える任意同行

「不起訴等判決」（八一一頁）は、任意同行の違法性の有無の判断基準について「任意同行というためには、同行するについて本人の任意の承諾、すなわち自由な意思に基づく承諾のあることが前提になるが、任意とは本人が自発的に進んでしたような場合に限られるものではなく、渋々承諾した場合でも、社会通念からみて身体の束縛や強い心理的圧迫による自由の拘束があったといい得るような客観的情況がない限り、任意の承諾があると認めることができると解すべきである。」としている。

「任意同行」なる手法について、刑訴法は正面から定めてはいない。強いて根拠をあげれば、刑訴法一九八条（被疑者の出頭要求・取調）である。

「規範」一〇二条（任意出頭）は、任意出頭の要求について、「電話、呼出状の送付その他適当な方法により、出頭すべき日時、場所、用件その他必要な事項を呼出人に確実に伝達しなければならない。」とある。つまり、「任意同行」は〝その他適当な方法〟による出頭要求ということになる。

警察官は、一般的に任意同行を求める際に、それが任意であること、拒否できることを告げたり、承諾を求めることはない。用件も「聞きたいことがある」程度しか告げない。多くの市民は、警察官から同行を求められたときに拒否できることなどは知らない。警察官は、相手方の無知に乗じて、事実上は半ば強制的に連行するのが普通だ。

任意同行が適法とされるためには、相手方の承諾が絶対要件である。承諾は相手方がその意味を正しく理解したうえでの承諾でなければならない。そのためには、最低限、拒否できること、具体的な用件、同行の場所、おおよその所要時間等を相手方に明確に告げる必要がある。

志布志署は、「ビール買収事件」では、川畑幸夫さんを四月一四日から連続四日間、任意同行のうえ、長時間にわたり取り調べた。「焼酎・現金買収事件」では、逮捕された二人は、三回ないし五回もの任意同行のうえ取調べをうけたほか、多い人で一〇回以上、少ない人で二回以上、受供与の疑いで、任意同行を求められ取調べを受けた。

「買収会合事件」の原告は、藤元いち子さん五回、藤元安義さん三回、山下邦雄さん六回（うち一回は自宅で取調べ）、藤山忠さんは一一回（一回は出頭拒否）、懐俊裕さん一〇回、谷田則雄さん二回、懐智津子さん一五回、山中鶴雄さん一四回、藤山忠さんの妻成美さんは一六回もの取調べを受けている。

「不起訴等判決」の原告では、浜野博さん一一回、川畑まち子さん一三回、門松輝海さん二三回、藤元幸広さん一四回、柳栄子さん五回、浜野栄子さん一三回、中田ツヤ子さん七回となっている。

任意同行の狙いはその後の取調べで自白させることにある。志布志事件の被疑者の取調べは途中に休憩時間を挟み、八時間以上の長時間にわたった。連日にわたる長時間の取調べは日常生活に甚大な影響を与える。高齢者は体力的な問題もある。なかには、勤め先を退職せざるを得なくなった人、休業をやむなくされ収入に影響の出た人もいる。自殺を図った人もいる。

客観的にみても、とても承諾して任意同行に応じたとは考えられない。ましてや、身に覚えのない冤罪であればなおさらである。こうした任意同行は、任意の限界をはるかに超えた事実上の強制連行そのものである。

これだけ繰り返された任意同行や取調べは、任意の限界を遥かに超えている。

「不起訴等判決」は、こうした任意同行について、「社会通念からみて身体の束縛や強い心理的圧迫による自由の拘束があった」とはいえないとして、違法性を否定している。

裁判官がこれだけ任意同行を求められたら、裁判所へ出勤もできないだろう。裁判官の社会通念とは何かを疑いたくなる。

4　裁判所の取調べに関する判断

逮捕・勾留された被疑者は接見禁止になり外部との交通を遮断され、家族等とは面会できない。例外なく孤立感に苛まれる。面会できるのは弁護人に選任した弁護士だけだ。その弁護士との接見時間は短く、弁護人は取調べに立ち会うこともできない。

「無罪国賠判決」及び「不起訴等判決」では、取調官が弁護人と被疑者の接見内容を調書化していたことが明らかになった。

捜査幹部が、当然のことのように、接見内容を調書化せよとの指示を取調官に行っていたのは驚きだ。まさに、前近代的な感覚であり、憲法三四条（抑留及び拘禁に対する保障）の趣旨を全く理解していないと言わなければならない。そして、それに疑問を持たない取調官もまた前近代的な取調べを行うであろうことは想像に難くない。

逮捕・勾留されている被疑者らは、留置施設（留置場）から手錠、腰縄というまるで猿回しの猿のような姿で狭い取調室に連行されたり、検察庁や裁判所へ押送される。その屈辱感には堪えられないだろう。取調室や留置場では被疑者を敬称つきでは呼ばない。どんなに社会的な地位が高くても呼び捨てが鉄則だ。被疑者の人格などは無視される。それまでのプライドなどは一気に吹き飛ぶ。

狭い取調室内には机が二つ、椅子は三脚、壁には鏡（マジックミラー）があるだけ。密室そのものだ。通常は、机を挟んで取調官と被疑者が座り、やや離れて、立会の警察官が座る。その圧迫感は相当なものだ。

長い時間の取調べが終わり留置室に戻されても檻の中の監視つきだ。プライバシーなどは全くない。被疑者らは、一日でも早く自宅に戻りたい、親族の顔を見たいと考えるのは当然だ。なかには、拘禁ノイローゼに陥り自殺を図るものも出てくる。こうした被疑者らの心理を取調官は巧みに利用する。そして、虚偽の自白に追い込んでいく。

「無罪国賠判決」及び「不起訴等判決」は、最高裁判所決定（昭和五七年（あ）第三〇一号昭和五九年二月二九日第二小法）を引用して、「一般的に警察官が、犯罪を捜査するについて必要があるときに被疑者の取調べを行うに当たって、強制、拷問、暴行、脅迫、偽計等の被疑者を威圧又は欺罔するような方法を用いるなどして、その自由な意思決定を阻害してはならない一方で、捜査の目的を達成するために必要な範囲内で、かつ、任意性を損なうことのない限りにおいてであれば、追及的な取調べ、理詰めの尋問、比較的長時間にわたる取調べを行うことも常に否定されるものではないというべきであり、さらに、事案の性質、被疑者に対する容疑の程度、被疑者の態度等諸般の事情を勘案して、社会通念上相当と認められる方法ないし態様及び限度において、許容されるものと解すべきである」とした。（「不起訴等判決」七二〇頁）

志布志事件の取調べでは、取調官による「踏み字行為」、「親族等の逮捕予告」、「取調室からの退去拒否」、取調室の窓から外部への「絶叫」強制、否認を続ける中山夫妻に対する「切違い尋問」など、数々の違法な取調べが指摘されている。

無罪国賠判決（八七七～八七八頁）も買収会合事件の本件無罪原告らの取調べについて、連日のように極めて長時間の取調べを受け、取調官から執拗に追及されたため、苦し紛れに供述したり、捜査官の誘導する事実をそのまま受け入れたりした結果であるとし、「自白の中に、あるはずもない事実がさもあったかのように具体的かつ迫真的に表現されていることは、自白の成立過程で、自白した本件無罪原告らの主張するような追及的・強圧的な取調べがあったことをうかがわせるものであり、本件買収無罪会合の事実に関する本件無罪原告らの自白全体の信用性に疑問を生じさせるというべきである。」と判示したものの、随所に警察官の取調べの違法性を否定する判断が目につく。

なかでも、「買収会合事件」の端緒となったとされる懐智津子さんの供述が、簡易ベッドに横になる状態で行われたことについて、「不起訴等判決」（七五六頁）は、志布志署が供述の信用性について相当の疑義があることは当然に認識し得たというべきであるとしながら、「その供述内容自体も、会合で集めた参加者の面前で参加者全員に買収金を渡したという特異な犯行態様であることに照らせば、直ちには、供述の信用性は否定されるものではなく、懐智津子から事実関係についての詳細な聴取を行うとともに、他の関係者からも事情聴取を行うこと自体に合理的理由が欠如しているということはできない。」と判示したのは重大だ。

「買収会合事件」に関する藤元いち子さんの供述については、明らかに矛盾する供述をしているなど供述に一貫性がない（「不起訴等判決」七三三頁）とする一方で、「確かに、■警部補の藤元いち子に対する取調べにおいては、藤元いち子及びその親族並びに弁護士に対する害悪の告知に基づく自白の強要に達しており、これが藤元いち子の自由な意思決定を阻害し、社会通念上許されない違法な取調べであったものと認められる」（「不起訴等判決」七五四頁）としながら、各供述内容それ自体に不自然な点は少ないなどとして、「当初の供述についてまで、直ちに信用性が完全に否定されるということはできない。」（「不起訴等判決」七五一頁）と二転三転するような判示をしている。

「不起訴等判決」は、七人の原告のうち、門松輝海さんについては、平成一五年七月二四日以降の逮捕・

勾留に係る身柄拘束は違法であると認めたものの、「任意出頭時の違法は認められず、長時間の取調べについては、社会通念上、許容することができる限度を超えているとまでいうことはできない。」と判示したほか、原告らの任意同行、取調べの違法性等の主張はことごとく退けている。

浜野博さんは、五月一八日以降は藤元いち子さんから現金二〇万円を受け取った疑いで八回、七月二七日以降は消防団員八人へ現金一万円を配った疑いで三回の取調べを受けている。

「不起訴等判決」（八〇八頁）は、この藤元いち子さんの供述は、信用性に一定の疑義があるとし、特に、七月二七日以降の供述の信用性は重大な疑義が生じているとしながら、「浜野二〇万円事件は別個の事件であるから、現地捜査本部が任意の取調べを行ったことには合理的な理由がある。」としている。

「不起訴等判決」が、門松輝海さん以外の原告の主張を認めたのは以下の二か所だけである。

① 川畑まち子さんの取調べで、取調官が「机をたたいて外道という趣旨の発言をするなど、乱暴な口調で原告まち子を非難して、厳しく詰問したことが認められる。」（「不起訴等判決」八二六頁）

この部分については、■警部補の取調べの違法性を認めているが、そのほかの主張については、「（原告の供述の）信用性に疑問が残るものと評価せざるを得ず、これを事実認定の基礎とすることはできないというべきである。」（「不起訴等判決」（八二五頁）としている。

浜野栄子さんは、一三回にわたって取調べを受け、その過程でポリグラフ検査も受けているが、

② 取調官の■警部補に、交番の窓から外に向かって「二万円と焼酎二本をもらったがそれ以外はも

らっていません」と叫ぶことを強要されたなどする主張については、■警部補の言動は違法である。としたものの、そのほかの任意同行の違法性、長時間の取調べ、事実上の身柄拘束、黙秘権の不告知、承諾のないポリグラフ検査等については、これを認める証拠はないなどと原告の主張を退けた。（「不起訴等判決」（八三四～八三八頁）

志布志事件等の無罪判決を受けて制定された「被疑者取調べ適正化のための監督に関する規則」（国家公安委員会規則）がある。

これは、警察官が被疑者の取調べに際し、被疑者に対して行ってはならない行為（監督対象行為）を定めて、こうした行為を内部で監視しようとする制度だ。

制度の実効性自体に疑問があるが、この規則は、こうした行為が警察官の取調べで、長年にわたり、日常茶飯事的に行われ、これからも行われる可能性があることを公式に認めたことを意味している。志布志事件の取調官は例外だとする合理的な理由はどこにもない。

その行為は以下のようなものだ。

イ　やむを得ない場合を除き、身体に接触すること。

ロ　直接又は間接に有形力を行使すること（イに掲げるものを除く。）。

ハ　殊更に不安を覚えさせ、又は困惑させるような言動をすること。

ニ　一定の姿勢又は動作をとるよう不当に要求すること。

ホ　便宜を供与し、又は供与することを申し出、若しくは約束すること。

へ　人の尊厳を著しく害するような言動をすること。

このほか、深夜や一日八時間以上の取調べは、警察本部長か警察署長の事前の承認を受けないときは、これを監督対象行為とみなすとしている。

警察官の取調べに関する「無罪国賠判決」と「不起訴等判決」の判断は、原告側に厳しく、県警側に甘い。このことが、警察相手の国賠訴訟事件における原告の勝訴率が一割に満たない理由の一つである。我が国には、未だに、明治時代の国家無答責の法理が生きているのではという感さえある。

5　箝口令（かんこう）についての考察

「不起訴等判決」（七一八頁以下）は、「本件箝口令による捜査の合理性の有無」について検討している。それによると、志布志警察署長のKがI警部に本件買収会合について取調官相互の情報交換を禁じ、I警部において情報を一括管理させたとしている。I警部は、取調官からの被疑者の供述内容の報告に応じて会合の回数を確認せよ、供与金額を確認せよといった最低限の指示を与えて捜査を進めたというものである。

その結果、「取調官らは十分な情報を与えられず、捜査に臨んだため、I警部からの断片的な情報に基づき被疑者の供述の変更を迫り、これを繰り返すことにより、被疑者との間で信頼関係を構築ないし維持することが次第に困難になり、被疑者に供述の変更を求めるには、穏便な手段からより威圧的ないし偽計的な手段を用いざるを得ないことは明らかであるとしている。」（「不起訴等判決」（七八三頁））。そのうえで、「本件刑事事件において、本件箝口令を採用することは、虚偽の内容で供述が一致する危険性が十分にあり得る行為であり、そのような捜査を長期間継続すれば、そのような虚偽の内容で供述が一致する危険性が高まる違法な捜査であったというべきであり、また、そのような危険性の高いものであることは、その採用時において十分に予見できたというべきである。」と結論づけている。

つまり、箝口令が「買収会合事件」における被疑者らの虚偽自白を生んだ要因だというのだ。

箝口令の本当の意味を理解するためには、警察組織の独特の仕組みと現場の警察官と幹部との関係などについての理解が必要だ。「無罪国賠判決」及び「不起訴等判決」の判断には、読む限りではこうした点はない。

警察は階級組織である。巡査から警視総監まで九つの階級がある。一般の会社員で言えば、警部以上が管理職、警部補以下が組合員である。警察官は上官の指揮に服すことが求められ、上官の指揮・命令は絶対であり、これに反することは許されない。（規範八条、二一条）そのため、上意下達は容易だが下意上達はほとんど行われないことになる。

箝口令が敷けたのは、こうした警察の階級制度に裏打ちされた組織運営が常態化しているためだが、取調官らは箝口令が敷かれていても、取調官相互には個人的な関係もあるから、別の場所で、密かに情報交換が行われていたであろうことは間違いない。箝口令で取調官が先入感を持たなくなるというI警部の証言は、警察組織の実態を知っている者にはお笑いだ。箝口令に関する判決の見方は的外れである。

おそらく、志布志事件の主要な被疑者の取調べを担当していたのは、I警部をはじめ県警では有能と評価されていた取調官であったはずだ。彼らはそれなりの自信とプライドを持っている。I警部から「出せるだけ出せ、供述を引き出せ」と指示されれば、それに忠実に従うのは当然だ。そして、取調官らは競争心をあおられ自白追及競争が展開されることになる。

志布志署のK署長ら幹部からすれば、買収会合の回数、買収金額、参加者が多いほど、候補者がその場に顔を出していればいるほど、取調結果に満足することになる。このことが、ありもしない幻の会合を作り出すことに繋がったのである。

本件捜査においては、被疑者の供述が変遷する、買収会合の日時が特定できない、買収金の原資が解明されない、会合に出されたとされるオードブルの入手先の裏付けができないなど、裏付捜査に隘路(あいろ)があれば、多くの捜査員が、上層部の捜査方針について疑問を持ったであろうことは想像に難くない。

一部の捜査員は、「この事件は供述のみで成り立っていると。山の中の集落で、小さな集落で買収会合が何回も行われ、何回大きな多額のお金が配られているだろうかと。この事件は見直した方がいいんじゃないか」という意見を出したと証言し、これに対して、K署長が「多額のお金が同じ人に配られる事件というのもあるんだと、過去にあったような説明がありました」と反論したと証言している。

捜査員の意見は「この事件は皆さんが一生懸命やっている中で、こういうことを言うのもなんですが」という遠慮がちな言葉で始まっている。上司の方針に反する発言をすることが、いかに勇気がいる行動だったかを物語っているが、K署長は自らの過去の体験を前面に押し出し、捜査官の発言を一蹴している。

6　機能しなかった組織捜査

警察の犯罪捜査は組織として行われる。（規範一五条以下）志布志事件の捜査であれば、現地の責任者であるK署長から、捜査の端緒から終結までの各段階で樹立する捜査方針が捜査二課長事務取扱のM参事官に報告され、そこでその内容が検討され、順次、刑事部長、警察本部長に報告され、その決裁を受けて、本件現地本部に捜査の実行が指示され、捜査が開始される。捜査の結果も同様である。

日々の捜査結果については、捜査員全員が捜査の流れを把握するため、捜査員全員あるいは班長が参加する捜査会議で報告され、警察署長や各班長から捜査員に対して捜査方針が指示される。

本件において、刑事部長や警察本部長がいかなる判断でいかなる具体的な指揮をしたかを記録する「事件指揮簿」を子細に検討する必要があるが、無罪国賠判決及び不起訴等判決のなかでは、この記録を検討したとする記述は認められない。

刑事部長が両判決中で登場するのは、買収会合事件の捜査が開始された直後に、K署長から報告を受けたとする場面と「多額現金買収事件」の捜査打ち切りについて指示したとされる場面だけである。本部長に至っては一切登場しない。志布志事件の捜査は、本部長指揮事件でありながら、K署長・I警部とM参事官のラインで進められていたことになる。

実は、このラインにこそ志布志事件を生んだ問題が潜んでいる。全国の捜査第二課長のポストは、通常は警察庁人事の出向ポストである。多くの場合、警察庁からいわゆるキャリアと称する若い警視か準キャリアと称する警察庁採用の警視が出向してくる。

県警は、第一五回統一地方選挙事前運動取締本部が設置される直前の二月一〇日付で、刑事部参事官だったM（警視）を兼務で捜査第二課長事務取扱に発令した。本件捜査がほぼ終了した八月二六日には、警察庁からキャリアの捜査第二課長が配置されている。つまり、当時の捜査第二課長のポストには臨時の穴埋めとしてはM参事官が配置された。おそらく、M参事官は、捜査第二課勤務は初めての経験であったはずだ。

これに対して、志布志署のK署長は捜査第二課に四回、一一年間勤務し、公選法違反事件の捜査に二〇回ぐらいは従事したと証言している。I警部は、捜査第二課に四回、通算で約一八年間勤務し、主に贈収賄事件と選挙事件捜査を担当していたと証言している。まさに、二人は捜査第二課出身のベテラン捜査幹部だった。

M参事官の証人調書には、強制捜査着手の指示について問われたのに対して「いや、的確かと言われると、それは自信がありません。」と答えている記述がある。

捜査を指揮する幹部に求められるのは、捜査の重要な局面で岡目八目的な立場に立って、客観的、冷静な判断ができるかどうかである。ときとして、暴走しようとする現場を押しとどめるのも幹部の役割である。公選法違反事件は、警察本部長が指揮する事件だが、実質的には警察本部の捜査第二課長が指揮することになる。その捜査第二課長が機能しなければ、現地署長の功名心や行き過ぎた使命感による暴走を止めることはできない。これが志布志事件の組織捜査の隘路だった。

7　おわりに

有罪率九九％、数字の上ではほぼ完ぺきにみえる我が国の刑事司法、その入り口にある警察捜査で何が起きているのか。多くの国民は無関心だ。警察捜査の対象になって初めてその実態を知る。志布志事件の被疑者・被告人とされた人々も例外ではなかった。そうした思いから、本年一月、『警察捜査の正体』（講談社現代新書）を出版した。これがきっかけとなって、四月二八日、折から取調べの可視化等を内容とする「刑事訴訟法等の一部を改正する法律案」を審議中の参議院法務委員会で意見陳述をした。

残念ながら、改正案は参議院、衆議院で可決・成立した。民主党が改称する形で結成された民進党も賛成に回った。その内容は民主党案とは似ても似つかないものだった。

私は二〇〇九年一二月、鹿児島県志布志市内で開かれた「市民集会in志布志　取調べの全面可視化を求める！～冤罪被害者が語る密室取調べの実態～」と銘打った集会を思い出す。多くの民主党の国会議員が参加し、約八〇〇人の聴衆の前で取調べの可視化を誓ったはずだ。あれはいったいなんだったのか。

可決・成立した改正案には、「取調べの録音・録画制度」の創設と引き換えに、捜査手法の高度化という名の下に、いわゆる「司法取引制度」と「刑事免責制度」の創設が盛り込まれている。同時に、「犯罪捜査のための通信傍受に関する法律」の傍受対象犯罪が大幅に拡大され、通信事業者による立ち合い、通信傍受記録の封印も不要になった。

警察の取調べにおける録音・録画の対象は、裁判員裁判に限定された。二〇一三年中に警察が取り調べた被疑者の人数は約七一万余人、可視化の対象を一人一件で試算すると僅か〇・三六%に過ぎない。
まさに、富山県の氷見事件や志布志事件以来、冤罪防止の観点から長期間にわたって議論されてきた取調べの可視化は、捜査機関の焼け太りという結果に終わった。自白偏重の人質司法と揶揄される我が国の刑事司法の抜本的な改革は行われなかった。

二〇一六(平成二八)年八月五日、「不起訴等判決」を不服として、原告七人のうち、浜野博さんら六人が控訴していた控訴審の判決が言い渡された。判決は「控訴人らが鹿児島県警の警察官から任意の取調べ等を受けた容疑(嫌疑)がなかったとはいえず、任意の取調べ等の捜査自体が合理的根拠を客観的に欠いたとまではいえない。」としながらも、控訴人全員に対して明らかに違法な態様の取調べが行われたことなどを認めた。双方とも上告を断念し判決は確定した。しかし、最終的には勝訴したとはいえ、鹿児島県警察の捜査の対象とされた人たちは冤罪の被害者だ。その無念を晴らすために一三年もの歳月を要した。受けた傷は一生癒されることはないだろう。決して、手放しでは喜べない。

この判決の直前の八月三日には、警察の選挙違反の取締りをめぐって重大な違法捜査が発覚している。二〇一六(平成二八)年七月一〇日投開票で行われた第二四回参議院議員通常選挙大分選挙区で民進党現職らの支援団体が入居している大分県別府市の施設の敷地内に、大分県警察別府署員が隠しカメラを設置し人の出入りを録画していたというのだ。

「監視カメラ」の運用には多くの問題があることは、拙著『警察捜査の正体』(講談社現代新書)でも指摘したところだが、懸念していた事態が現実となった。志布志事件の教訓は生かされていないのだ。これからも、冤罪や隠れ冤罪が続くであろうことは間違いない。そうした意味でも、志布志事件は終わらない。

5　取調べの全面可視化の法制化を必ず実現させよう

辻　恵

1　衆議院法務委員会で志布志事件を取り上げる

衆議院議員であった二〇〇四年六月二日、私は衆議院法務委員会で、午前九時半から一時間、志布志事件に関する質疑を行った。この質疑の一二日前の五月二一日に、鹿児島県の志布志から八名の陳情団が国会にお見えになり、民主党の法務部門の担当者として志布志事件に関する違法捜査の実態を伺ったところ、到底放置できない内容であったので緊急に法務委員会で取り上げたのである。

二〇〇三年四月の鹿児島県会議員選挙で当選した中山信一県議のご子息の信彦氏、「踏み字」を強要された川畑幸夫氏、そして「住民の人権を考える会」の方々が語る志布志事件の捜査内容は、現代においてそこまで恥ずかしげもなくやるかと思う程の違法捜査のオンパレードであった。丁度一ヵ月半前の四月二〇日に、私は民主党提出の取調べの可視化法案の提案者として、法務委員会で自民党の与謝野馨衆議院議員からの質疑に対する答弁に立って、時期尚早とする批判に対して日本の捜査機関の自白偏重の実態を変えるために絶対必要だと述べたが、正に法案の必要性を実証する具体的事案が眼前に登場したのである。

志布志事件の内容は別の方々から詳しく明らかにされるので割愛するが、中山信一県議が有権者を買収したという予断に基づいて、鹿児島県警が県警ぐるみででっち上げに走り、鹿児島地検が丸ごと警察捜査を追認する形でこれを正当化し、あげくに鹿児島地裁が地検の言いなりになって国選弁護人を解任し、更に福岡高裁が鹿児島地裁の保釈決定を数回にわたって覆し、無実を訴える中山信一県議は一年間も勾留された。司法のどの担い手も警察の暴走をチェックできずに、逆に司法が一体となって人権侵害事件を生み出して平然としている。これらの根幹にあるのが自白調書の信用性に対する無批判な思い込みである。

私はそれまでの二四年間の弁護士活動の中で、司法の無責任な実態をいやという程体験し、また理不尽な捜査や判決がまかり通る現実に歯噛みする程の悔しい思いを繰り返してきた。しかし、仁保事件、幸浦(さちうら)事件、松川事件、八海事件等の冤罪が相次いだ戦後間もなくの時代ならともかく、二一世紀の現在に、キリシタン弾圧の「踏み絵」もどきの「踏み字」が強要されるなどあらゆる種類の警察の違法捜査が公然と行われ、かつ検察も裁判所も全く抑止力にならないばかりかこれらを助長し正当化するという事実を知って、私は愕然とする程の衝撃を受けた。司法の歪みと危機は現在の方がより深刻化していると認識を改めざるを得なかった。このような赤裸々な実態を白日の下に晒して具体的な改善の必要性を提言することこそ、弁護士出身の国会議員のやるべきことと考え、私は質疑に臨んだ。

国会の質疑においては、現在進行中の具体的事案について直接的な結論として答弁を引き出すことは困難である。そこで私は、新聞報道を紹介しながら、任意同行の形を取った長時間の取調べや、脅迫・利益誘導等による自白強要、さらに川畑幸夫氏に対する「踏み字」の強要などについて次々と事実を指摘した上で、一般論としてこういう捜査のあり方について問題とは思わないかと、当時の野沢太三法務大臣に問いかけた。さすがに野沢大臣も曖昧な答弁をすることが出来ず、大変な問題だという答弁を引き出すことが出来た。

私は、国会質疑後の六月七日に、民主党の調査団を組織して地元の川内博史衆議院議員らと現地調査に入り、翌八日にはまだ勾留中であった中山信一氏に接見した。国会質問と現地調査は地元新聞で大きく報道され、志布志事件は、民主党が主張していた取調べの可視化の必要性を実証する典型例の位置を占めることになった。「住民の人権を考える会」の人々はそれまでは違法な取調べによる自白調書を何としても防止したいという思いから取調べの「録音」「録画」を要求していたが、私たちとの巡り合い以降は川畑幸夫さんを中心に「取調べの可視化」を主張して全国を宣伝カーで回るようになった。まさに志布志事件によって取調べの可視化の必要性は血肉化し、民主党の現状変革の主要なスローガンの一つになったのである。そして志布志事件は、長野智子、大谷昭宏、鳥越俊太郎氏らマスコミも注目するようになり、足利事件、布川事件、氷見事件と続く冤罪事件告発の中心を占めるようになった。

2　取調べ可視化の原点が志布志事件

二〇〇九年八月三〇日の政権交代選挙で、民主党は取調べの全過程可視化をマニフェストに盛り込み勝利した。しかし、九月一六日に発足した鳩山内閣で任命された中井洽国家公安委員長が全過程可視化に難色を示す中で、一二月六日、志布志市に全国の冤罪被害者が一堂に会して、「取調べの全過程録画・録音（全面可視化）を求める集会」が開催された。足利事件の菅家利和氏、布川事件の桜井昌司氏、氷見事件の柳原浩氏だけでなく、甲山（かぶとやま）事件の山田悦子氏からも冤罪根絶の訴えがなされ、志布志事件は冤罪根絶と取調べ可視化を求める運動の象徴であった。

私は、野党が多数派を占めていた参議院において、民主党主導下で既に二度にわたり可視化法案を可決していたことから、民主党政権が誕生した以上は速やかに可視化に向けた取組みが進むものと思っていた。ところが、中井国家公安委員長だけでなく、千葉景子法務大臣も一向に可視化に取り組む気配を示さなかったため、私は危機感を感じて松岡徹参議院議員らと相談して議員連盟を立ち上げることにした。一二月九日に「取調べの全面可視化を実現する議員連盟（可視化議連）」を結成して私が事務局長に就任し、翌二〇一〇年一月以降毎週一回のペースで精力的に会合を開いて法制化に向けた活動を開始した。

可視化議連は冤罪被害者から事実調査を行い、法務省と警察庁に取組みに対する姿勢を質すなどしたが、中井国家公安委員長は議連の場に出席して時期尚早論を展開し、千葉法務大臣に至っては何度出席を求めてもついに出席することはなかった。可視化議連は可視化を求める市民集会を議員会館内で開催するとともに、政府が提出すべき可視化法案の骨子を作成し、通常国会終盤の二〇一〇年六月一七日には政府や党の役職者を除く民主党議員の八一％に当る二八七名の署名を集めて、法務大臣、国家公安委員長及び内閣官房長官宛に速やかに政府法案を提出するよう要請を行った。しかし、法務省も警察庁も省内に勉強会を組織したのでその結論を待つという先延ばしの回答に終始して事実上取調べの全面可視化を拒否する態度を鮮明にし、鳩山内閣から交替した菅内閣はそもそも取調べの可視化に全く関心を示さなかった。

3　何故マニフェストが実行されなかったのか

民主党政権の成立はマニフェスト選挙の勝利と言われるように、マニフェストに掲げた政策の実行によって、既得権益に縛られ閉塞状態にある日本の社会と政治の在り方を変えることに対する国民の期待によってもたらされた。しかし、民主党政権は、子ども手当・高校授業料無償化・高速道路無料化・農家の戸別所得補償という目玉公約の実行に腰砕けになり、この目玉公約に準ずる形で党是となっていた取調べの可視化についても、政府として実行に向けた能動的取組みを行うことは全くなかった。

なぜ民主党政権がかくも無様な結果に陥ったかについての分析と総括は、再び政権交代を実現した時に同じ過ちを犯さないために絶対に必要であるが、本稿で論ずる紙幅はないので別の機会に譲らざるを得ない。しかし、民主党政権つぶしが小沢一郎幹事長の「政治とカネ」疑惑の捏造（ねつぞう）による小沢追い落としを軸に進み、これを主導したのが政官業癒着の既得権益層の無意識の連携だとしても、民主党の国会議員の過半だけでなく共産党・社民党も何故いとも簡単にこの流れに付和雷同して行ったのか解明しておく必要がある。

政権交代前から、東京地検特捜部が二〇〇九年三月に、功名心に駆られて小沢叩きの先走りを行い、政権交代後には自己防衛という本音から官僚をはじめとした既得権益層が合流し、この流れをマスコミが加速して国民世論なるものが作り上げられた。この動きが脱官僚依存を掲げる民主党政権つぶしの攻撃であることは、少し状況判断すれば容易に理解できるはずなのに、民主党の過半だけでなく共産党・社民党の国会議員もたやすく無批判に迎合・合流していった。戦前治安維持法弾圧を受けた共産党が「政治とカネ」を唱えて、推定無罪や疑わしきは罰せずという先人の知恵の結晶を尊重しない姿には正直信じられない思いでいたし、要するに小選挙区制導入後の日本の政治は、検察をはじめとした国の制度・機構の権威への屈服とマスコミへのおもねりに色濃く支配されていると考えざるを得なかった。

官僚機構の中で強制権限を行使できる官庁として屹立している検察は批判を憚られる存在として多くの国会議員は意識しており、その結果明らかに謀略である小沢氏への攻撃に対しても口を閉ざしたのである。かかる体質を持った国会議員が官僚機構と対峙してその権限行使を抑制するために行動することは出来ない相談であり、検察・警察の大反対を押し切ってまで取調べの全面可視化を実現する気概は持っていなかったということだった。

民主党政権成立直後の小沢攻撃に対する与党議員の対応ぶりを見て、脱官僚依存を掲げる民主党の腰の据わり具合が見透かされ、予算配分の権限を独占する財務省は官僚機構に対峙する気骨などないと見極めて菅直人・野田佳彦両衆議院議員を消費税増税の張本人に仕立て上げたのだと私は思う。結局、脱官僚依存を掲げた民主党は、小沢排斥問題と消費税増税問題を通して検察と財務省の前に屈服し、官僚機構と全く闘えない政党と断定され、国民の期待を裏切り国民から見放されてしまった。

この意味で、検察に対する対応は国会議員の在り様を示すリトマス試験紙であり、検察の尻馬に乗って小沢排斥の合唱に唱和する国会議員が過半を超える民主党が、脱官僚依存を核とするマニフェストを実行することは不可能であったのである。

4　可視化実現をめぐる民主党内の攻防

二〇一〇年の通常国会終了後の九月一〇日、大阪地裁は厚労省局長であった村木厚子氏に対して完全無罪判決を下し、大阪地検特捜部の前田恒彦検事によるフロッピーディスクの日付改竄を厳しく断罪した。正義の体現者であるかのごとく振舞ってきた特捜部が証拠を捏造して冤罪を作り出そうとした事実は衝撃的であり、しかも村木厚子氏の上司・同僚・部下は全て特捜部のストーリーどおりの供述調書を作成されていたことが明らかになり、取調べの可視化の必要性は誰も否定できない状況が生じた。

秋の臨時国会に臨むこの時期に、私は法務委員会の与党筆頭理事と民主党法務部門会議の座長に就任した。取調べの可視化について、民主党国会議員二八七名の署名を突き付けても政府が動かない状況の中で、私は党是であるマニフェストを大義名分に使って党内をまとめ、政府を突き動かすしかないと思い定めた。そこで法務部門会議で可視化法制化の了承を取り、法務部門会議の座長・副座長と法務大臣・副大臣・政務官の三役で構成される法務コアメンバー会議の場で、可視化法制化が時期尚早だとする理由を法務省に提出させ、その理由を叩くことによって与党の力で法務省を動かそうと考えた。

法務省が当初出してきたのは録音録画は長時間になるので裁判の場で再生すると裁判が長期化して支障が生じるという理由であった。しかし裁判長が提示命令を出して内容を検討した上で必要な部分に限定して再生すれば長期化はあり得ないと指摘すると、すぐに引っ込めて別の理由を持ち出してきた。曰く、組織犯罪で親分子分の場合に可視化すると子分は親分の仕返しを恐れてしゃべらなくなる、性的事件で当該被害者以外に別件の被害者がいる場合に可視化すると別件の被害者の氏名が判明する等プライバシーの侵害になるなど、三類型を挙げて弊害が生じるというのである。私はこれらの弊害は除去する方法はあるし、ましてや可視化を否定する理由になり得ないので、小川敏夫副大臣を説得して法務省の屁理屈を斥けようと考え、二〇一一年一月からその作業を開始することにした。

ところが、二〇一一年一月に通常国会が始まると、小沢氏の政治倫理審査会への喚問の是非が焦点となった。菅政権は国会運営を乗り切るために、小沢喚問を強行しようと考えたが、私をはじめ小沢喚問に反対する議員が相当数いたため、喚問を強制する決議である三分の二には数が足りなかった。そこで菅政権は政倫審の委員を差し換えて賛成派を増やそうと考えたが、政倫審だけを差し換えたのでは余りに露骨すぎるので、すべての常任委員会と特別委員会の委員構成を見直すという異例の方法を取った。このように菅政権は、民主党政権に対する国民の期待に応えようと頑張るのでなく、自民党・公明党ら既得権益層の大合唱に迎合して、自らが小沢排除を率先して行うことによって国民と官僚に媚びを売り延命を図ろうとするという唾棄（だき）すべき状態に急速に転落していった。

私はこの委員の配置換えによって、法務委員会の筆頭理事を外されたばかりか、法務委員からも外されてしまった。これでは可視化法案が全く日の目を見なくなると考えて、私は可視化法案に理解を示していた斎藤勁国対副委員長と会い、可視化を進めるために法務コアメンバー会議に残すように掛け合い、法務委員会理事の復活を勝ち取り、その結果法務部門会議座長も継続することになった。

この結果改めて小川副大臣の説得を再開しようとしたところ、三月三一日付で「検察の在り方検討会議」の提言が出された。同検討会議は二〇一〇年九月一〇日の村木判決を受けて検察の抜本的見直しのために発足したものであり、可視化の早期実現を課題とすべきものであったはずであるが、この提言は刑事司法の高度化という名のもとに司法取引や通信傍受の拡大を掲げ、可視化はこれらと並列して記載するという全く発足の趣旨から大きく後退するものであった。そして新たに就任した江田五月法務大臣はこの提言に基づいて、法制審議会の下に「新時代の刑事司法制度特別部会」を設けて諮問を行ったが、提言と同様に可視化を司法取引等と一緒にひっくるめてのものだった。

私は法務部門会議の座長として江田法務大臣に対し、こんな諮問の仕方では可視化がないがしろにされてしまうと危惧を述べたところ、江田大臣は「秋の臨時国会において必ず可視化を特出しして法制化させることを約束するから了承してほしい」と答え、小川副大臣も黒岩宇洋政務官も口を揃えて「江田さんは本気だから秋の可視化法制化は大丈夫だ」と述べた。私はなお危惧を抱きつつも、党是である可視化についてここまで約束する以上政務三役の顔を立てて頑張ってもらおうと考えて、小川副大臣との作業を一旦中断した。

その後、江田大臣の指示で、裁判員裁判適用事件をはじめ検察官取扱事件について現場での可視化の試行が行われその範囲も拡大したが、法制化については、上記特別部会で民間人の間からその必要性が強調されているのに一向に進展する気配がなかった。そして二〇一一年八月に入って突然江田大臣から私に「秋の臨時国会で可視化の法制化を特出しすることは、私の力不足で出来なくなった。申し訳ない」と告げられた。私は矢張りそうだったかという失望感を感じたが、そうであるなら議員立法での提出を全力を挙げて実現しようと考えた。

実は江田大臣からの約束があったものの可視化法案が内閣提出法案として提出されてこない場合を考えて、可視化議連において、階猛(しなたけし)衆議院議員が中心になって、検察官の直受事件に限っての可視化法制化案の作成作業を進めていた。この法制化案を法務部門会議にかけて議員立法としての提出もあり得るという形で了承を取り、政策調査会で議員立法としての提出の決定を得ようとした。政務三役が約束に反して可視化の法制化を出来なかったのだから、政務三役は議員立法による法制化に反対しないようにしてほしいと小川副大臣に掛け合った。小川副大臣からは弊害の三類型の話が出たが、弊害があると検察官が考える場合には除外するという法案にすれば問題はないはずだと説得を繰り返し、最終的には小川副大臣らも同席する法務部門会議で可視化の議員立法を目指すこともありうべしという内容の了承を得た。

その上で私は、八月二〇日過ぎの政策調査会の役員会に議員立法としての可視化法案を提示し国会提出を党として了承するよう要請した。ところが、法務の政務三役から弊害の場合があり得るので時期尚早という文書が出されていることが判明した。法務部門会議の決定に対する明らかな裏切りである。私は法務部門会議での議論の状況を説明してあくまで議員立法としての提出の了承を求めたが、玄葉光一郎政調会長も城島光力政調会長代理も、法務政務三役からの文書の存在を理由にしてろくに検討もしないままいとも簡単に法務部門会議からの要請を棚上げしてしまった。

そもそも秋の臨時国会で可視化の法制化をやると約束しておきながら、自らの力不足で出来なかったと江田大臣が謝っているのだから、議員立法による可視化の法制化に協力するのが筋なのに、法務部門会議での了承の場にいて反対の意見も述べないで密かに反対の書面を政策調査会に出すというのは甚だしい背信行為である。しかも政策調査会の会長らが、法務省の言いなりになった政務三役からの慎重にという紙切れ一枚を見て、党のマニフェストで謳った政策を何の躊躇もなく却下するというのは政治家として恥ずべき行為以外の何物でもない。余りにも情けない民主党の変質の現実を目の当たりにして、私は官僚支配と本気になって闘う議員が民主党政権の中枢にはほぼ存在しないという現実を実感として思い知ることになった。

この直後の二〇一一年九月に発足した野田政権は、最早マニフェストとは全く関係のない政権であり、消費税増税だけでなく、日米ガイドライン見直し、集団的自衛権行使容認等、現在の安倍政権が登場するための準備政権であったと言って過言でない政権であった。国民の期待に背を向けマニフェスト否定に走る菅政権と野田政権の登場を許したことは痛恨の極みである。

5　可視化実現のチャンスを生かせぬ政治主導の不存在

既に述べたが、二〇一〇年九月一〇日の大阪地裁の横田裁判長による村木厚子氏に対する無罪判決は画期的な内容の判決であった。多くの自白調書の証拠能力を否定するとともに、検察の組織ぐるみの証拠捏造による冤罪多発の体質を指摘した。検察に対する世論の不信は頂点に達して、検察改革を求める声は充満しており、その象徴として可視化を実現しなければいけないという機運が高まっていた。

この村木事件は大阪地検特捜部によって、民主党副代表であった石井一参議院議員を主謀者であると陥れ、民主党による政権交代を妨害しようとして仕組まれた可能性があったもので、東京地検特捜部による小沢一郎氏に対する陸山会事件のでっち上げと軌を一にするものであった。従って、発足直後の民主党政権としては、政治主導によって官僚政治からの脱却を図る格好の課題として、検察改革とそのための核心としての取調べ可視化を実現すべきであった。

しかし、民主党は折角政権を獲得したにも拘らず、統治機構と官僚のシステムによって既得権益層の支配が成り立っていることに対する理解を欠き、それを変革する構想力と信念を欠如していたことによって千載一遇のチャンスを失った。その原因は法務関係に限らず全般に共通するものであるが、一つは政策実現のための組織人事に政治の意思が全くと言ってよいほど反映できなかったことであり、もう一つは与党の役割は政府を支えることであると言って政治主導を否定して取調べの可視化を始めとした党の公約をことごとく棚上げにしてしまったことである。総じて言えば、民主党政権は余りにも政治主導が不存在であった。

先ず取調べの可視化についての人事に関する最初の攻防は、「検察の在り方検討会議」をめぐってであった。村木判決を受けて世論の検察批判をかわすために最高検が検証チームを作ったが、身内の不祥事の検証を身内が行うのでは話にならないという批判が出て、二〇一〇年一〇月に柳田稔法務大臣の下に「検察の在り方検討会議」が設けられた。私は法務部門会議座長として、会議のメンバーの半数以上は従前の検察に批判的か中立的な人物であるべきことや与野党の国会議員も入れるべきことを法務部門会議名で何度も申し入れた。法制審議会や経済財政諮問会議をはじめ政府の下に組織される審議会や、諮問会議、委員会等のメンバーの殆んどが御用学者であったことから、民主党は政権交代前には審議会等の廃止やメンバーの入れ替えを主張していた。従って、柳田大臣が設ける在り方検討会議は従来のように法務省の役人に任せた人選であってはならず、従前の検察の在り方を批判的に検証できるものでなければならないはずであった。

しかし、柳田大臣は私が推薦したメンバーから郷原信郎氏や江川紹子氏を選んだが、殆んどは従来と同様法務省の人選による人事だった。しかも更に問題なのは、座長が前法務大臣の千葉景子氏となり千葉氏の了解の下で事務局の責任者に松山地検検事正に転出していた黒川弘務氏を呼び戻したことであった。千葉氏と黒川氏は民主党政権発足直後の政府の法務行政を推進したコンビであり、民主党らしい斬新な政策は全く実行されなかった。あまつさえ、民主党政権なら絶対に実行しないだろうと思われていた死刑執行を、千葉氏は参議院選挙に落選した後の大臣辞任直前に行って多くの支持者を失望させたが、黒川氏は千葉大臣には絶対死刑執行させると参議院選挙前に語っていたという確かな情報が後日判明している。在り方検討会議は案の定法務官僚主導で進められ、私は在り方検討会議を国会議員に傍聴させるよう申し入れたが、千葉座長の判断によるということで拒否される始末であった。

なお、この黒川弘務氏は二〇一六年九月の人事異動で法務事務次官に就任し、近い将来、検事総長になることがほぼ確定した。明らかに斡旋収賄罪に該当すると考えられる甘利明衆議院議員を、不起訴になるよう仕組んだのが黒川氏であるという指摘が報道されているように、自公政権べったりの現在の法務行政の牽引役を担っている黒川氏を生み出したのが民主党政権であったというのは笑えない事実である。

法務大臣の下の審議会等の人事は、在り方検討会議に限らず他の省庁同様一貫して役所主導の人事であった。在り方検討会議の提言に基づいて江田五月法務大臣が諮問した先述の「新時代の刑事司法制度特別部会」人事も、江川紹子氏や周防正行氏らの民間人を選んだものの殆んどのメンバーは法務省の意向に従順に従う人物ばかりであった。民主党政権下でも前政権の時と同様に、各省庁の官僚の掌でその振付に従って各大臣が演技するだけで終わってしまったわけで、政治主導は掛け声だけで全く機能しなかったのである。結局、法務大臣に、政治主導を実現する見識と意志と力量のある政治家を就任させなかったことがすべての原因であり、民主党政権は法務に限らずすべての内閣構成員の人選に失敗したと言う外はない。

次に、党の政策を政治主導で実現することが出来なかったことについては、既に述べたように取調べの可視化法制化を内閣提出法案として出せない時は議員立法の形でも提出すべきという法務部門会議の決定を、法務の政務三役から時期尚早の意見書が出ているという理由だけで、政策調査会が何らの議論もしないで却下した事実が端的に示している。党の政策調査会が政府に対して公約の実現を迫るのではなく、官僚機構に牛耳られた政府方針の追認と各議員への押し付けの機関と堕してしまった。民主党は政治主導を声高に語りながら、実際は政治主導を実現できる人材を全く主要な役職に登用しなかったのである。

6　検察の焼け太り

村木判決で検察に対する批判が高まり検察改革の機運が生じたが、二〇一一年三月三一日に発表された「検察の在り方検討会議」の提言は、検察批判をかわすために、検察の既存の組織内部に不正違反をチェックする機関を新設するとか、違法行為が判明した時点で「引き返す勇気」が必要とかもっともらしく述べるが、全くの作文でしかなかった。実際に陸山会事件で小沢一郎衆議院議員に対して検察審査会に強制起訴の議決をさせることを目論んで、田代政弘検事が石川知裕衆議院議員の供述調書や捜査報告書を捏造したことが判明しても「引き返す勇気」が実行されることはなかった。

この提言の本当の目的は、取調べの可視化の要求を曖昧化するとともに、念願の捜査権限の強化を実現することにあった。刑事司法の充実のために捜査方法の高度化を図る必要があるとして、司法取引や通信傍受の拡大が謳われ、取調べの可視化はこれらと並列する形で記載されるに止まっている。本来冤罪の防止と違法捜査の抑制のための提言であるべきものが、検察警察の捜査必要論にすり替わってしまっている。そして江田法務大臣は、この提言を前提に前記特別部会に諮問を行い、事実上可視化の重要性を否定してしまったのである。「力不足で可視化の特出しが出来なかった」というが、そもそも諮問の時点で出来るようにしようとは考えていなかったと言わざるを得ない。

私は可視化を求める流れがこの提言と諮問によって逆流したという危機感を持ったので、議員立法の形での可視化法案の提出を準備するとともに、法務部門会議の下に「検察のあり方検討ワーキングチーム」を作って、二〇一一年八月末に報告書を作成した。その内容は、特捜部の廃止を現実課題として組織改編を行うこと、法務省と検察庁との他省庁にみられない組織構成にメスを入れること、判検交流に象徴される裁判所と検察の癒着を是正すること、そして可視化の法制化と法曹養成制度の見直しを求めるもので、政策調査会の了承を得た。可視化の議員立法は法務省の反対があるので困るが、基本方向の確認であれば即具体化するわけでないので、法務省に多少きつい内容であっても構わないというのが、政調の本音であったと思われる。

その後の前記特別部会の審議経過は、検察警察の主張が声高に語られ、司法取引や通信傍受の拡大が当然のごとく論議され、一方可視化は全過程の可視化とは程遠い内容で推移していた。私は二〇一一年九月の野田内閣の成立後は法務部門会議の座長から外れたので強い危惧を抱きながら推移を見守っていたが、二〇一二年一〇月に新たに就任した細野豪志政調会長から政調副会長として法務部門の責任者を務めてほしいという要請を受け、再び法務委員会与党筆頭理事と法務部門会議座長に就任した。二〇一三年一月に前記特別部会のまとめの意見が作成されるという予定であったので、一旦棚上げされた可視化の議員立法を改めて具体化するとともに、民主党法務部門会議の名でこの特別部会宛に司法取引や通信傍受拡大の問題点を指摘するとともに、全面可視化の法制化の必要性を強調する意見書を提出する準備に入った。しかし、一一月一六日の野田首相の突然の自爆解散によって、私の計画は実現を阻まれてしまった。

結局、「新時代の刑事司法制度特別部会」は二〇一三年一月二九日に、取調べ可視化の法制化については賛否両論があるかのような両論併記で先送りし、司法取引や通信傍受の拡大の必要性を説くという、冤罪の根絶を強く求めた村木判決の趣旨とは正反対のとりまとめを発表した。その後二〇一四年七月九日に最終とりまとめが出され、これを受けて二〇一五年の通常国会に刑事訴訟法（以下、刑訴法）一部改正案として上程され、衆議院で可決になり、その後参議院で継続審議になったが、二〇一六年五月二四日に刑訴法改悪が成立した。違法捜査を抑制するために取調べの可視化を求めるという本来の趣旨が逆転して、検察の権限が拡大する内容であり、正に検察の焼け太りの様相を呈しているのである。

7 検察改革の突破口になるはずだった検察官適格審査会

検察官適格審査会制度は、戦後司法改革の中で一九四八年に、適格性を欠く検事を罷免出来る制度として新設されたが、六〇年間以上全く機能していなかった。しかし、村木事件や陸山会事件等の検察不祥事が次々と明らかになり、関係する検事に対する罷免申立が相次いだ。検察官の適格性を審査する必要性の気運が高まってきたのである。その中で、村木事件の主任検事で証拠捏造によって実刑判決を受けた大阪地検特捜部の前田恒彦元検事から証拠捏造の事実を知らされたのに上司に報告せず、違法捜査と冤罪裁判を続行させた國井弘樹検事に対する審査を行うか否かが焦点となった。

私は川内博史衆議院議員らと共に、二〇一〇年一〇月二四日に検察官適格審査会の審査会員に就任した。審査会の構成は国会議員六名（民主党四名、自民党二名）、最高裁判事一名、元検事総長一名、日弁連会長一名、学識経験者一名と、会長として松尾浩也東大名誉教授の合計一一名であった。國井検事の審査を開始することを賛成多数で決定し、審査会の制度上初めての尋問を行うことを反対を押し切って実現させ、二〇一二年春に私が中心になって尋問を行い、残るは罷免の議決をするか否かの日程を入れるだけであった。自民党議員二名と元検事総長は審査に入る前から罷免に反対で、最高裁判事と大学教授も罷免には消極的な感じであり、一方罷免を是とするのが民主党議員四名で、日弁連会長も賛成の可能性があるということで、最後は会長の松尾浩也氏の判断で罷免か否かが決まるという微妙な状況であった。

村木事件で証拠捏造を知りながら友情から上司に報告しなかったという國井検事がもし罷免されないとすれば、友情と職務遂行を混同しても適格性に問題なしということになり、検察改革などありえないことになってしまう。私は國井検事の罷免の実現こそ検察改革の突破口と考えていた。しかし、日程が入らないまま衆議院が解散となり、検察官適格審査会制度の活用は実現できないままに終わってしまった。二〇一二年一二月の総選挙後の二〇一三年三月一二日に、検察官適格審査会は國井検事の罷免を求めない旨の議決を行った。総選挙の民主党敗北によって国会議員六名の構成が自民党多数に変わり、一気に罷免否決の議決がなされてしまった。検事は何を犯しても罷免されることはないことが明確になったのであり、検察神話は更に強固になったと言って過言ではない。

8　取調べの全面可視化に向けて

取調べの全面可視化をめぐる状況は、今回の刑訴法改悪によって捜査機関の権限拡大の中で一部のみの可視化が形だけ法制化されるという本末転倒な事態となっている。志布志事件を原点として、二度とこのような冤罪を起こさせないために取調べの全面可視化の実現を求めて闘ってきたのに、冤罪の危険を拡大させる法案の中に刺身のつまのように一部だけの可視化が添えられている現状は残念極まりなく、このような事態を招いてしまった政治家としての責任を痛感する。

取調べの可視化は冤罪根絶のためのものであるが、これまで述べてきたように検察改革の核心であり、検察をめぐる政治情勢の変化の中で可視化の範囲が拡大したり縮小したり揺れ動いてきた。現在の状況は刺身のつまかも知れないが、いずれ政治情勢の転換の中で大きく拡大させることも可能なはずである。捜査機関が存在し冤罪が発生する以上可視化は絶対に必要であり、全面可視化に向かう趨勢は歴史と世界が示している。

今日本は、二〇一五年九月一九日の安保法制の強行採決によって立憲主義をないがしろにし、いつでも戦争を出来る国に変えられようとしている。二〇一六年七月の参院選の結果、衆議院だけでなく参議院においても改憲派が三分の二の多数を占めることになり、憲法改悪が目前の政治課題になっている。そして、共謀罪がテロ対策法と名前を変えてまたぞろ国会に提出される動きが現実化しており、治安体制の強化と冤罪の危険の増大が待ったなしである。だからこそ、取調べの全面可視化の必要性がいよいよ重要度を増してきているのであり、今こそ粘り強く闘い続けて行かなければならない。私は、志布志事件との巡り合いによって取調べの可視化に政治家として関与することが出来たのであり、今後もライフワークとして全面可視化に向けて闘っていく。そのためにも、戦争国家化と憲法改悪に反対する政治運動の大きな流れを作り出し、もう一度今度こそ本物の政権交代を何としても実現する決意である。

6　志布志事件とは何であったのか
――再犯防止のため真相究明と責任追及を！

木村　朗

はじめに

二〇〇三年四月の志布志事件（鹿児島県議選をめぐる選挙違反事件）で無罪が確定した元被告人ら一七人が、二億八六〇〇万円の損害賠償を求めた「無罪国賠訴訟」で、鹿児島地裁は二〇一五年五月一五日、国と県に総額五九八〇万円の賠償を命じる判決を言い渡した。二〇〇七年二月二三日の鹿児島地裁の無罪判決（確定）では捜査・取調べの違法性について言及しておらず、最大の争点は捜査の適法性だった。

この判決では、捜査・取調べの違法性や検察による起訴の不当性などが一部認定されたものの、捜査を始めるきっかけとなった端緒情報などの重要証拠の開示がなされず志布志事件の全体像や真相が解明されたとは到底言い難い。また、もう一つの「叩き割り国賠訴訟」は原告（浜野博原告団長）側の全面敗訴となったが直ちに原告側が控訴して第二審・高裁で争われることになった。その後、二〇一六年八月五日に福岡高裁宮崎支部で原告側勝訴の判決が出され、双方が上告を断念した結果、その二審判決が確定した。しかし、この控訴審判決は取調べの違法性は認定したものの、捜査全体の違法性や端緒情報の開示にも触れないなど志布志事件そのものが「でっち上げ」だとする原告（被害者）側の訴えにまったく応えていない極めて不十分なものである。事件全体の真相解明や責任者への厳重な処罰、被害者への直接謝罪なども行われておらず、その意味で「志布志事件はいまだ終わっていない」と言える。

そこで本章では、現時点であらためて志布志事件とは何であったのかを再検証するとともに、二〇一六年五月二四日に成立した刑事訴訟法改正案、司法改革の目玉の一つとして導入された裁判員制度やいわゆる「小沢事件」で注目された検察審査会の特徴と問題点を分析・考察する。また、そのことを通じて、現代日本の刑事司法制度の深刻な現状と病理を明らかにし、その絶望的な状況にある刑事司法を改善するための真の司法改革の方向性を提示することを課題としたい。

1　権力犯罪（でっち上げ事件）としての「志布志事件は終わらない」

志布志事件とは、二〇〇三年四月の鹿児島県議選で、鹿児島県志布志町（現志布志市）で起きたとされる選挙違反事件である。このときの選挙で当選した中山信一県議が志布志町の懐集落の有権者に現金を配ったとして、一三人が逮捕・起訴されたが（うち一人の山中鶴雄氏が裁判中に死亡し公訴棄却）、裁判では全員

が容疑を否認。二〇〇七年二月二三日、鹿児島地方裁判所は自白には信用性がなく、現金を配ったとされる元県議にもアリバイがあるとして、被告人全員に無罪判決を下した。鹿児島地検も控訴を断念し無罪が確定した。捜査段階での自白の強要や、「踏み字」行為、そのほかにも異例とも思える長時間の勾留（「人質司法」）や「接見交通権」の侵害などが問題となった。「踏み字」行為に関する県への民事訴訟では、鹿児島地裁が違法行為を認定し、県に損害賠償を命じる判決が下り、鹿児島県も控訴しなかったため判決が確定している。

この志布志事件に対する私の見解は、無罪判決直後に受けたインタビュー記事と基本的に変わっていないので下記に引用させていただく。

「今回の事件は、普通の冤罪事件とは事情が違う。冤罪は見込み捜査などによる捜査機関の重大なミスで起きるのだが、これは警察・検察による悪質なでっち上げ事件の可能性がきわめて高い。つまり、国家権力による犯罪だ。なぜ、どういうふうにして捜査が始まったのか。意図的に警察・検察が犯罪を捏造したのだとしたら、恐るべき国家犯罪だ。そこを解明しないことには、再発防止は図れない。県警は、長期間の勾留による自白の強要など従来の捜査方法を見直すべきだ。自白を偏重するがあまり、『踏み字』の強制のようなキリシタン弾圧を思わせる、人権を無視した封建的なやり方が生じた。警察と検察はもちろん、逮捕状を出した鹿児島地裁の責任も大きい。その中で出た地裁の無罪判決はせめてもの救いだが、あえて言えば中途半端。捜査の違法性も指摘していなければ、でっち上げたというところまでは踏み込まなかった。知事や県議会、公安委員会も一体何をしていたのか。県民の人権が侵害されたのだ。県警や裁判所で真相解明できないなら、弁護士などで第三者機関の調査委員会を設置するべきだ。これらの問題を踏まえて、捜査の透明

化・可視化を改めて考え直さなくてはならない。録音・録画以上に、弁護士の同席を認めるべきだと考える。取調べがつらくて、自殺未遂者まで出した事実は重い。メディアにも反省を求めたい。警察発表を鵜呑みにして、被告人を犯人視した報道を繰り返した。その一方で、一部のメディアが捜査・裁判に疑問を抱いて事件を追いかけ続けなければ、真相は解明されないままだったかもしれない。この事件ではメディアの二面性（功罪、光と影）、すなわちメディア自体が権力化して『第四の権力』になるというマイナスの側面と、一般市民に代わって権力への監視・批判を行うというプラスの側面があらためて明らかになった。メディアには今後、捜査に携わった当時の署長や警部らを、実名報道してもらいたい。それにしても、関係者への処分が軽すぎるなど県警の『身びいき』には言葉もない。県民に対して誠意ある対応をするべきだということを認識していないのか。最初は一部の幹部の暴走だった志布志事件だが、いつの間にか今も続く県警組織全体の暴走となっている。県警には猛省を求めたい[1]」

また、この志布志事件の特徴と問題点を整理すれば、下記のような点が挙げられる。

1 警察による、事前に事件全体の構造を描いてそれに見合う供述を引き出していく「叩き割り」の手法
2 警察による「踏み字」の強制や「切り違い尋問」、密室での取調べと自白強要（自白偏重主義の歪み）
3 警察による裏情報のリークとメディアを利用した世論誘導（中山信一県議逮捕のスクープ映像など）
4 捜査当局（警察・検察）による自白調書や供述調書の捏造（例えば、見取図の誘導）
5 裁判所による逮捕令状の乱発、長期勾留の決定と勾留時点からの接見禁止決定（「人質司法」の典型）
6 検察・警察による弁護士と被疑者・被告人との接見内容の調書化（「接見交通権」の侵害）

7　捜査当局（警察・検察）の働きかけによる国選弁護人・私選弁護人の解任（「弁護権」の侵害）
8　自白調書しか証拠を持たない検察による裁判の長期化
9　警察による、取調べ中の電話の隠し録り（取調べに関する内部規則への違反）とその隠蔽
10　警察内部で、捜査員の異議申し立てに対する恫喝や捜査からの除外・左遷

このように志布志事件では、「叩き割り」、「踏み字」の強制、「切り違い尋問」、自白調書や供述調書の捏造、「人質司法」、「接見交通権」の侵害などあらゆる違法な捜査・取調べの実態がその後の複数の裁判や被害者の証言などで明るみに出た。だが、肝心の証拠の全面開示がなされておらず志布志事件の全体像や真相は今もなお不明のままである。その結果、捜査当局による被害者への直接謝罪や事件関係者への厳しい処分もなされていない。その意味で、「志布志事件はまだ終わらない」と言える。

この鹿児島で起きた志布志事件や富山県で起きた氷見事件などのあいつぐ「冤罪事件」の発覚を受けて、最高検察庁は二〇〇七年八月の『いわゆる氷見事件及び志布志事件における捜査・公判活動の問題点等について』という報告書を出すことになった。しかし残念ながら、捜査・取調べの全面可視化など抜本的解決策は方向性がわずかに示されただけで実施は先延ばしにされた。

最後に志布志事件の教訓および再発防止策として、次の具体的提言を述べておきたい。[2]

1　県警・地検・地裁の関係者への適切な処分と知事、議会、公安委員会の役割の再検討
2　第三者機関による事件の徹底調査と調査結果の全面的公表

3　捜査・取調べの透明化・可視化→全面的な録音・録画＋弁護士の同席を行うべき
4　死刑制度を含む現在の警察、検察、裁判所の関係など刑事司法全体のあり方の再検討
5　弁護士とメディア関係者との協力関係の構築の必要性
6　被疑者段階と被告人段階とを通じ一貫した公的弁護体制の早期整備（「当番弁護士」制度の拡充）
7　新しい内部告発者保護法制の整備と情報公開制度の充実（国家・企業などからの個人の独立の保証）

2　志布志事件の全容解明と責任者の厳重処分を――類似事件の再発防止のために不可欠

かつて松本サリン事件の被害当事者であった河野義行さんは、「一番重要なのは類似事件の再発防止だ」と語るとともに、「私の自宅には薬品類があったから最初は疑われても仕方なかったが、サリンと結びつかないと分かった段階で、引くべきだった」と強調している[3]。

この河野義行さんの指摘は、冤罪事件（「でっち上げ」を含む）の教訓としてきわめて重要である。これを志布志事件に当てはめた場合、それでは中山信一さんに向けられた選挙違反（買収行為）の嫌疑に本当に疑うに足るだけの情報・根拠があったのか。いわゆる「端緒情報」の内容と出所の問題である、これも裁判の過程でも明らかになっておらず、今日まで曖昧なままである。この志布志事件は、「事件そのものがなかった」という特異な事件である。中山信一さんが証言しているように、「この事件をでっち上げた狙いが、自分を県議から降ろすことにあった」とするならば、その根本的な理由は何であったのか。これも、そのカ

ギを握っていると思われていた人物の死亡によって謎のままである。

また、中山信一さんの嫌疑の裏付けが取れないと分かった段階で、なぜ捜査当局（警察と検察）は引くことができなかったのか。鹿児島県警では、「裏付けが全く取れない。事件はなかったのではないか」という現場の複数の捜査員の声はなぜ封じ込められることになったのか。県警本部と志布志署との連携に問題はなかったのか。鹿児島地検は警察側の不審な動きをなぜ見抜けなかったのか。そればかりでなく、買収会合の日付けを特定できないまま無理やりに起訴をするに至ったのはなぜなのか。「取調小票」の問題で検察と警察が公判を前にして念入りな「口裏合わせ」をしたという、梶山天氏や大久保真紀氏らを中心とする『朝日新聞』の調査報道にどう答えるのか。いずれもまともな返答がなく、いまも真相はやぶの中である。

そして、この志布志事件に関わったとされる捜査当局（警察と検察）の当事者たちは、自らが行った捜査・取調べの行為の誤りを認めて相応の厳しい処分を受けたのであろうか。

否である。警察の一部の関係者には直接の処分がなされたものの、県警幹部や警察関係者が強い処分を受けることはなかったのである。そればかりではない。無罪判決が出た後も「捜査は基本的に適正であった」との姿勢を崩していないのである。長期間の過酷な取調べを受けて自殺未遂者までも出した志布志事件の被害者のことを考えれば、このような現状はあまりにも理不尽であるといわざるを得ない。

二〇一六年四月二日に鹿児島県弁護士会主催でシンポジウム「志布志事件を繰り返すな～冤罪事件の教訓は生かされてきたのか～」（於：鹿児島県市町村自治会館）が開催され、志布志事件の被害者の方々だけでなく、布川事件（桜井昌司さん）や東住吉事件（青木恵子さん）、鹿児島・強姦冤罪事件の被害者の方、そして多くの専門家（学者・弁護士・ジャーナリスト）が参加して発言・報告を行った（私も会場でそれを拝聴した）。

そのシンポジウムでは、複数の登壇者から、「人質司法をあらためよ」「代用監獄は廃止せよ」「自白偏重をあらためよ」「証拠の全面開示をせよ」「刑訴法等改悪法案を廃案に」「取調べの全面的可視化の実現を」などの重要な指摘・提言が出された。私が特に注目したのは、五十嵐二葉弁護士の「現在行われている取調べの全面可視化では冤罪防止の決め手にはならない。根本的には取調べを二時間程度に限定する必要がある」との発言であった。私も冤罪防止のためには弁護士の同席が不可欠で、それを実現するためにも取調べの短縮が必要と考えていたので五十嵐弁護士の意見にはまったく同感であった。

また、シンポジウムの総括の挨拶に立った野平康博弁護士の「志布志無罪国賠訴訟の異常さ」「原告勝利の国賠訴訟判決も非常に中途半端なもの」「冤罪被害の深刻さの共有を！」との訴えにも強い共感を覚えた。志布志事件の被害者たちを長らく支えてきた弁護団の中心を担ってきた野平弁護士の発言であるだけに参加者一同の心の中に深く響くものがあったと思う。

最後に、この国でふたたび冤罪（「でっち上げ」を含む）には一体どうしたらいいのか、という点について一言触れておきたい。

この志布志事件で注目されるのは、二〇〇七年二月二三日に鹿児島地方裁判所が、自白には信用性がなく、現金を配ったとされる元県議にもアリバイがあるとして、最終的に被告人全員に無罪判決を下すにいたった経緯である。最後まで無罪を証明するために闘った一二人の被告人とそれを支えた弁護団の奮闘が無罪判決を勝ち取った最大の要因であったことは言うまでもない。一二人の被告人とされた被害者を信じて最後まで支援をし続けた「住民の人権を考える会」の活動も大きな原動力であったと言える。しかし、この志布志事件の裁判の流れを変えたのは、捜査当局内部の心ある内部告発者の存在と「叩き割り」訴訟の原告団長となっている浜野博さんの勇気ある証言、そして無罪判決前から冤罪の疑いありとの調査報道を行った梶山天氏や大久保真紀氏ら朝日新聞鹿児島総局の粘り強い姿勢が決定的に大きかったと思われる。その意味で、冤罪・誤判と報道被害は表裏一体であるといえよう。

現在の日本における最大の問題は、権力犯罪の発生、すなわち公権力が恣意的に濫用されたときにそれを裁くシステムが存在していないということである。またそれとともに、この権力の暴走を監視・批判するはずのメディアがその役割を放棄して、いま起きている出来事・事件の本質、特に権力にとって不都合な真実を伝えないということである。こうした権力とメディアの癒着を断ち切って暴走を防ぐための根本的な改革を行うことが喫緊（きっきん）の課題となっている。

また、一般市民も捜査当局の発表や大手メディアの報道を鵜呑みにして報道被害の一翼を担う場合が多々あることである。ここでの教訓は誰でもいつ冤罪や報道被害の被害者になるか分からないというだけでなく、それ以上に誰もが冤罪や報道被害の加害者になりえるということである。いまこそ市民一人ひとりが、「騙される責任」を自覚し、情報・報道を主体的かつ批判的に読み解く姿勢が問われているといえよう。

3　現代日本の刑事司法制度の深刻な現状と病理

刑事司法の意義は、犯人を迅速に逮捕・検挙し、適正な捜査・取調べで得た根拠に基づいて起訴し、裁判・公判審理を経て、適正な刑罰と教育・更正の機会を与えることによって、罪を犯した者の矯正と再犯防止（社会的背景や原因の解明を含む）をはかり、国民生活に安寧を保障するところにある。換言すれば、刑事裁判は、治安の維持・有罪者必罰か、無実の発見・冤罪防止という、両立させることが困難な二つの課題・目的を持っている。[4]

ここで注意しておきたいのは、最優先されるべきは「疑わしきは罰せず」、「疑わしきは被告人の利益に」という無罪推定の原則、すなわち被疑者・被告人の権利保障と冤罪の防止であり、捜査当局（警察・検察）によって行使される権力の行使は被疑者・被告人の基本的人権を侵害するようなものであってはならないということだ。つまり、効率的な犯罪捜査や公平な裁判を通じて事件の真実発見・真相解明を追及するとともに、適正手続の保障と基本的人権の尊重を貫くことが同時に要請されているのである。

しかし、こうした憲法・刑訴法が想定した形で実際の捜査・裁判が現在行われているかどうかについては大きな不安・疑問があると言わざるを得ない。なぜなら二〇〇七年には鹿児島の志布志事件、富山の氷見事件をはじめ「冤罪」事件での無罪判決が相次ぎ、警察の取調べにおける人権侵害、証拠隠しといった、「冤罪」が作られる構造的な実態が明らかになったからである。そして、多くの市民にとっては、こうした「冤罪」（「でっち上げ」を含む）事件が、戦前の日本において特別高等警察（特高）・憲兵隊や検察官によって行われた甚だしい人権侵害と重なって感じられたのではないだろうか。

重慶大爆撃訴訟弁護団団長も務めた故土屋公献弁護士（元日弁連会長）は、「現在の救いがたい危機にある刑事訴訟制度とその運用状況」が冤罪を生み誤判の温床にもなっているとし、刑事司法の惨憺（さんたん）たる現状を以下のごとく具体的に指摘している。すなわち、「検察官が権力を行使して収集した証拠の開示を自ら拒み得る現状、つまり被告人に有利な証拠の隠匿を許す現状、代用監獄（警察の留置場）という密室の中で行われる自白強要、その自白に基づく検事調書の証拠能力の認容、事実を争う被告人に保釈を認めず長期勾留を続ける〝人質司法〟、証拠と事実認定との結びつきの説明を要しない判決書、無実を主張することを反省の不足として量刑を重くする実状等々弊害は枚挙に遑がない」（裁判員制度については後述する）[5]。

また、原爆症認定申請集団訴訟東京弁護団長やハンセン病違憲国家賠償訴訟東京弁護団副団長を務める高見澤昭治弁護士（当時）は、「『判検交流』という言葉をご存知でしょうか。裁判官と検察官とはしょっちゅう人事交流で入れ替わっています。国の代理人である訟務検事をやっていた者が、突然裁判官になったり、裁判官がいなくなったと思ったら検察庁で仕事しているということが頻繁に行なわれています。これまでに総計で一五〇〇人もが人事交流で裁判所と法務省・検察庁の間を行き来していることが分かっています。裁判官と検察官が癒着し、一体感を持つのも当然ではないでしょうか」、「みなさんもご存知のウォルフレンは、有名な『日本／権力構造の謎』の中で、〝現在、最高裁事務総局の司法官僚群が日本の司法全体を監視している。裁判実務に携わる裁判官でないこうした官僚が、裁判官の任命、昇格人事、給与の決定、解任を牛耳っているのである〟〝法の番人としては最高の地位にある判事も官僚にはかなわない〟と書いていますが、実態はまさにその通りだと思います」、「『裁判官の独立性』を侵している官僚司法制度が今の日本の裁判所の最大かつ根本的な問題だと言っていい[6]」と述べて、裁判所と検察庁の「癒着の構造」を生み出す判検交流をはじめ、現行官僚司法制度の問題点を鋭く指摘している（この悪名高い判検交流は二〇一二年に刑事部門では一応廃止されたが、民事部門では残され裁判官が訟務検事となる交流は続いている）。

この他にも、『犯罪報道の犯罪』（新風舎文庫、新版、二〇〇四年）の著作で知られる浅野健一・同志社大学教授は、「任意捜査段階からの可視化が全く実現せず、代用監獄の存続、〝別件〟逮捕の常態化、逮捕状・

勾留状などの令状のチェックなしの発付、無罪判決に対して国（検察）の控訴が可能（double jeopardy の禁止に違反）、弁護人が取調べに同席する権利がないなど、世界でも最悪の人権状況がある」[7]と、日本の刑事裁判のあり方に対するきわめて率直な批判を行っている。

また、『絶望の裁判所』『ニッポンの裁判』（二〇一四年および二〇一五年、いずれも講談社新書）の姉妹本を出版した元裁判官の瀬木比呂志氏は、日本外国特派員協会の記者会見（二〇一四年二月二七日）で、日本の裁判所を「旧ソ連の全体主義」にたとえ、「裁判官たちは収容所に閉じ込められている」と語る。瀬木氏によれば、収容所とは徹底したヒエラルキーに支えられた官僚体制のことであり、ピラミッドの頂点にいるのは最高裁事務総局だという。その最高裁事務総局は国の政策に異論を唱えるような判決を嫌うため、劣化し上ばかりを見ている「ヒラメ裁判官」は個別の事情を考慮することなく、盲目的に最高裁の判例に沿った判決を出すと述べている。また、小沢一郎・民主党代表（当時）を政治資金規正法違反で強制起訴した「第五検察審査会」についての質問に対し、瀬木氏は米軍基地をめぐる一九五九年の「砂川事件」裁判で米国大使館の大使・公使に情報を流していた最高裁判事の実名（田中耕太郎長官）をあげ、「日本の司法は裏側で不透明なことをしている」と明言した[8]。

さらに瀬木氏は、袴田裁判の冤罪、そして恵庭OL殺人事件の「超絶望的」な再審請求棄却決定に関連して、『疑わしきは被告人の利益に』という刑事裁判の鉄則が踏みにじられていて、本当にこわいです」、「明日（あした）はあなたも殺人犯」であり、「高裁でも、最高裁でも、再審でさえも救済されない」のです、と述べているのが注目される[9]。

最高裁幹部による裁判官の徹底した思想統制「支配、統制」、リベラルな良識派まで排除する組織の構造、冤罪連発の刑事訴訟、人権無視の国策捜査、政治家や権力におもねる名誉毀損訴訟などにみられる司法の腐敗。瀬木氏が告発したように、日本の裁判・刑事司法は、もはや中世の暗黒裁判並みの「超」絶望的なものであると言わざるをえない。このような日本の刑事司法・刑事裁判の戦前への回帰志向、憲法・刑訴法の理念から著しく隔たった運用実態は、個々の具体的事件の真相解明だけでなく、市民の基本的人権の保障という観点からも深刻かつ重大な問題を孕んでいると思われる。今後のあるべき刑事司法を考える上で特に重要と思われるのは、過去の「冤罪」・誤判から司法関係者とマスコミ関係者、そして一般市民が何を学ぶべきなのか、という視点である。そして、そのような視点から、刑事司法の現行システムや捜査・取調べのあり方が「冤罪」・誤判を生み出すような構造となっていないか、あるいは「冤罪」・誤判に対する歯止め・防止策がきちんと機能しているかなどを、もう一度徹底的に検討し直す必要がある。

4　裁判員制度の危うさと検察審査会の落とし穴

(1) 裁判員制度の特徴と問題点について

二〇〇九年五月に導入された裁判員制度は、有事法制の一環としてそれ以前に設けられた国民保護法制と並ぶ戦時下での国民動員・統制制度という特徴を持っている。すなわち、戦前（特に戦争中）の刑事裁判は、迅速・秘密・厳罰の三大原則に基づいて行われており、現在の裁判員制度も同じような機能・特徴を併せ持っているといえる。

私が裁判員制度に反対する根本的な理由は基本的に二つある。その一つは刑事司法の側面からみた問題である。被告人の弁護権というか防御権が、裁判員制度では根本的に守られないのではないかと思われる。日本弁護士連合会などは、裁判員制度支持の一つの理由に冤罪防止をあげていたという経緯がある。しかし、この裁判員制度によって冤罪防止につながるどころか、むしろそれが増えるだけでなく隠ぺいされる危険性さえあるというのが真実である。

もう一つの問題は時代状況との関連である。最近特にその様相を強めつつある戦争とファシズムの時代状況との関連において、国民保護法制と並んで裁判員制度というのは国家による国民（市民）の動員と統制として機能する側面を持っている。国民保護法制は、国民の避難、保護、救援を口実として、戦争準備と実際の戦時（有事）における戦争協力を義務づける、強制づけるものであるとみなすことができる。

要するに国民保護法制の本質的な側面は国防意識の涵養である。そのような視点で国民保護法制をみることができるとするならば、裁判員制度はまさに社会秩序の維持、すなわち治安意識、それを一般国民にも持たせようとする側面があるのではないかと思われる[10]。

裁判員制度が導入されてすでに七年余りになるが、より民主的な刑事司法制度にするためには、次のような全面的見直しか、あるいは部分的修正という選択肢がある[11]。

☆裁判員制度の全面的見直しの方向性（原則は即時凍結・廃止！）

【根本的対策】

1　裁判員制度の凍結・廃止と陪審制度の復活・実現

2　死刑制度の廃止（終身刑導入にも基本的に反対）
3　自白獲得中心主義の全面的見直し、人質司法の禁止と代用監獄の廃止
4　捜査・取調べの全面可視化（起訴前逮捕段階からの録音・録画と弁護士の同席）の実現
5　起訴便宜主義の見直しと検察審査会の再編・強化
6　判検交流（＝裁判所と検察庁の「癒着の構造」）の見直し・廃止
7　法曹一元制度（日弁連などは弁護士を一定年数経験した者の中から裁判官を選び出す制度）の実現
→裁判官の供給源の多様化・多元化、裁判官の任命手続きの見直し、裁判官の人事制度の見直し（透明性・客観性の確保）などによる裁判官の独立性の完全な保障と官僚司法制度の弊害の克服（法務・司法官僚の不当な圧力・支配からの解放）

【応急・代替措置】
・被告人に裁判員裁判か従来の職業裁判官による裁判かを選ぶ権利を保障する
・裁判員が「思想・良心の自由」によって辞退する権利を保障する
・死刑判決は多数決ではなく全員一致にする
・裁判員の守秘義務の大幅緩和（罰則規定の撤廃、判決後の発言は基本的に拘束しない）
・公判前手続きの公開を基本原則にする
・強姦事件などを裁判員裁判の対象から外す
・裁判員と裁判官の構成比を、現在の六対三から九対三、あるいは六対二に変更する
・被害者参加制度と裁判員制度との切り離し

・検察側の上訴権を禁止する（特に、無罪判決の場合）
・人質司法の禁止と自白偏重主義（捜査）の見直し
・（冤罪救援する妨げになる）検察証拠の使用制限の撤廃
・検死（死因の究明）体制の整備
・報道評議会の設置とプレスオンブズマン制度の導入（起訴前の捜査段階までの匿名報道原則の採用、警察・検察のリーク情報、特に自白情報の遺漏・報道の制限・禁止）

(2) 検察審査会の落とし穴について

裁判員制度が導入された同じ時期に改正された新しい検察審査会法によって「それまで勧告でしかなかった議決がより強化されて「強制起訴」ができることになり、検察の起訴独占主義に風穴を開けることになった。しかし、その一方でこうした市民の司法参加を実現した検察審査会が当初の目的とは違う形で積極的に悪用される可能性を秘めていることを明らかにしたのが「小沢事件」であった。

いわゆる「小沢事件」は、第一ラウンドが西松建設事件、第二ラウンドが陸山会事件、第三ラウンドとして検察審査会による強制起訴という形での「小沢裁判」ということで、小沢氏に二度目の東京高裁での無罪判決が二〇一二年一一月一二日に出され、検察官役の指定弁護士が上告を断念したことで無罪が確定した。

この小沢事件は、権力（特捜検察を中心とする）の暴走とメディアの加担という問題であっただけでなく、まさにその本質は権力闘争であった。すなわち、それは「上からの権力の反動（検察ファッショ）」と

「メディア・ファシズム」が結合した事実上の「静かな政治クーデター」「ある種の政治的謀略」であったといえる。それはまた、検察側の怨念ともいうべき小沢一郎氏を狙い撃ちした「国策捜査」（政権交代前はその傾向がより顕著だった！）であったばかりでなく、「民主党vs.全官僚機構」あるいは「鳩山連立政権vs.官僚機構・自民党・マスコミ（・米国）」という権力闘争・政治闘争に他ならなかった。[12]

とりわけ検察審査会に関しては、裁判員制度にもあてはまる欠陥・問題点がまさにそのままあらわれたといってよい。というのは、本来ならば、警察・検察の犯罪や政治家（特に自民党）の不祥事を検察が表ざたにしないで一向に捜査に着手しようとしないような事例を想定して設置された検察審査会が、そうした想定とは全く違った形で「小沢事件」で悪用されたからである。小沢一郎氏（衆議院議員、元民主党代表）は政治資金の些細な「記載ズレ」の問題で検察による総力を挙げた徹底的な捜査によっても「嫌疑不十分」ですでに二回「不起訴」となっていた。にもかかわらず、素人の審査員一一名と不慣れな検察官役をやる弁護士による検察審査会の二度にわたる「起訴相当」議決で「強制起訴」されることになったのである。このような乱暴な形で「強制起訴」された小沢氏は、「小沢裁判」（東京地裁および東京高裁）の進行とメディアによる一貫した「人格破壊」攻撃によって危うく政治生命を抹殺されるところであった。検察審査会の落とし穴はそればかりではない。

検察によって捏造された捜査報告書による検察審査会の議決の誘導、あるいは検察審査会事務局を管轄する最高裁事務局による「架空決議」あるいは「架空審査会」の疑い、小沢問題を担当した第五検察審査会の一一名の審査員の平均年齢の異常な若さと二度にわたる不可解な訂正など非常に深刻な問題点が裁判の過程で表面化することになった。こうした検察審査会をめぐる検察や最高裁事務局の深い闇ともいうべき暗部を明らかにして正さない限り、日本の民主主義が本当に機能することはないと思われる。メディアの劣化と並んで司法の機能不全は、私たちにとって本当に重要かつ喫緊の問題であることあることだけは間違いない。[13]

5 あるべき真の司法改革とは

民主党政権下の二〇一一年六月に発足した法制審議会「新時代の刑事司法制度特別部会」が二〇一四年七月九日に答申を取りまとめ、それに基づいて作成された刑事訴訟法の改正案が二〇一六年五月二四日に可決、成立した。それは、容疑者取調べの録音・録画（可視化）や司法取引の導入、通信傍受の対象拡大などを主な内容としている。警察や検察に対し可視化を法律で義務づける事件を、裁判員裁判対象事件と検察の独自捜査事件に限定しており、全事件のわずか二％程度にしかならず極めて不十分なものだ。それればかりではない。「可視化を口実に、警察の長年の悲願だった捜査権限の拡大が盛り込まれた最悪の内容。捜査機関の権限を縛る目的だったはずが、全く逆になっている」と日弁連刑事法制委員会事務局長の山下幸夫弁護士が語っているように、これでは警察・検察にとって有利な武器だけが肥大化する、まったくの「焼け太り」である。[14]

そもそもこの法案は、村木厚子厚生労働事務次官が逮捕された二〇〇九年の「郵政不正事件」に端を発する。この事件は翌二〇一〇年九月に大阪地裁で村木厚子被告人の無罪判決が出されて確定したが、裁判の過程で検察側が証拠であるＦＤを改竄していたことが明るみになった。そのため法制審議会が設置され、「冤罪（でっち上げを含む）」の防止を最大の目的として提言・方策を本来は出すはずであった。それが、捜査当局の権限拡大を促すような本来の目的とは真逆の内容となったのは一体なぜなのか。その経緯・背景を著書『それでもボクは会議で闘う――ドキュメント刑事司法改革』（岩波書店、二〇一五年）のなかで明らかにしたのが、民間委員の一人として審議会に最後まで参加した周防正行監督である。周防監督は、「たとえば、供述調書に極端に依存する現状の取り調べ手法がえん罪を生むからこそ、取り調べの可視化が検討されているというのに、録音、録画する箇所は、『取り調べる側の裁量に任せるべき』となっている。否認している限り勾留し続け、自白を強要する人質司法が批判されているというのに、一六四日間も勾留された村木さんを目の前にしながら、裁判官は『勾留の運用は適正になされている』と言い切っている。国家権力は『一〇人の真犯人を逃すとも、ひとりの無辜を罰するなかれ』の格言を無視しています。明らかに、治安を維持するためには、あるいは捜査機関の信頼性を高めるためには、えん罪であっても被告人を処罰した方が良いんだと考えているとしか思えません」と明確な批判を行っている。そして、取調べの可視化には弁護士の同席が必要との立場から、「日本の捜査当局の人に取り調べへの弁護士同席なんて話をしたら、何をバカなことを言ってるんだという顔をされます。そんなことをしたら真実を話さなくなる。密室で被疑者と取調官が信頼関係を築き、お互いが心を開いて話すことで、真相が明らかになる、治安の良い日本がわざわざ治安の悪い国の取り調べ制度を見習う理由などない、という論法です。でも、『終の信託』（二〇一二年公開、患者から重篤になった場合の対応について意向を伝えられていた医師が、その意向通りに取った対応で刑事訴追を受ける）がオーストラリアで上映された時、質疑応答で最初に受けた質問が『なぜ取り調べに弁護士が同席していないのか』でした。捜査機関の言い分を説明しましたが、理解されませんでした」という注目すべき証言をしている。[15]

また、ライブドア事件の当事者で逮捕・投獄された経験がある堀江貴文さんは、二〇一五年七月一〇日に行われた衆議院の法務委員会に参考人として出席し、刑事訴訟法改正案の議論について「安保法案より大事だ」と訴えた。この改正案の内容について「一部については進んだ部分もある」と評価しながらも、村木さんのような冤罪事件を繰り返さないような部分について改革は「むしろ後退したのではないか」と指摘した。そして、検察が持っている証拠の一覧表が開示される内容が盛り込まれたことを評価しながらも、依然として「検察官と勾留者の格差が大きい」と批判。勾留の問題が解決するような内容が法案に盛り込まれなかった点を残念がり、「これでフェアな取り調べができるといえるのか」と問い、「現在の司法取引案は新たな冤罪事件を生む恐れ」があると述べている。[16]

このように今回の刑事訴訟法改正案では、取調べの一部可視化と引き換えに司法取引の導入や、盗聴（通信傍受）対象事件の拡大など、捜査当局の権限をこれまで以上に強化する内容となっている。これでは、新たな冤罪、市民監視の強化につながりかねない。減刑や刑が免責される司法取引の導入を具体的に説明すると、取調べを受けている被疑者が自白したり、他人の犯罪の事実について知っていることを供述して警察や検察の公判に協力すれば、罪が減刑されたり、自分の裁判を不起訴にしてもらえるなどの便宜が図られる。捜査機関が自分たちに有利な供述を引き出すために悪用する危険性がある。その結果、無実の人間が逮捕・勾留される「冤罪」が生まれる可能性が高まるのは明らかである。

またこの法案にあるように、取調官に「一定の裁量」を認めれば、録音・録画をしないことや、捜査当局に都合の良い部分だけを収録することが可能となり、取調べの可視化が導入されたとしてもその効果は骨抜きになってしまうことは間違いない。結局、この刑事訴訟法改正案は、二〇一六年五月二四日に衆議院で盗聴対象を拡大する改正通信傍受法とともに可決、成立した。驚くべきことは、この法案に一部の野党ばかりでなく、日本弁護士会や大手メディアがこぞって賛成したことである。例えば、朝日新聞は、二〇一六年五月二三日の「この一歩をさらに前に」と題した社説で、「捜査当局が焼け太りした感は否めない」としながらも、「人権保障の観点から一定の収穫があったことは確かだ」「大切なのは、歩みをここで止めず、さらに進めることだ』と肯定的に評価している。もちろん、東京新聞や信濃毎日新聞、中国新聞など地方紙・ブロックの多くが反対の論陣を張ったことは事実である。しかし、それでもいまの日本の刑事司法とメディアの状況は本当に絶望的と言ってよいほど深刻であると言わざるを得ない。

こうした動きと関連して注目されるのが、志布志事件の無罪判決に大きな影響を与えた朝日新聞の梶山天記者による次のスクープ記事である。[17] その記事によれば、警察庁は、解剖経費削減のため大学の法医学教室などに委託している司法解剖の検査項目の中から、DNA型検査を原則として除外することを決め、翌年度の概算要求の項目から削除した。その結果、事実上、捜査機関以外でDNA型検査ができなくなる事態が予想されるという。もし、DNA資料が捜査側独占になれば、裁判自体が公正でなくなる恐れがあるばかりでなく、「冤罪」があっても証明できない事態が生じることにもなる。

そうであれば、いま日本に求められているのは、このような「冤罪」や「誤判」を生みそれを隠ぺいしかねない偽りの司法改革ではなく、真の司法改革であることはいうまでもない。ここで、そのすべてを詳述することはできないが、核心的なポイントだけをあらためて挙げれば、法曹一元化の実現、判検交流の禁止、死刑制度の廃止、裁判員制度の廃止、被害者参加制度の凍結、検事総長の国会承認事項化（民間人登用を含む）、代用監獄の廃止、「人質司法」「叩き割り」の禁止、別件逮捕勾留の禁止、自白獲得中心主義の全面的見直し、検察側の手持ち証拠全面開示、取調べの全面可視化（録音・録画＋弁護士の同席）、裁判官人事管理体制の全面的見直し、法務大臣の指揮権発動の積極化、特捜部の解体・再編、検察の起訴裁量主義・起訴独占主義の見直しなどがあげられよう。これ以上の司法の腐敗を防ぐとともに、二度と冤罪を生まないためにはこのような根本的な司法改革の実施が急務であることを本章の結論として指摘しておきたい。

このことの重大性は、つい最近判決が出された鹿児島・強姦冤罪事件（二〇一六年一月一二日に、福岡高裁宮崎支部は強姦罪で有罪とされた男性の一審判決・鹿児島地裁を破棄し、逆転無罪を言い渡した）を見てもよくわかるであろう。同じ鹿児島でまたしても起きた不祥事であり、DNA鑑定の改竄や捏造さえ辞さない捜査当局（警察、検察）の人権無視の体質が何も変わってないことが明らかとなったといえよう。一審で有罪判決を下した鹿児島地裁の責任も重大であると言わざるを得ない[18]。

今回の刑事訴訟法改正案可決・成立を受けて出された二〇一六年五月三一日付の琉球新報の社説「冤罪を防ぐための改革が、今までなかった冤罪を生み出す。だとすれば本末転倒も甚だしい。……知れば知るほど危険は大き過ぎる。一度できた法の廃止は容易ではないが、冤罪防止の原点に戻り、早急に見直しを議論すべきだ」が注目される。真の司法改革が求められるゆえんである。

【注】

（1）「県警に思う　組織全体の暴走、猛省を」『朝日新聞』鹿児島県内版、二〇〇七年三月一三日付朝刊を一部修正・加筆。関連情報として、踏み字事件での鹿児島県警処分は下記の通りである。

・黒　健治　当時志布志警察署署長　本部長注意

・磯辺一信　警部　捜査主任　所属長訓戒

・濵田隆広　警部補　三ヵ月間減給一〇分の一

また当時、「違法捜査は無い」と断言していた稲葉一次県警本部長は、その後、関東管区警察局総務部長に「昇進」しているが、「県議選の違反取締まりという本部長指揮事件で捜査全般に対する監督が不十分だった」との理由で警察庁長官による厳重注意処分を受けた。

（2）木村朗著『市民を陥れる司法の罠―志布志冤罪事件と裁判員制度をめぐって』（南方新社、二〇一一年五月）、五二頁、および木村朗編著『メディアは私たちを守れるか？―松本サリン・志布志事件にみる冤罪と報道被害』（凱風社、二〇〇七年）。

（3）「産経ニュース」二〇一四年六月二七日（http://www.sankei.com/affairs/news/140627/afr1406270016-n1.html）。

（4）土屋公献・石松竹雄・伊佐千尋編著『えん罪を生む裁判員制度　陪審裁判の復活に向けて』（現代人文社、二〇〇七年）、一三～一四頁を参照。

（5）前掲書『えん罪を生む裁判員制度　陪審裁判の復活に向けて』の「はじめに」を参照。

（6）『週刊金曜日』二〇〇一年二月一六日号を参照。

（7）鹿児島大学での二〇〇九年一月二一日の講演レジュメより。

（8）田中龍作ジャーナル（二〇一四年二月二七日）（http://tanakaryusaku.jp/2014/02/0008840）。

（9）現代ビジネス（二〇一五年一月七日）（http://gendai.ismedia.jp/articles/-/41659）。

（10）アジア記者クラブでの講演録（二〇一二年一二月一四日）「裁判員制度の危険な罠―存続ではなく廃止を！」（http://www.news-pj.net/npj/kimura/apc-20130217.html）より。

（11）前掲・拙著『市民を陥れる司法の罠』一〇七～一〇九頁。

（12）詳しくは、筆者と鳥越俊太郎氏との共編著『20人の識者がみた「小沢事件」の真実　捜査権力とメディアの共犯関係を問う』（日本文芸社、二〇一三年）を参照。

（13）『財界にいがた』二〇一四年四、五、六月号に掲載された【短期集中連載記事】：「小沢一郎を強制起訴に追い込んだ検察審査会と最高裁の闇」、および志岐武彦・山崎行太郎（著）『最高裁の罠』（ケイアンドケイプレス、二〇一二年一二月）を参照。

（14）「こちら特報部」『東京新聞』二〇一三年一月三〇日付を参照。

（15）「日本の司法はおかしい、だから闘い続ける　周防正行監督に裁判の問題点を聞く」「東洋経済online」二〇一五年六月二八日（http://toyokeizai.net/articles/-/74350）。

（16）堀江貴文さん「安保法制より司法制度改革のほうが大事」その理由とは？（http://www.huffingtonpost.jp/2015/07/10/horiemon_n_7768038.html?utm_hp_ref=japan）。

（17）「ＤＮＡ検査の委託中止へ　警察庁『経費減』、独占懸念も」『朝日新聞』二〇一四年一一月六日付）。

（18）「鹿児島・天文館レイプ事件が逆転無罪！」（『冤罪File』No.25、二〇一六年七月号）を参照。

第2部　当事者と支援者からの訴え

1　志布志事件の主犯とされた中山信一

元鹿児島県議会議員　中山　信一

私、中山信一は、二〇〇三年の春、四月一三日に行われた第一五回統一地方選の鹿児島県議選に初出馬して当選しました。当時、私は五七歳でした。あれから一三年以上の歳月が過ぎています。

選挙が終わった翌日（四月一四日）に選挙事務所等の片付けの作業に川畑幸夫さんの姿が見えないので、私は川畑さんの家を訪ねてみました。その時、どこかの温泉に行ったと聞き、選挙で大変だったので、ゆっくりしたかったのだろうと思っていました。

その日の夜になって、川畑さんが警察に連れて行かれた、という話を聞きました。まさかと思い、川畑さんの奥さんの順子さんに話を聞きました。川畑幸夫さんが選挙の投票依頼をするためにビールを持って行ったのではとの疑いをかけられているとの話でした。その後、川畑さんが戻ってから、川畑さんと私の身内を交えて、四浦（ようら）の懐（ふところ）集落の有権者に誰かお金を配るなど選挙違反となる事をしていないか、確認をする話し合いをしました。そのようなことは誰もやっていない、何も違反をしていないとのことで話が終わりました。

しかし、その後も川畑さんは警察に呼び出されて、踏み字を強要されるなど厳しい取調べが続きました。捜査・取調べが続き、四浦の懐集落の方がどんどん逮捕されていきました。私は県議会の最中で、北朝鮮の不審船が領海侵犯した件で視察に行っていたところでした。その中で四浦の藤元いち子さんが逮捕されたと聞き、ある県議から「今夜のニュースを見ないといけない」、「裁判をすれば一〇年かかる」と言われ、びっくりしました。そして、視察を終えてバスで県議会へ帰ってきたところ、報道陣から「藤元いち子さんが逮捕されたことは知っていますか」と聞かれて私は「知りません」と答えました。

それから、無罪判決が出た後でしたが、議会中に、曽於（そお）地区選出のベテランの県議の方が、「朝三時頃、交通事故で亡くなりました」と電話で聞きました。そのとき、一番事件のことを知っているのはこの議員だったのではないか、この議員が亡くなったことで、大変なことが起こっているのではないか、と思いました。一番事件を知っていたであろう議員が亡くなったことで、志布志事件がこんなに長引く裁判になっていったと思います。

その後、裁判長も途中で交代して、新しい裁判長と一緒に現場まで行くことになりました。その裁判長は直接現場を見て確認したので、こんな場所で四回もお金を本当に配ったのか、と大変びっくりしたのではないかと思います。

また、報道（『テレビ朝日』の「ザ・スクープ」担当）の鳥越俊太郎さんや長野智子さんへ「志布志事件は、本当はなかった架空の事件だよ」と鹿児島警察の内部通報者から連絡があり、二人とも、東京から鹿児島へ来てくれました。鹿児島空港へ着くと警察に尾行されて大変だったそうです。そして鹿児島県内では当初ほとんどの報道が県警寄りでした。こうした傾向は、途中から報道姿勢を変えた朝日新聞など一部を除いて無罪判決が出るまで続きました。いかに今まで警察と報道が一緒になってやっていたかということが分かります。

ある新聞に、「鹿児島県警は中山さんが無実と知っていた。警察の中でも事件を作る警察と正直な警察が分かれているのではないか」という記事が掲載されたことがあります。これによっても、いかに警察のシナリオ通りに事件を進めていったかということが分かると思います。

私が逮捕される一週間前から、警察に四方八方から監視されていました。私が犬の散歩をしている時に、鹿児島の〝わ〟ナンバーが二度ほど見張っているのを確認しました。そして、六月二日の夜、私の姉のところに公衆電話で警察を名乗る人から電話があり「中山信一と妻のシゲ子はもうすぐ逮捕されますよ」と言われたと姉からすぐに連絡があり、「何もしていないから大丈夫だが」と私は答えていました。その二日後の四日に私は逮捕されました。また、あくる日になって、家内のシゲ子も逮捕されていたことが分かりました。

警察が家に来て、何の調べもないまま私を連れて家を出る時に上着を頭から急に被せられてびっくりしました。その時、私は「何もしていないのに」と思って上着を二度ほど跳ね除けましたが刑事から無理やり被せられました。

それから「署に行きます」と言われ、志布志警察署かと私が思っていたら、着いたのは鹿児島中央警察署でした。その後、逮捕されてからは鹿児島西署でした。西署では磯辺警部の取調べでした。私は県議会議員でしたので、磯辺警部から「逮捕されているのだから仕事が出来てない、議員の活動が出来ないから責任をとれ」、「給料泥棒」と強く言われ、「議員の給料はもらわなくても生活はできる、お金がほしくて議員になったんじゃない」と言って辞めることを決め、繰り上げ当選日の七月一九日の翌日の七月二〇日に弁護士を通して辞表を提出しました。

それからが大変でした。やっていないのに「相手が認めている」と言われ、「それは誰か」と私が尋ねても「プライバシーの問題があるので言えない」と答えるばかりです。また、「誰か一人でも認めたら実刑は免れない」と言い争いになり「それならとことん裁判でやります」と言うと、「四、五人は認めている」と言われました。

さらに「絶対にやっていないのだから、お前とはとことんやる」と私が言ったら「お前は殺す」と言われ、私は拘置所にいる時でしたので「ここで殺せ」と言うと「自分で死ね」とも言われました。それでも「やってないものは、やってない」と認めずにいると、磯辺警部は私に土下座までして「一回だけ認めてくれ」と言いましたが、「なんでやってない事を認めないといけないのだ」と拒否しました。

磯辺警部は事件そのもののことは取り調べずに、「会社は潰れる」と何回も言って、「磯辺丸に乗れ、飛ぼかい、泣くかい、いいところにつけてやる」と、認めることを強く迫りました。

私はこのような理不尽な取調べを受けて、なんで事件そのものがないのに、事件を作り上げるのかと本当にびっくりしました。警察は今までにもないような事件を作っていたのだと思いました。

留置所・拘置所というところは大変なところです。犯罪者も、ない事件で逮捕されている者も、女も男もですが、全裸にされ、前からも後ろからも何か隠してないかみられます。

磯辺警部から「妻のシゲ子が認めたから、お前も早く認めろ」と言われ、何もしてないのに全裸にされシゲ子はおかしくなったのではないかと思い、落ち着いてよく考えなければとその日にあった検察の取調べを次の日に延ばしてもらい、昼から来た弁護士に確認したら、「シゲ子さんはしっかりしているよ」と言われ、磯辺警部が嘘を言っていることが分かりました。警察はどこまでも嘘をつくんだと思いました。弁護士が磯辺警部が調べたとおり、言ったとおり検察に話しなさいと言いました。警察は私たちには絶対に嘘をつくなと何度も言いましたが、一番嘘をつくのは警察・検察ではないかと思いました。国民・県民・市民を騙しているのは、警察だと思います。今まで警察を信じていたことが間違いでした。悪い警察を正していくことがこれからの仕事です。

刑事事件と民事事件は違っていますが、事件が同事件なのに長い年月が経っています。なぜこれほど裁判が長くなるのか。無罪事件なのに、被告人は裁判が終わるまで被告人です。警察官・検事・裁判官などは国民から徴収する税金で給料をもらっているはずです。無い事件を作り、捜査した際にかかった費用も裁判が長期化して検察や裁判官にかかる費用も全部税金です。六回もの裁判がありました。全部勝利しました。国家賠償もようやく済み、国と県から五九八〇万円を支払う賠償命令が出されましたが、被害者に支払った賠償額より、捜査・裁判にかかった費用の方が多く使われたのではないでしょうか。架空の事件を作る悪い警察官がいてこれだけの賠償金というのは、国と県にとんでもない損害を与えたと思います。

警察が事件を作ったのに、謝罪することはありません。国会議員・県会議員の方はなぜ警察に謝罪を要求しないのでしょうか。それこそ罪を犯しているのは権力なのではないでしょうか。そのようなことは、国民のほとんどの人が知りません。警察にもいい警察官がいるのに、一部の悪い警察官を野放しにして、冤罪とかでっち上げ事件まで作るのですから本当に酷いことです。議会や公安委員会が警察の不正・犯罪を正すことはできないのでしょうか。このままでは、警察の権力乱用を正すことが一向にできないのではないでしょうか。

多くの国民の皆さんは、志布志事件を警察が作った架空の事件だとは知りません。警察自体が一番知っているはずなのに、捜査した証拠が出なかっただけのような言い方をします。警察は間違いを認めることも謝罪をすることもしない。日本は本当にこれでいいのでしょうか、こうした刑事司法の病理は国会議員を含めた日本国民全員が真剣に考えなければならないと思います。いつでも、誰でも、身に覚えのない、してもいない罪に問われるかもしれない現状にあるということです。

悪い警察官にも給料や退職金が税金から支払われます。志布志事件を作った警察官はそれ相当の賠償を自分自身でするべきなのに、彼らは、裁判で無罪判決が出た後でも、刑事として給料をもらい、退職金をもらっています。悪い警察官を正さないことには冤罪やでっち上げ事件・権力犯罪はなくならないと思います。志布志事件の当時の志布志警察署の黒署長、磯辺警部は定年前に退職し、退職金を全額もらっていますが、自分達が事件をでっち上げと分かっていたから早く退職したのではないでしょうか。裁判途中で鹿児島県警、志布志警察署へ、黒署長の法廷への出頭を依頼しましたが住所が分からないと言われました。「分かっているはずだ、志布志の警察署長までしていたのに、住所不定はありえないはずだ」と裁判官から言われ、ようやく出頭命令が出て、初めて出頭しました。そのような経緯や実態を国民・県民の皆さんは知りません。裁判が終わっても真相解明や責任者の厳重な処罰、私たちへの直接謝罪もありません。このままでは、悪いことをしても権力があれば許されるということです。

裁判の結果についていうと、刑事事件と民事事件と二つの種類の裁判をしましたが、先ほども記したとおり、六回すべて勝利することが出来ました。しかし、時間がかかりすぎます。裁判官は、内部告発者の証言や証拠・資料などを丹念に調べ、関係者を訊問すればすぐに事実関係が分かったはずです。結局、裁判に一三年かかりました。なんでこれほど裁判が長期化するのか、裁判官が何人も代ると文書で裁判をするだけになってしまいます。志布志事件のように実際になかった事件でも一三年もかかるというのはあまりにも時間をかけすぎて、被告人に対して、大変な被害を与えています。被告人のための裁判ではなく、裁判官・検察官の裁判になっているのではないでしょうか。今回は、新しく代った裁判官に現場を見てもらったから分かってもらえましたが、日本の実情では現場を知らない裁判官がほとんどではないでしょうか。民事裁判も何とか勝利しましたが、警察の捜査全体の違法性は認めておらず、明らかな警察寄りの判決文でした。国の圧力を裁判官までが認めているのではないかと思います。本来のまっとうな裁判であれば、なかった事件はなかったと認めるべきではないでしょうか。しかし、今回の判決は私たちが期待していたようなものとは程遠いものでした。どうやって事件が作り上げられたのかの説明、事件そのものの解明、そうした意味で、一連の裁判は終結した今も、本当の意味で「志布志事件はまだ終わっていない」と言えると思います。

2　志布志事件について

無罪国賠訴訟原告　永山トメ子

志布志事件のあった四浦の懐集落は、志布志市内から車で四〇分ほどの宮崎県との県境に位置する七世帯が暮らす山奥の集落です。

当時私は七三歳で、足に障害のある八〇歳の夫と二人で、一日に数人くらいしか利用者のない簡易郵便局をしており、穏やかで、のんびりとした日々を送っておりました。

このような生活が豹変したのが、忘れもしません平成一五年四月二〇日、昼食を食べようとしたときのことです。突然二人の警察官が自宅に来て、「話が聞きたいので警察まで来てください。食事をすませてからでもいいですよ」と言われたので、私は、人を待たせては失礼だと思い、急いで主人にパンと牛乳を用意して、そのまま食事をとらずに、帰りに買い物でもしようと「自分の車で行きます」と言うと、「交通事故を起こしたらいけないので、警察の車で行ってください」と言われ、そのまま車に乗り込みました。この間、警察手帳の提示もなく、車の中では会話もなかったので、この人たちは本当に警察官なのだろうかと不安になりました。

志布志署に着くと、取調室に案内され、警察官の態度が豹変し、「何か変わったことはないか」と聞かれたので「何も変わったことはありません」と言うと、「お前の言っていることはみんな嘘だ」と大声で叫び、「取調べを受けていること自体何かあるということだ。すでに罪人だ」とも言われました。食事もとれず、トイレにも行けず、休憩もない長時間の取調べで、心身ともに疲れ果て、机に顔を伏せていると「お前は芝居が上手だ」とまで言われました。この日は、昼過ぎから夜の九時まで取調べを受け、帰宅したのは一〇時ごろでした。

帰ってからは、夫に「父ちゃん、世の中がひっくり返った」と言って、大声で泣きました。なぜ私がこのような目に遭わなければいけないのかと思い悩み、一晩中眠れませんでした。翌日も午前一〇時ごろ、簡易郵便局に警察が来ましたが、前日の取調べで体調が悪く、任意同行とのことだったので、自宅での調べは受けますが警察への出向は出来ませんと断りました。その日の夕方病院に行き診察してもらったところ、かねて低い血圧が異常に高くなっていました。その日の夜、自宅のトイレで倒れて気を失い、救急車で運ばれました。病名は、過換気症候群でした。この日は心配して泊まっていた娘がいたので、救急車の手配をしてくれ、病院へ行くことができました。娘が泊まっていなかったら私は気を失ったまま死んでいたかもしれません。その後も郵便の配達記録で任意同行を三回くらい要請されましたが、「体調が悪いから自宅だったら応じます」とその都度電話で返答をしましたが、「救急車もあるから大丈夫」と言って執拗に任意同行を求めました。

その後は、任意同行の要請はなくなりました。ところが五月一三日、突然簡易郵便局に警察官が数人来ました。この時のことは、忘れようにも忘れられません。

私は、すぐに娘に電話しました。その時の状況は、駆け付けた娘婿がすべてカセットテープに録音してくれました。娘婿は、最初、警察が何しに来たのか分かりませんでしたが、私が出頭拒否をしたことなど、警察官が話し始めたので、娘婿が、そのことについて、私に対するあまりにも厳しかった聞き取りや、私が、精神的に参って自宅で意識不明になり救急車で運ばれたことなど話し、協力はしたが対応があまりにも異常だったことなど話し始めると、警察官が、録音中のカセットの停止ボタンを強引に押そうとしたそうです。

その時の警察官とのやり取りは、以下のとおりです。

娘婿　なんで消さんないかんとですか？

永山トメ子さんが逮捕された四浦簡易郵便局

警察官　いや、あなたはちょっと待ってください、もうあなたはそこで妨害すれば公務執行妨害で逮捕します。任意ではしませんので、強制で執行しますから、いいですかここで、お母さんに手錠をかけたりですよ。

娘婿　ここで、なんで手錠をかけんといかんとですか？

警察官　逮捕状を持ってきているんですよ。ここで執行すれば手錠をかけないといけないんですよ、住民の前で。

娘婿　いいですがね。それが（嫌疑が）本当だったら。逮捕状があると先ほど言いましたね。見せてください。

警察官　いや、あなたには見せられない。

娘婿　そんならお母さんに見せてください。読んでもらいますから。

逮捕状を読み上げると、私が六万円受領したと書いてあったので、身に覚えのないことに発狂するくらい驚きました。その時録ったテープに、私が「デタラメ、デタラメ、なんで私がお金を六万円……」と大声で叫んでいるのが鮮明に確認できます。

結局逮捕状が出ているのが分かり、私は逮捕されました。

警察官は、裏の出口から連れ出し、警察の車に乗せようとしましたが、再び娘婿が、「お母さん、ないもしちょらんたっじ、堂々とここから行かんな。ないそげん裏かい（お母さん、何もしていないのだから、堂々と玄関から行きなさい。何も悪いことはしていないのだから裏の出口から出る必要はないから）」「お母さん、お母さん、真実をまぐっといかんど（お母さん、真実をまげるといけないよ）。どげなんこっがあってん（どんな取調べを受けても）」私は「真実は曲げない」と強い口調で答えました。

逮捕後志布志署では、朝の九時から夜の九時過ぎまで硬い椅子に座らされ、罪を認めるように連日過酷な取調べを受けました。今でも鮮明に覚えているのが「お前はまな板の鯉だ、どのようにでもさばいてやる」とか「選挙違反なんて交通事故と同じで認めればすむ、認めなければ罪がだんだん重くなって、外に出られなくなる。早く罪を認めて家族を安心させなさい」また、私が「何もしていません」と大きな声で叫び続けると、後ろにいた警察官が私の前に来て、「黙って聞いていれば」と言って私を叩かんばかりに手を振り上げて威嚇したり、悪いことをした人は認めて謝罪すべきだと書かれた紙が机の上に張り付けられたり、新聞の切り抜きを見せ、「世間の人はみんな知っている、お前は元の簡易郵便局長ではない」とも言われました。私は、このような取調べを毎日のように受け、どんなに無実を訴えても聞き入れてもらえず、精神的にも肉体的にもとことん追いつめられ、生きる気力もなくなりそうでした。

七月に拘置所に移りましたが、夏のうだるような暑さにうちわが一本だけだったので、部屋の中に設置してある水道の水を頭にかけながら暑さをしのぎました。接見禁止で独房の壁に囲まれて話すこともできず、孤独と不安で心が押しつぶされそうでした。いつか真実が明らかにされることを信じて、ただただ耐えました。

身柄を拘束されて一八五日、私はやっと勾留を解かれました。

よろよろの足で息子に付き添われ、入院している夫に会いに行きました。

このままもう会えなくなるのではないかと心配していたので、無事に面会できたので本当にうれしかったです。

なぜ罪もない私が、このように苦しめられなければならないのか、今にして思えば、私たちが受けた取調べは、真相を究明する取調べではなく、最初から犯罪ありきで犯罪人に仕立て上げるために行われたもので、密室での取調べは本当に苛酷でした。人間の尊厳を傷つけ、精神を破壊し、自分たちの意のままになるまで責め続け、自白を強要する、これが警察の仕事であるならば、このような組織はない方がましです。供述頼りの古い体質の取調べでなく、物証を提示しての取調べのほか、全面可視化を取り入れ、取調べの経過が分かるように録音、録画をする必要があると思います。

今回、犯罪を犯したのは私たちではありませんし、もともと犯人もおりません。であれば犯人を作り上げた警察が犯罪者です。なぜ私たちだけが裁かれたのですか。謝罪もなく、まして責任はだれがとったのですか、この事件で失った多くの人の信用、貴重な時間はどうすることもできません。

警察のために私たち国民がいるのではありません。国民のために警察はあることを自覚してもらいたいと思います。

3 「住民の人権を考える会」の設立

「住民の人権を考える会」名誉会長 一木 法明

1 はじめに

二〇〇三年四月一三日に投開票された鹿児島県議選違反容疑に伴う、いわゆる「志布志事件」の概要については、既に関係者によって述べられてきた。従って、本稿では、警察権力によって買収事件の容疑者にされた関係者を支援しようとして結成された「住民の人権を考える会」の設立の経過とその活動の一端を紹介することにした。

2　真夜中の一本の電話から

二〇〇三年四月に行われた県議選が終わると間もなく、「当選県議の運動員逮捕　中山派・現金買収の疑い」と大きな見出しで四月二三日、地元紙が報道した。

容疑の内容は、中山信一派の運動員・藤元いち子容疑者が町内の男性と女性に対して票のとりまとめなどを依頼して、その報酬として現金数万円と焼酎数本を渡したというもの。これが、この事件の最初の報道であった。

ところが、五月になって選挙違反容疑による逮捕者が次々に報道され、事件はだんだんとふくらんでいった。

そうした最中、真夜中に一本の電話がきた。それは知人の谷田則雄さんであった。「僕も選挙違反容疑で何日も取り調べられている。身に覚えがないのにわかってもらえない。それどころか〝認めろ〟と警官が怒鳴り、長時間同じ姿勢をさせられ、心身共に疲れた。認めたら楽にしてやるというので明日認めようかと思って相談の電話をした」と言う。

本当に警察官はそこまでやるのだろうか。次々に逮捕されているのでひょっとすると……。最初は疑ってしまった。でも話しを聞いていると深刻だった。ただ「真実を貫け」とだけしか励ます言葉を見つけることはできなかった。

六月の下旬、彼が逮捕されたという新聞記事を見て複雑な思いになった。警察が無実の者を逮捕するはずがないと信じていたからだ。

3 心が動いた二つの出来事

四月二三日に地元紙がこの選挙違反事件を報じてから、マスコミ各社は連日この事件について報道した。こうした矢先の七月六日、この買収事件の舞台とされた旧志布志町四浦の懐集落で、容疑者家族が集まって、マスコミとの会見があることを知り集会に参加してみた。

容疑者家族の訴えを聞いて驚いた。前に電話で相談を受けた谷田さんの話と同じだった。「任意同行なのに犯人扱いされた」「長時間同じ姿勢を強要されて取り調べられた」「強引な取調べで自供させられた」「自供を取り消すと、お前は馬鹿だ、死ね、とののしられた」などと聞いたとか、「集落中、監視されて脅えている」などと涙ながらに訴えた。

この訴えを聞いて、何とか力になれないものか心を動かされた。

一方、中山氏の議員辞職願の提出に伴い、県議会においても非自民会派から「真相究明が必要」の声が上がり、八月一六日に社民・無所属連合の議員団が現地を訪れ、公判中の被告人の家族から県警の取調べの状況の聞き取り調査を行った。

聞き取り調査では、先の容疑者家族の会見と同様「逮捕令状なしの強制」「強圧的な取調べ」「自白の強要」など、捜査の不当性を異口同音に訴えた。

実情を調査した議員団は、旧志布志町文化会館で住民報告集会を行い、「捜査が適正な範囲を超えていると思う。場合によっては県議会で当局をただしていく」という議員団長の報告であった。

この報告会の中で、県議会でも真相を究明していくが、地元の住民の組織的支援が必要ではないかということが話題になり、有志数人が支援組織の準備委員となった。

４　「住民の人権を考える会」の結成

県議団（社民・無所属連合）の現地調査とその報告会を受け、支援団体の結成準備に取りかかった。結成準備委員会では、会の名称、役員、活動の内容の原案を作成して設立総会を開くことにした。左記に名称、役員名、活動方針の案を記しておきたい。

・会の名称「住民の人権を考える会」

・発足時の役員

会　長　一木法明（専念寺住職）
副会長　下野太志（司法書士）
　々　　柿元俊郎（会社役員）
事務局長　武田佐俊（団体職員）
会　計　山畑正文（新聞販売）

・活動方針

①　事件の真相解明に取り組む

②逮捕者の早期釈放を要請する
③裁判の傍聴
④県議会への要請と議会の傍聴
⑤志布志署および県警に対する要請
⑥会員の募集と住民報告集会の開催
⑦取調べの可視化についての署名活動
⑧その他（会員相互の親睦など）

以上のような体制と活動方針で八月二七日スタートしたが、活動を進めるうちに方針も増え最終的に右記のようになった。

5 会の主な活動

(1) 真相解明と早期釈放の要請

志布志事件の真相を解明するため署名活動を行い、地元志布志警察署や県公安委員会に提出して会談を申し入れた。

要請活動のその中で、特に志布志警察署では当時の黒健治署長に面会をもとめたが不在とかで、副署長との面会しかできなかった。

(2) 裁判の傍聴と県議会の傍聴

選挙違反容疑で逮捕された人たちの裁判が七月下旬から始まったが当時はまだ「人権の会」は結成されていなかった。八月下旬に会が発足するや、この事件の理解を深めるために、まず裁判の傍聴を呼びかけた。傍聴席は毎回満席だった。

県議会でも事件についての代表質問や一般質問、また、総務警察委員会などでも取り上げられ、その都度傍聴に出向いた。

(3) 会員の募集と住民報告集会

最初の会員は約二〇人余りであったが、裁判の傍聴や住民報告集会を重ねるうちに参加者が増え、会費を納める人が約五〇〇人にも達した。

住民報告集会にはその都度、被害者の代表や家族、全国の冤罪（えんざい）事件の関係者、担当弁護士、県議、国会議員など多くの方々の協力で参加者が多く、内容の充実した集会ができた。

こうした集会を通して、我が国の捜査機関の実態を学び、取調べの可視化なくしては冤罪事件は防げないことを容易に理解した。

6　おわりに

二〇〇七年二月二三日、鹿児島地裁は一二人全員に無罪の判決を言い渡した。事件より約四年もの年月が過ぎていたが「住民の人権を考える会」は常に活動を重ね、冤罪被害者や会員相互の融和と結束に努めてきた。以上、事件発生から無罪判決までの概略を記した。

4　住民の人権は守られているか

「住民の人権を考える会」会長　谷口　松生

地方統一選挙

二〇〇三年四月の地方統一選挙。一三日が県議選の投開票であった。その後の町議選、自身六期目の選挙を闘っていた私は四浦地区に選挙カーで入った。地縁、血縁はないものの、こちらの振る手に励ましの手を振り返してくれる、心優しき人々のいる地区である。だがこの時は違っていた。人影がない。農作業中の人もなし。無人の集落のようだった。

その時はすでに県警の捜査が入り、人々は選挙に関わりを持つことを恐れていたのではなかろうか。

中山信一さんは当選後、捏造（ねつぞう）された選挙違反容疑で不当に逮捕され、民主的であるべき警察そのものが民主的な選挙制度の中で当選した人を拘束し辞職させたのである。中山さんを支援し、投票した多くの支持者の思いは踏みにじられた訳である。

裁判傍聴と事件の不当性を訴える

二〇〇三年七月に一三名が起訴され第一回の公判が開かれた。八月に「住民の人権を考える会」が発足。公判傍聴に行く。勾留が続く中山信一さんを乗せた護送車が裁判所前に来ると、皆で車を追い「頑張れ」「無実だ」「皆、信じている」と大声で叫ぶのである。公判日の昼時間、桜の花咲く裁判所前の県民センター広場で、傍聴者四〇名余が弁当をひろげたこともあった。

事件の不当性を訴える為に、地元志布志での報告会はもちろんのこと、鹿児島市での街宣、署名活動、上京して国会議員への要請、東京の上野・新橋・銀座で街宣活動、マスコミに取り上げてもらうため、大手のテレビ放送局・新聞社を訪問し、事件の内容を説明した。日弁連にも出向き、冤罪であること、取調べの録音テープ化、ビデオ化を訴えた。まだ「可視化」の言葉は生まれて無い頃である。

無罪判決と国賠訴訟

二〇〇七年二月二三日。志布志事件の判決公判。「あるはずもない事実がさもあったかのように迫真的に表現されている。買収の事実は無かった」として一二名全員に無罪判決。三月八日に地検は控訴を断念。

その前年の二〇〇六年一〇月二七日には、起訴はされなかったが違法な取調べを受けたとして浜野博さん他、八名が叩き割り国賠訴訟事件で鹿児島県を被告として損害賠償請求訴訟を提訴。さらに二〇〇七年一〇月一九日。無罪になった藤山忠さん他、一六名が無罪国賠訴訟を提訴した。

志布志事件発生から一三年、無罪確定判決から九年。事件の真相究明を求めた二つの国家賠償請求訴訟は二〇一五年五月一五日判決。無罪国賠訴訟は「勝訴」。叩き割り訴訟は「不当判決」の旗が出された。捜査の違法性は認められたものの真相解明までは至らなかった。

「容疑はあった」

二〇一二年一一月二日の叩き割り国賠訴訟、口頭弁論で、元志布志警察署署長は「無罪判決には関心がない。任意の供述を得たが、裁判で認められなかった」、「規模の大きい買収事件で初期の段階であと一〇〇名位の捜査員がいれば又違った結果が出た」と裁判長の質問に答えた。これは無罪の判決を認めず、容疑はあったが認められなかったとの認識である。恐るべき答弁である。

要請行動

「住民の人権を考える会」では、これまで志布志警察署、鹿児島地方検察庁、志布志市、県議会等に事件の再発防止要請、容疑者にされた人たちへの支援、取調べの可視化陳情、可視化署名活動など多くの事に取り組んだ。

事件発生から一〇年を迎えた二〇一三年五月一四日。平成二五年度総会で決定された「志布志事件の真相究明を求める決議」で、志布志警察署へ二回目の要請行動。

① 未だに事件は闇の中であり真相究明と釈明を行うこと

② 違法行為を認め被害者に謝罪すること

③　当時の資料の全面開示
④　二度とこのような人権侵害を起こさないよう警察内の意識改革を行うこと
その要請書の回答は次のとおり。

「本件については国家賠償請求訴訟が継続しており、また、開示についても、現在、行政不服審査が継続中であります。県警察としましては、適正な捜査を今後も徹底してまいります。」（全文）

署長は応対せず、なんと場所は原告が昼夜、取調べを受けたという取調室であり、回答は四項目の要請に何一つ応えていない不誠実なものであった。

二つの国賠訴訟の判決の後、二〇一五年七月一四日、志布志警察署へ三回目の要請行動。

警察は「県民の安心・安全を守る」ことにその使命があるにもかかわらず、なぜこのような事件が起こったのかの検証は全くなく、一億円近い損害賠償金を県民に負担させながら、今後の捜査に支障をきたすという理由のみで一切の説明がない。これは志布志警察署で行われた重大な人権侵害事件である。
①　被疑者・被害者に対し誠心誠意、謝罪すること
②　事件そのものがなかった以上、何故このような違法な公権力の行使が行われたのか検証すること
③　この事件を起こした警察関係者を逮捕しその真相や内容を厳しく取り調べること
④　県民の血税である損害賠償金の全額を違法捜査を行った警察関係者に求償すること
⑤　被害者の人権救済のために捜査資料を開示すること
⑥　住民が安心して生活でき、住民の期待と信頼に応える警察になるため意識改革をすること
回答は次のとおりであった。

「無罪判決を始めとする一連の志布志事件の裁判の中で、県警察が受けた様々な指摘を踏まえ、これまでも、再発防止に向けた各種対策を講じてきたところであります。

今回の国家賠償請求訴訟の判決で違法とされたことについても、県警察本部長が県議会や記者会見で説明したとおり、真摯に受け止めこれを教訓としまして、今後の捜査活動に生かし、県警察に対する県民の信頼を回復するため、より一層、ち密かつ適正な捜査の推進に取り組んでまいります。」（全文）

信頼を回復したいのであれば項目の一つ一つに丁寧に答えて欲しいもので、しかも謝罪と再発防止の説明はない。

謝罪と責任

志布志警察署、署長宛て要請に行くも署内に居るのに応対しない。要請場所も前回と変わらず狭い取調室で二〇名余り立たされたままの応対。取調べを受けた被害者の人たちに対する配慮は微塵も感じられない。事件について現在どう考えているのか問う。違法との判決を受け今後、警察としてどう取り組むのか。被害者に何故、謝罪できないのか。質問するのであるが何一つ答えない。答えられないのか。答えないことにしているのか。これで民主的な警察を標榜しているのか。

身体を拘束され身に覚えのない取調べを受け、嘘の自白を強要された人たちに対して、当事者として人の痛みや受けた心の傷を想像し思いやることはできないのか。万全を期すとか言っているが、こんなことでは今後、またぞろ同じことが繰り返されるのではないのか。

私たちは文句を言いに来ているのではない。違法な取調べを受けた被害者と共に、今後このような事件が起こされないように、どう取り組むのか問うているのである。

司法から裁判を通じて違法な捜査、取調べであったと断罪されたのであるが、警察のいう事件の端緒、容疑があったというのであればそれを示して欲しい。事件の捜査に支障があるとしてその罪が逃れられる訳ではない。冤罪被害にあった人たちは、何の関係もないのに何故、自分たちが逮捕され違法な取調べを受け起訴されたのか知りたいだけである。

警察が行ったことは「容疑がありでっち上げではない」と言うのなら、それを証明して欲しい。それをせず「冤罪被害者と警察の言い分に違いがある」ゆえに謝罪できないと言うのはあまりにも身勝手ではないか。

一人ひとりの警察官は被害者が受けた強圧的捜査、取調べで受けた数々の暴言、嘘言、長期間の勾留、それがどんな状況であるのか容易に想像できる筈である。そのことに思いを巡らせて欲しい。

これだけの時間と県民の負担である数億円と言われる捜査費、賠償金を使いながら、誰ひとり責任を取ることもない。このような事が許されて良いはずがない。被害者に謝罪できないなどと言えるはずもない。警察自らが作り出した事件なのだから。

本部長は「県民の信頼を著しく損ねた。無罪となった住民や関係者に改めてお詫びする」と謝罪している。しかし、これはどうも事件を立件出来なかった事、違法な捜査、取調べをした事を県民に詫びているとしか思えない。無辜（むこ）の住民を犯罪者にした事を詫びているのではない。これでは事件の容疑はあったことにされてしまう。

国賠訴訟で違法であったとの判決が出された。これは被害者に直接謝罪する最後の機会ではないのか。

そのことがなければ、地域住民の心が晴れる日は来ない。それがない限り志布志事件に終わりはない。住民の人権が守られる事はない。

控訴へ

叩き割り国賠訴訟事件は、捜査の違法性は認められたが、原告団長であった浜野博さんをはじめ四名の請求は棄却された。

原告は生身の人間である。任意同行とは言葉だけで強制的に連れて行かれ、理不尽に脅され嘘の自白をさせられてしまった。渡してもいない金を渡したと。何の罪も無い仲間の名前まで言わされてしまった。その悔しさ、嘘を言わされた自分自身が情けない。今は自分自身の良心を取り戻したいだけである。

浜野博さんをはじめ六名の原告団は、自らが受けた被害を救済すること、被告が違法な公権力の行使であった事を認めて謝罪することを求め、さらなる闘いを継続。福岡高等裁判所宮崎支部に控訴を提起した。

志布志事件は終わらない

「住民の人権を考える会」の目的は「権力による人権侵害を許さず、冤罪事件の再発防止」である。

二〇一五年度の総会を七月に行った。その方針で、自らの良心を求めて控訴を決意した「叩き割り訴訟」原告団の皆さんを、さらに支援する事を全会一致で確認した。

二〇一六年八月五日の福岡高裁宮崎支部「叩き割り国賠訴訟」控訴審判決は六人全員の取調べについて違法との判決を示した。住民側が起こした四件の民事訴訟はすべて勝訴して終わった。

控訴審判決を聞くため、浜野博さん（前列まん中）と妻の栄子さん（前列左から２番目）ら「叩き割り」訴訟の原告たちは、元被告や川畑幸夫さん（栄子さんの後ろ）ら支援者の人たちと鹿児島から宮崎に足を運び、裁判所に入った＝2016年８月５日、宮崎市、大久保真紀氏撮影

同年九月の鹿児島県議会代表質問で、県警本部長は県が支払った賠償金を元志布志署長らへ請求する求償権の行使について「慎重に検討する」と答弁した。県はこれまで「無罪国賠訴訟」「叩き割り国賠訴訟」で計約五二七〇万円の賠償金を支払っている。

直接謝罪については「事件でっち上げの住民主張であれば謝罪はむつかしい」と答弁。

住民が国賠訴訟で勝訴しても心が晴れて素直に喜べないのは事件の原因究明と謝罪がないからである。「謝れ・償え・繰り返すな」。原告団だった住民、支援した「住民の人権を考える会」が訴訟に入る時いつも手にした横断幕の言葉である。

事件から一三年。住民の人権は守られているのか。志布志事件は終わらない。

5　明日は我が身　でっち上げ志布志事件

元志布志市議会議員　下平　晴行

志布志事件当時、私は志布志町役場の住民課に勤務していた。この事件については、中山氏が多額の金を出してまでも四浦地区の住民を買収するとは考えられなかった。なぜなら、この地区はM県議の地盤で、県道の大幅な改良事業を行っている最中だったからだ。

しかし、市民や議会の中でも、何かやらかさないと警察が取調べをするはずがない、という声があちこちから聞こえていた。メディアが警察発表を鵜呑み（うの）にして被告人を犯人視した報道を繰り返ししたことが大きな要因と思っている。

このころ全国で、冤罪事件が相次いで起きていた。

本来、冤罪事件とは事件そのものは存在し、警察が間違って容疑者を捕まえることを意味するが、志布志事件は警察が事件をでっち上げ、一三名の無実の人を容疑者に仕立て上げ、起訴したものである。警察の強引な取調べに対して、新聞等の報道もあり、警察の権力による暴力行為だという声が日増しに上がり始めた。

警察の捜査の在り方や権力の行使に、容疑者にされた人達は、耐えられなくて自白した。家族や兄弟等まで巻き込んで脅したり、口止めをしたりして自白強要があったからだ。警察では取調べの前からシナリオが出来上がっていて、それに合わせて供述を迫り、でっち上げを繰り返していたようである。

連日、朝から夜遅くまで虚偽の自白を強要し、脅迫的に取り調べた。体調不良で点滴を受けながら仮設のベッドに寝かされたり、一〇時間以上も取調べを受けた事例など、被告人とされた一三名をはじめ容疑をかけられ取調べを受けた人達の苦しみは言葉で言い表せないほど大変なものであった。

特に驚いたことは、志布志の交番で担当の取調官が窓を開けて「私は選挙に絡み焼酎二本と現金二万円をもらいました」と無理やり大声で叫ばせたり、「踏み字」を強要させられたことである。このようなことで、職を失なったり、家族が分断されたり、自殺未遂等、通常では考えられない出来事が多数起きていたのである。

この事件の大きなターニングポイントは、川畑さんが「踏み字」事件で民事提訴したことである。朝突然警察官三人が来て「ちょっと選挙のことで聞きたいことがあるので、署まで来てもらっていいですか」の任意同行から取調べが連日連夜始まり、体調を壊して病院で診察をしている状況でも再び署に連れ戻され取調べが続けられ「踏み字」事件となった。川畑さんは「県警の警部補から家族の名前などを書いた紙を踏みつける『踏み字』を強要されるなど、違法な取調べを受けた」として慰謝料を求めて県を提訴した。

一九回の弁論は、片道二時間かけて一回も欠かさず出廷した。

川畑さんは自分のような被害者を二度と出さないために、経営するホテルの周りに「なくそう不当逮捕」などと書いた看板を立てた。

そして、自分の車に「可視化（録音・録画）でなくそう違法な取り調べを」「密室の中の踏み字」「警察へウソの情報で明日はあなたが逮捕されるかも？」などと書き、「取調べの可視化を実現しましょう」の言葉をテープに吹き込み、一人でキャンペーンを始めたのである。

そして、翌年に「踏み字」損害賠償訴訟で鹿児島地裁が県に六〇万円の支払いを命じ、川畑さんが勝訴した。

また、「住民の人権を考える会」も被告人とされた一三名（訴訟中一人死亡）の支援に大きな役割を果たした。「住民の人権を考える会」があったからこそ、ここまで闘えたという人も少なくない。

以下は、私が市議会議員として、「住民の人権を考える会」から要請したことについて、市に質問した内容である。

①質問：被告人とされた一三名は全員志布志市民であり高齢者である。判決の主文が、全員無罪と言い渡しており、理由としてアリバイが証明され客観的証拠も全くなく、供述の信用性はすべて否定された。この事件そのものが作り話に等しい事件について、行政の長として検察庁に対して控訴断念を

要請することは考えられないか。

回答：市として対応できない。

②質問：今回の事件の取調べは、県警捜査二課の捜査員が志布志警察署に派遣されて執り行われた。それらの取調べの内容は公判及び新聞テレビ等で余すことなく伝えられている。また、行政は市民の生命財産を守る義務がある。こういう観点からも、市民の人権侵害が二度と起きないように、鹿児島県、鹿児島県警、及び志布志警察署へ要請することは考えられないか。

回答：行政としてこのような機関に要請はできない。

③質問：今回の被告人とされた一三名は、家族に与えた影響は大きく、失職、不眠、家族間の断絶、集落における人間関係と、様々な傷跡を残している。一日も早く行政としてできることとして、再就職の斡旋、心のケアー、住民との懇談会の開催はできないか。

回答：今後の計画を立てている。

④質問：検察庁が断念した場合、市主催のこの被害者といえる一二名の激励会の要請について。

回答：公益上できない。

⑤質問：人権侵害をなくすための市民への活動、啓発活動を広報誌等で周知の要請について。

回答：公共性にかんがみ差し控えさせていただく。

との答弁であった。行政は、市民の生命・財産を守る義務がある。と再三質問したが③を除いては、取り組む考えは全くなかった。

また、私は人権尊重都市宣言の制定について質問した。「五八年前の一九四八年、国連総会で世界人権宣言が採択され、その採択された日の一二月一〇日を人権デーと定めた。その宣言はすべての人間は生まれながらにして自由であり、かつ尊厳と権利について平等である」。人権の問題は、子供たちのいじめや家庭内暴力、高齢者・障害者の福祉の問題、職場でのセクシャルハラスメントなど数限りない問題が山積みしている。

この志布志事件は、国家権力がある日突然、罪もない一般市民を犯人にしたという意味では不幸な事件でもある。しかし、この事件を契機にマスコミの報道もあって、全国的に取調べの可視化を求める動きが大きくなりつつある。司法改革の芽を全国的に広げるためにも事件が起こったこの志布志市で人権尊重都市宣言の制定することはできないか。

市長は、他の団体の取り組みなども参考にしながら検討させてほしいとの答弁で、前向きに取り組む考えはなく、残念であった。

また、他の自治体や関係団体からは、志布志事件の被害者の講演依頼が多数寄せられたが、事件が起きた志布志市は、再発防止はもちろんのこと、行政は市民の生命財産を守る義務があるにも関わらず、講演会開催の要請に応じることはなかった。市役所は誰のための役所なのかはなはだ疑問である。

今回の事件は、心あるジャーナリストや権力に屈しない弁護士、心ある警察官、そして、何よりも長期の過酷な取調べ・勾留に耐えて、現在も闘っている被害者がいたからこそ真実が表に出たということだと思う。

しかし、弁護団の事務局長である野平弁護士は「密室というものの恐怖感は体験しなければわからない。

踏み字裁判でも密室の闇に光が当てられることがいかに難しいかが証明された。取調べの可視化が必要な所以（ゆえん）です」と話す。

二度とこのよう事件が起こらないように取調べの全面可視化は絶対必要不可欠である。

最後に、この事件が何故起こったのか、警察がありもしない志布志事件を何故でっち上げたのか、このことが究明されない限り、この事件の終わりはないと思う。

6 事件をめぐる経過と県議会での取組み
――「志布志事件」は終わらない

鹿児島県議会議員 柳 誠子

1 一三年余に及んだたたかい

二〇〇三（平成一五）年四月の鹿児島県議選曽於郡区（当時）で初当選した中山信一さんの選挙運動に絡み、公職選挙法違反容疑（買収・被買収）で一三人が起訴された「志布志事件」は、二〇〇七（平成一九）年二月の鹿児島地裁で自白の信用性を否定した判決によって無罪が確定した。

無罪判決まで三年八ヵ月、その後の国賠訴訟も七年七ヵ月に及んだ。この一三年余り、被疑者とされた方々は、取り戻すことのできない時間を奪われた。孤独な取調室での尋問の恐怖と悔しさ、仕事や家族を失った生活、人間の尊厳さえも否定された屈辱など、筆舌に尽くしがたい精神的・肉体的・経済的に大きな苦痛と損害を受けたのである。「買収はなかったのに、なぜ捜査が始まったのか。事件はでっち上げだ」と主張して直接謝罪を求める住民に対し、県議会本会議場で警察本部長が謝罪したが、国賠訴訟判決でも「初期捜査に違法性はない」とされたことを踏まえ、この間、直接謝罪には応じていない。

私は、二〇〇七年四月に県議会議員になって初めて、この志布志事件に関わることになった。まだ選挙期間中であった二〇〇七年二月、「志布志事件、無罪」というニュースの映像は、不思議なことに今でも鮮明に記憶している。しかし、当時はその事件の真相を究明することもなく、ひたすら選挙戦を戦った。そして四月、初当選を果たした私は、初めて中山信一さんと会った。

二〇〇七年の夏、当時の「民主・社民・無所属連合」会派の一員となった私は、二牟礼会長や桐原議員らと共に志布志の四浦・懐集落を訪ね、そこで、逮捕・勾留されていた方の家族や、被疑者として実際取調べを受けた方々から直接話を伺った。

任意同行の段階から犯罪者扱いし、密室の取調室で長時間・長期間にわたり脅しや誘導によって自白を強要したり、病気や体調不良を訴えても場所や取調時間に配慮もないまま強引な取調べが行われるなど、孤独と恐怖の毎日が続き、平穏な生活まで壊されたという悲痛なものだった。私は、人権無視も甚だしい捜査と、取調べの実態に怒りを持ち、会派の皆さんと共にこの志布志事件を追及していかなければと強く思った。当時の県議会で、唯一この事件に関わり中山さんらと共に警察の違法捜査に切り込んでいったのは、我が会派だけであった。

2　中山議員が初登壇、県警と対決

県議会議員に初当選した中山信一さんは、やむなく議員辞職したが、無罪判決確定後の二〇〇七（平成一九）年四月の県議選で返り咲きを果たした。その直後の六月一九日、中山信一県議が県議会本会議場で初めて県警と対決する日がきた。

初登壇した中山信一議員が一般質問を行い、自身への取調べの経過や直接謝罪などを求めた。

〈中山信一議員の県警察本部長に対する質問要旨〉

中山議員　四年前に初当選を果たしたが、その翌日より、私に関係する人たちが次々と取り調べられ、私と妻を合わせ一五人もの逮捕者が出た。私は六月四日、逮捕・連行に当たって、拒否したにもかかわらず、頭からジャケットをかぶせ、さも犯罪者のごとく演出され、その様子がマスコミに流された。その日から三九五日の間身柄拘束されるなど夢にも思わなかった。

鹿児島市内の西警察署に連行され、磯辺警部の取調べが始まった。彼は「県議をやめろ。責任を取れ」「あんたがやめても、次点の人が繰り上げ当選になるから心配はいらない」と強圧的取調べは延々と続き、処分保留、再逮捕が繰り返された。磯辺警部は私の妻が認めているとウソをつき、「お前が認めたら妻はすぐにでも出してやる」「息子も逮捕する。会社もつぶれるぞ」と自白を迫った。最後には土下座までして「認めてくれ」と懇願した。

たび重なる保釈請求も、証拠隠滅の恐れありとの理由で検察がことごとく異議を申立て、却下され続けた。ありもしない証拠をどうして隠せるのか。次点繰り上げをさせることは磯辺警部の思うつぼになるので、あえて三ヵ月経過した七月二〇日付けで辞職願を出した。四年近くの裁判をたたかい、多くの支援のおかげで無罪を勝ち取った。何も関係のない人々を犯罪者に仕立て上げるなど、県警の捜査の在り方、姿勢には許すことのできない憤りと怒りを覚える。

本部長、私の目を見て、誠実に、明確にお答えください。

壮絶な仕打ちを受けた方々に対して、県警は率直に反省をし、心から謝罪すべきである。県民への説明責任を果たし、志布志に出向いて一人一人に謝罪する気があるか。事件は、当初より客観的証拠に乏しく、警察内部でも疑問の声があったと聞くが、そもそも事件の発端・端緒情報はどのように把握していたのか。

当時の県警本部長、志布志署長、捜査班長については、既に処分は済んでいるとしているが、元被告や県民に納得のいく説明もなく、処分も不十分である。志布志事件の捜査会議で捜査見直しを求める捜査員の意見具申を、黒署長が一括一蹴したといわれるが、上の者に意見を言えない風潮があるのか。

先日のテレビ報道で、現職の県警察官が真実を伝えたいとインタビューに応じ、「志布志事件はなかった」「この事件は、捜査指揮者二人が県警幹部並びに地検を騙したことによって暴走した」と証言しているが、本当なのか。内部調査も全くやっていないと証言しているが、県警が捜査内容の公表を拒むのは、まさにこのためなのか。警察学校では供述以外の証拠収集能力の向上や自白に頼らない捜査の教育など、人格・資質・適正の判断を厳格化すべきである。明確に、誠意ある回答をお願いする。

中山議員の質問に対して、久我英一本部長は県警察を代表して謝罪の言葉を述べたが、法令に則って捜査したものであるとして直接謝罪については応じなかった。

〈久我本部長の答弁要旨〉

久我英一本部長　県警察としては刑事訴訟法等の法令に則り、必要な捜査を行い、検察官に送致したものである。全員の方が無罪となった本判決を重く受け止めている。無罪となった方々とその家族には、結果としてご負担をおかけしたことを申し訳なく思う。県警察を代表して改めてお詫び申し上げる。また、県民の皆様にも、県警察に対する信頼を損ねたことについてお詫び申し上げる。

事件の端緒は、捜査着手したのは物品買収に関する情報に基づくものである。その事件捜査を行う過程で、買収会合事実について、任意で調べた者から自白を得て把握し、その後、所要の捜査を進め、検察官に送致した。端緒情報の提供者や内容の詳細等については、明らかにすれば、個人の名誉やプライバシーを害するおそれや、今後の捜査に支障を生じるおそれがあり、お答えは差し控えさせていただきたい。

個々の職員に対する処分は、無罪判決後の対応として極めて異例であり、県警察としては大変重たい措置と考えている。一般の事件捜査においても随時捜査会議を開き、個々の捜査員の自由な意見を踏まえ幹部が最終的に方針を判断している。内部調査は、判決内容の検討や捜査幹部からの確認等の結果、供述内容等の十分な吟味、裏付捜査の徹底、自白の信用性に配慮した取調べが必要であると考えている。

二度とこのようなことがないよう本部長通達を発出し、本部長以下の幹部が全警察署に適正捜査に関する特別巡回指導を行い、刑事企画指導室の増員、体制をさらに強化する。警察学校については、専門教養の改革等の見直しを行っている。引き続き、緻密かつ適正な捜査を推進し、県民の信頼回復に努めたい。

〈中山信一議員の反論〉

中山議員　無罪判決の方々には、本当に人権侵害、四年間というのは苦痛の毎日であった。納得いく説明になっておらず、被告人の方々への謝罪には程遠い気持ちがする。この事件は、全くなかった事件であり、つくられた事件である。この事件を捜査した担当警部は処分を厳重にしていただき、本部長、あの懐地区に行っていただいて謝罪すべきである。

中山議員の初めての警察本部長への質問は、恐ろしいほどの気迫に満ちており、本会議場は重々しい雰囲気に包まれていたのを思い出す。本会議場の傍聴席には、原告団や多くの関係者が見えていたが、警察という巨大組織の中にあって、個人としての言葉でものを言えない本部長答弁に強い憤りを感じたことだろう。

本会議が終わって、中山議員は多くの報道陣に囲まれていたが、「人はいつ何時でも、逮捕され犯人にされるんですよ」という言葉に衝撃を覚えたのを思い出す。「冤罪」という言葉が脳裏に焼き付いた

3　アリバイの把握

二〇〇七年九月議会での桐原琢磨議員の質問に対して藤山雄次警察本部長が、中山信一県議の事件当日のアリバイは起訴後の七月下旬に把握していたことを認めた。

しかし、藤山本部長は二〇〇七年一二月議会での二牟礼正博議員の質問に対して、「補充捜査の結果、犯罪の立証は可能と判断した」と強弁した。

〈桐原琢磨議員の質問と答弁要旨〉

桐原議員　志布志事件の買収会合口の主犯格といえる中山信一氏の第一回会合時のアリバイ、つまり同窓会出席を警察はどの時点で把握されていたのか。

藤山雄次警察本部長　一回目及び四回目会合が行われた日時に、ご本人が同窓会や自治会総会に出席していた事実は、起訴された後に、本件の裏付け捜査の過程で把握したものである。その後、公判でアリバイの主張がなされ、判決で認められた。

桐原議員　起訴された後とは期間が広いので、いつごろだったのか、明らかにしていただきたい。

藤山警察本部長　平成一五年の七月下旬であったと認識している。

桐原議員　一五年七月すでに起訴した後とはいえ、一番重要なアリバイが出てきたのであれば、検察とも即座に協議して、事件そのものを見直すべきであった。これを黙っている。検察も聞きながらやってこなかったとなれば、検察も警察も権力犯罪を犯したことになる。これを黙って四年も裁判を続けた。私は絶対に許せない。

〈二牟礼正博議員の質問と答弁要旨〉

二牟礼議員　なぜ、同窓会への出席やアリバイの事実を知りながら、平成一六年一一月一七日の公判まで一年四ヵ月も明らかにしなかったのか。九月県議会後の記者会見で「アリバイ以外の他の証拠で立証が可能であると判断した」と強調されているが、中山氏をどのような証拠で立証できると判断されたのか。でっち上げるシナリオがあり、何があっても起訴する方針で臨んでいたのではないか。

藤山警察本部長　起訴後に同窓会等への出席事実を把握したことを受け、補充捜査を行った。その結果、犯罪の立証が可能であると判断したもので、アリバイが成立するという認識はなかった。公判において具体的なアリバイの主張がなされ、判決において無罪が確定したものであり、当該判決を重く受け止めている。

4　国賠訴訟で「違法捜査」と判決

志布志事件で無罪が確定した住民と遺族ら一七人が、国と県に計二億八六〇〇万円損害賠償を求めた国賠訴訟と、起訴されなかった住民七人が、県を相手に二三一〇万円の賠償を求めた「叩き割り」国賠訴訟の判決が二〇一五（平成二七）年五月一五日、鹿児島地裁で言い渡された。判決はいずれも「捜査・起訴の違法性」を認め、無罪となった住民らに国と県は計五九八〇万円を支払うよう命じ、県警と地検は判決を受け入れ、判決が確定した。一方、叩き割り訴訟では住民の主張を一部認め三人に計一八四万円の支払を命じたが、六人が控訴することとなった。

この判決を受け、二〇一五（平成二七）年六月議会において、四月の県議選後に「県民連合」会派の会長として、私は代表質問で種部滋康警察本部長を追及した。

柳議員　判決では、県警の当時の志布志署・黒署長と県警の捜査班長磯辺警部が、捜査員同士の情報交換を禁じる箝口令を敷いて違法な取調べを継続、事件の筋読みを誤り、虚偽の自白を作り出したと認定している。その取調べの実態について、体調不良を訴えた被疑者への強引な取調べ、弁護士を逮捕するとの虚偽を述べての自白の強要、繰り返しの脅迫や不相当な誘導による重複尋問、著しい屈辱や人格を傷つける取調べなど社会通念上許されず、違法と厳しく指弾している。

検察についても、アリバイなどから有罪が得られる見込みがないにもかかわらず、漫然と公判を維持、勾留を続けたことは国賠法上違法となり、検察官には過失があると指摘している。県警と検察が弁護士の接見内容を聞き出し七〇通以上を調書化したことも違法と断じている。県警と検察の姿勢は厳しく糾弾されなければならない。

違法な捜査と起訴から一二年。長年に渡る住民の苦しくつらい体験と心情を十分理解し、判決を真摯に受け止め、このような事件を二度と起こさないよう教訓化し、今後の捜査活動において県民の信頼を得る必要がある。「買収の事実はなかったのに、なぜ警察は捜査を始めたのか」の核心部分を明らかにすべきである。事件の端緒となる「取調小票」と「事件指揮簿」の資料を公表・検証し、事件の真相を明らかにすることが重要である、本部長の認識を伺う。

本部長が「判決を真摯に受け止める」とは、誠意をもって謝罪することであり、その証しが「直接謝罪」である。県警トップとしての勇気ある決断を求める。捜査のイ・ロ・ハを熟知している署長や警部は、違法捜査と知りながら捜査を指揮し、強行したものであり、過失というより「故意」に行ったものと言わざるを得ず、当然二人に求償すべきである。見解を伺う。

種部滋康本部長　判決で違法とされたことを真摯に受け止め、これを教訓とし、県民の信頼を回復するため、一層緻密かつ適正な捜査の推進に取り組む。犯罪の端緒情報を得た犯罪の捜査を行ったものであり、国賠訴訟でも必要な検証の上で同様の主張を行ってきた。取調小票等は個人のプライバシーや名誉を害し、捜査手法等が明らかになる恐れがあり公表は難しい。

直接謝罪については、原告の方々が裁判を通じて主張された内容を前提にして謝罪を求めておられるのであれば難しい。結果的にご負担をおかけしたことについては、改めて、お詫びを申し上げる。求償権の行使について判決内容、全国の事例、関係法令等を踏まえ、慎重に検討したい。

5　「全過程の可視化」が必要

志布志事件の無罪判決などを受けて、県警察は「志布志事件を教訓として、より一層緻密かつ適正な捜査の推進に取り組む」と県議会で繰り返し答弁しているが、冤罪を根絶するためには自白偏重の捜査手法の改善が不可欠であり、取調べの全過程を録音・録画する「可視化」の制度導入が強く求められる。

二〇〇四（平成一六年）六月議会で桐原琢磨議員が可視化の必要性を訴えた。その後も我が会派の議員が全過程の可視化を求め続けている。県警の可視化への認識は、二〇〇六年六月議会の久我英一警察本部長の答弁に象徴されるように消極的であるが、一部事件での試行など制度改革が進みつつある。県議会での質問の経過を追ってみる。

〈二〇〇四年六月議会の桐原琢磨議員の質問要旨〉

桐原議員　外界から遮断された密室で警察官と一人で対面しての取調べが、後々、自白の任意性・信用性に疑問を生じさせる大きな原因である。今後は弁護人の立ち合いを認めるか、最低でもビデオによる録音・録画をしておく必要がある。

〈二〇〇七年三月議会の上村勝行議員の質問要旨〉

上村議員　可視化は取調べに支障をきたすという答弁であるが、とんでもない話だ。米・英両国、韓国、台湾、モンゴルなど可視化が進んでいる。可視化の中でも捜査はできており、治安は保たれている。逆に日本の警察・検察は、密室の捜査に安住し、創意工夫もなく、技量を磨くこともなく来た。可視化を改めて要求する。

〈二〇一〇年六月議会の中山信一議員の質問要旨〉

中山議員　裁判員裁判を契機に鹿児島県警など全国の警察と検察は取調べの一部録音・録画が試行されているが、当局に都合のいい部分だけが証拠にされるおそれが出てくる。自白の信用性を見極めるのはプロの裁判官でも難しい。まして裁判員には相当な負担となる。全面可視化を一刻も早く導入すべきである。

〈二〇一三年六月議会の福司山宣介議員の質問と答弁要旨〉

福司山議員　最高検の幹部らでつくる「新たな時代における取り調べの在り方検討チーム」が今春、取調べの可視化は犯罪の立証に有効だとする提言をまとめ、全国の地検に伝えている。警察庁は昨年末、録音・録画のもとでの取調べを担当した捜査員への聞き取りによると、九割以上が可視化は有効だと回答している。

杉山芳朗警察本部長　提言については県警察として現段階でコメントすることはできない。県警察では、平成二一年四月から二五年五月末までに五八回の録音・録画を実施しているが、試行の途上であり、効果の評価は難しい。平成二五年度予算で新たに録音・録画機器を六セット導入するなど試行の拡大を図る。

〈二〇一五年六月議会の私の質問と答弁要旨〉

柳議員　冤罪を根絶するには、自白偏重の捜査手法の改善が不可欠であり、選挙違反事件も含め、全ての事件で取調べの可視化を推進することが重要である。警察庁への上申と、県警としても積極的に取り組むべきである。

種部滋康警察本部長　警察庁方針を踏まえ、裁判員裁判対象事件と知的障がい者を被疑者とする事件に捜査への支障の有無等を慎重に判断し試行中である。現在、国会で刑事訴訟法等の一部改正案が審議されており、推移を見守り適切に対処したい。

6　「叩き割り」訴訟の判決確定

二〇一六年八月五日の「叩き割り」訴訟の判決確定を受け、私ども「県民連合」は九月議会において、新しく就任した河野真警察本部長を追求した。

我が会派の代表質問で「求償権の行使」を求めたのに対し、本部長の答弁は「求償権の行使について、現在、控訴審を含む確定判決の内容、全国の事例、関係法令等を踏まえ、慎重に検討している」と述べた。また、端緒情報等の捜査資料の公表や直接謝罪については、「個人情報や具体的な捜査運営の中身にわたる内容が含まれているため、個人のプライバシーや名誉を害したり、具体的な捜査手法が明らかになるおそれがあることから、公表することは困難。原告の方々が裁判を通じて主張された内容を前提にして謝罪を求めているのであれば、そのような対応は困難」と、これまでの本部長と同様の答弁を繰り返した。

本年七月の選挙で新しく就任した三反園知事に対しては、これまで二回にわたり県が支払った賠償金総額約五二七二万円について、本来は黒署長と磯辺警部が支払うべきであり、二人に対し求償を求めるべきだと質したのに対し、総務部長が「今後、慎重に検討されることになるもの」と答弁するに留まった。

これについては、「なぜ県民の税金から賠償するのか」ということを、知事に質していくことになる。

7　真相の解明と直接謝罪を要求

志布志事件をめぐる二つの国家賠償請求訴訟で二〇一五年五月一五日、鹿児島地裁は県警と検察の捜査・起訴の違法性を認め、厳しく指弾した。捜査の違法性に踏み込まなかった二〇〇七年の無罪判決からは前進した。しかし、違法性の判断は、取調べの過程に限定され、事件の端緒となった情報提供者や初期の取調べを記載した「取調小票」や「事件指揮簿」などの内部資料は、「刑事事件の訴訟に関する書類に含まれる」

として大事な部分は開示を認めないまま、「初期捜査に違法性はない」と判決した。

「叩き割り」訴訟でも「取り調べから相当の時間が過ぎ、記憶の消失や変容によって供述の信用性が低下している」として、原告七人のうち四人については主張を退けたが、今年八月五日の控訴審で一審判決を変更し、請求を一部認められた一人を除く六人に対し「社会通念上の限度を明らかに逸脱している」として違法と認定された。

8　志布志事件は終わっていない

志布志事件は「踏み字事件」の勝訴、「被告一二人全員の無罪判決」、国家賠償請求訴訟での「違法捜査の認定判決」の確定、「叩き割り」訴訟の判決確定により、すべての訴訟が終わることになった。

この間、私も何度か志布志に足を運んでいるが、原告や「住民の人権を考える会」の方々と会うたびに「まだ志布志事件は終わっていない」との思いを強くする。一三年余りの間、違法な公権力の行使によって甚大な苦痛と損害を受けた方々に対しては、資料を公表して事件の端緒を検証し、「直接謝罪」することこそが、県警の「誠意の証し」であり、県民への信頼回復への道である。

なぜ、中山さんたちは逮捕されたのだろうか。平和に暮らしていた住民の心を壊し、人間関係までも分断させてしまったこの事件の、本当の意味での終わりはいつ来るのだろうか。

特別編

大崎事件

大崎事件

無実の罪を晴らしてから死にたい

―最高齢の再審請求人・原口アヤ子さん―

大久保　真紀

志布志事件の舞台となった鹿児島県志布志市のお隣、南西部に曽於（そお）郡大崎町がある。田園が広がり、ミカン畑があちこちにある、その町に、三七年の間、無実を訴え続けている女性がいる。

原口アヤ子さん。

一九二七（昭和二）年生まれの彼女は、二〇一六年の今年、六月で八九歳になった。

原口さんは、一九七九年に大崎町で男性の変死体が見つかった「大崎事件」で、殺人と死体遺棄の主犯とされ、懲役一〇年の刑に服したが、取調べ段階から一貫して否認してきた。この原稿を書いている二〇一六年の七月末の段階で、裁判のやり直しを求めて、三度目の再審請求中だ。

「無実の罪を晴らしてから死にたい」

それが、原口さんの心からの叫びだ。心身ともに衰えが激しい彼女に、年齢的に見てやり直しの人生はもうない。彼女が望むのは「やっていないことはやっていない。ただそれを認めてほしい」ということだけなのだ。

私が朝日新聞鹿児島総局でデスクをしていた二〇〇七年二月。鹿児島地裁は県議選をめぐる公職選挙法違反事件、いわゆる志布志事件で、被告一三人（うち一人は死亡により公訴棄却）全員に無罪を言い渡した。総局員らと志布志事件を取材していく過程で、警察や検察の違法な捜査、あまりにもずさんな対応を目の当たりにした。事件をでっちあげてしまう警察のお粗末な実態を知り、大崎事件についても改めて丁寧に振り返る必要があるのではないか、との認識を強くした。

時代は異なるとはいえ、大崎事件を捜査したのは、志布志事件と同じ志布志署である。

志布志事件で無罪判決が出てからは、地域社会の原口さんを見る目も少し変わった。「警察のすることに間違いはない」という空気から、志布志事件で元被告らが警察にウソの自白を強要されたということが明らかになり、「原口さんの言っていることも本当かもしれない」という雰囲気が生まれている、というのだ。

志布志事件の無罪判決から約一ヵ月半後の二〇〇七年四月はじめ、原口さんは、鹿児島市内で開かれた志布志事件を検証するシンポジウムに足を運んだ。

「私も早くそうなりたい」。無罪が確定した志布志事件の元被告たちの姿をながめていた原口さんはそう漏らした。当時は、最高裁が第一次の再審請求を認めないとの判断を下してから一年余がたったころ。シンポジウムで、厳しい取調べの状況を語る元被告たちの話を聞きながら、自らの体験を重ね、「あの人たちの言うことは正しいですよ。本当に警察の取調べは厳しかった」と語った。

服役後の原口さんは、無実の罪を晴らすためだけに日々を重ねてきたといっても過言ではない。弁護団が「鉄の女」と評するほどかつては強かった。しかし、三年ほど前に私が自宅を訪ねたときには、「体が言うことをきかなくなってきた。みんなに迷惑をかけるから、死んだ方がましかも」と漏らすなど、衰えが見てとれた。一方で、「でも、やっぱりこのままでは死ねない。無実の罪を晴らして、『殺人犯』(というレッテル)をとりたい」と言い直す姿からは老いてもなおあきらめられない強い気持ちがにじみ出ていた。

このとき原口さんは、月五万円の年金と娘たちからの援助でなんとかひとりで暮らしていたが、その後、心身ともにさらに衰えが進み、いまは高齢者福祉施設で暮らす。

残された時間はそれほど多くはない。

「私はやっちょらん(やっていない)」

人生をかけた原口さんのその訴えを、司法はどう受け止めるのか。大崎事件のたどったこれまでの経緯を振り返ってみたい。

1　大崎事件の概要

大崎事件とは、どんな事件だったのか。

原口さんは農家の六人きょうだいの長女として育った。小学校を経て、青年学校を一八歳で卒業した後、両親を手伝って生計を支えた。一九五〇年春に、同じ町内の農家の長男と見合い結婚。一男二女に恵まれ、平穏な暮らしを送っていた。夫には三人の弟がいて、同じ敷地内に原口さん夫妻、夫のすぐ下の弟夫妻とその息子、そして、三番目の弟がそれぞれの家を構えて生活、農業に従事していた。

一九七九年一〇月一五日、三番目の弟（当時四二）が自宅牛小屋の堆肥の中から遺体で見つかった。

これが事件の始まりだ。

その三日前の一二日には親類の結婚式があった。原口さんらはみな町内のホテルに出かけた。ただ、被害者である三番目の弟だけは朝から酒を飲んで酔っ払っていたため、出席しなかった。

結婚式が終わって帰宅した後の午後八時半ごろ、地域の顔役から原口さん宅に電話が入った。「（おたくの）三番目の弟が酔っ払って道で寝ているという連絡が、ほかの部落の人からあった」という内容だった。顔役は「行ってくるから心配せんでよか」と、近所の知人を連れて二人で迎えに行くと、言った。

それを聞いた原口さんはすぐに顔役の家に出向き、彼らが三番目の弟を連れて帰ってくるのを待った。しばらくすると、顔役ら二人が戻って来た。聞くと、二人は、ひとりでは立つこともできなかった三番目の弟を抱え、車に乗せて運び、午後九時半ごろに弟の自宅の土間に置いてきたとのこと。二人によると、道路に寝ていた弟は下半身裸で濡れたズボンを脇に脱いでいたという。「溝にでもはまったのだろう」と二人は言った。三番目の弟は自転車ごと用水路に転落したようだった。

原口さんはお礼を言って、午後一〇時半ごろにおいとまし、顔役と一緒に世話をしてくれた知人と家に戻った。途中、三番目の弟の様子が気になり、彼の自宅をのぞいた。奥の六畳間に布団が敷いてあり、それが膨らんでいた。寝ていると思った。「布団をかぶって寝ている」。同行していた知人にそう話して家路についた。

だが、翌一三日から三番目の弟の姿が消えた。最初は、またどこかに出かけたのかと思っていた。ところが、弟はいっこうに姿を見せず、原口さんらは一四日から行方を捜し始め、その日の夜には警察に捜索願を出した。

一五日は家族や親類、警察、消防団、地域の人たちが総出で捜した。午後二時前、牛小屋の堆肥の中から三番目の弟の腐乱した遺体が発見された。上半身は下着、下半身は裸の状態だった。警察は「殺人・死体遺棄事件」として捜査を開始した。

遺体は鹿児島大学法医学教室で解剖された。腐乱が激しいため顕著ではないが、死因は「扼殺(やくさつ)による窒息死」と推定される、と伝えられた。

その日から被害者の実兄の二人、つまり、原口さんの夫と、原口さんにとっては義弟にあたる夫のすぐ下の弟が取り調べられた。二人は当初は犯行を否認したが、一七日になって、二人で被害者をタオルで絞殺し、堆肥の中に埋めたなどと自白。義弟は、死体遺棄については自分の息子も関与したと自供した。

一方、警察は原口さんが、自分を受取人とした郵便局の簡易保険を家族のほかに被害者にもかけていたという情報を入手。保険金目的の殺人との見方を強めた。この保険は郵便局員に熱心に勧誘されてかけたもので証書もその局員に預けたままだった。最終的には判決でも保険金目的であることは認定されなかったが、捜査はその方向で突き進んだ。

一八日、警察は夫と義弟を殺人・死体遺棄の疑いで逮捕、二七日には義弟の長男を死体遺棄容疑で逮捕した。二九日に夫と義弟が、原口さんを加えた三人による殺害、それに義弟の長男を加えた四人による死体遺棄を全面的に自供したとして、三〇日に原口さんを殺人と死体遺棄容疑で逮捕した。犯行は原口さんが指示したものとされた。

原口さんによると、その日は午前中に畑でミカンを収穫していた。志布志署員が訪ねてきて、「署まで来てください」と声をかけられた。着替えて行くと、逮捕された。夫らほかの三人が自供したと迫られた。全く身に覚えがない。「やっちょらん」と訴えたが、取調官は聞く耳をもたなかったという。それからは狭い取調室で、一日中、厳しく追及された。取調官は机をたたき、怒鳴った。

「本当のことを言わんか」

「白状しないと、無期懲役になるぞ」

泣いて訴えても聞いてもらえなかった。自殺も考えたが、「死ねば罪人のまま。自分以外に、無実を証明してくれる人はいない。やっていない罪を認める訳にはいかない」。その一心で、原口さんは否認を貫いた。自分を信じてくれた母からの手紙が支えだった。

鹿児島地裁での裁判（朝岡智幸裁判長）でも原口さんは一貫して犯行を否認したが、一九八〇年三月三一日に言い渡された判決は懲役一〇年。絞殺の凶器とされたタオルは特定されず、物証もなかった。原口さん以外の三人の「自白」が証拠とされた。判決の言い渡しは、論告求刑からわずか六日後のことだった。

裁判では形式的には分離されたほかの三人も同じ日に、同じ裁判体によって判決が下された。夫が懲役八年、義弟が懲役七年、義弟の息子が懲役一年。共犯とされた三人は控訴せず、一審の刑が確定、それぞれ服役した。

原口さんは控訴した。控訴審には服役していた夫が証人として出廷した。

夫は「アヤ子は本件殺人事件には全然関係ないです。私も関係なく刑事からなたがまをかまされたのです」などと述べた。自白調書が作られたいきさつについても「取り調べられて三日ぐらいたってから夜の九時ごろから一二時ごろまで刑事が私のそばにいて、私がアヤ子は本件に関係していないと言いますと、早く言わんかと強く責められてアヤ子も関係したと言った」などと明かした。刑事がどんなことを言ったのかとの質問には「私が思っていないことを言って責めたのです。私がアヤ子はしていないと言ったら早く言えと責められた」などと答えた。それは、原口さんの関与を否定し、自らも無実であると訴える証言だった。

しかし、福岡高裁宮崎支部は、この夫の証言を信用せずに、一九八〇年一〇月一四日、控訴を棄却。それを受けて、原口さんは最高裁に上告したが、最高裁は一九八一年一月三〇日に棄却、原口さんの懲役一〇年の刑が確定した。

2　一貫して否認し続けた原口さん

佐賀県鳥栖市の麓刑務所に収監された原口さんは獄中から「冤罪（えんざい）」を訴え続けた。

刑務所の朝は早い。午前六時に起床、午前八時ごろから機械で服にボタン穴を作る作業をした。昼の休憩をはさみ、午後四時半まで働く。監視の中、座りっぱなしで長時間働くのはつらかった。それでも、気力は体からと食事だけはしっかりとった。夜は夜で、房に戻ってから毎日、駅弁に使う紙のお手ふきを折る仕事をした。千枚折って一〇〇円という少額だったが、再審を闘うための資金にしようと精を出した。

五年ほどすると、刑務官に仮釈放を勧められるようになった。刑務所内でまじめに生活していたからだ。しかし、仮釈放されるには罪を認めて反省の情を示さなくてはならない。

「今すぐにでもここを出たい。でも、罪を認めたら再審請求ができなくなる。やっていないことは認めるわけにはいかない。無実の方が大切だ」

原口さんは三回もあった仮釈放の勧めをすべて断り、判決通りの一〇年の刑を勤め上げた。

その間に、父親が火事で死亡、また、原口さんの無実を信じ、原口さんにとっては心の支えだった母親も亡くなった。塀の中でそっと手を合わせることしかできなかった。

一九九〇年七月、原口さんは出所した。出所後、夫に会いに行った。夫は「警察に『アヤ子がやったと言え』と言われて、そう言った」と謝った。ならば、一緒に再審請求をしようと持ちかけたが、夫は「おれもやっていないが、もう裁判はいい。忘れたい」と言った。原口さんは離婚を申し出た。

一〇年の刑期を終えて戻って来た故郷は、新しい道ができ、記憶の中のふるさととはかなり違っていた。母親が出所後に一緒に住もうと用意してくれていた大崎町内の小さな一軒家でひとり、生活を始めた。隣町に一日約四千円のピーマンちぎりの仕事に出かけ生計を立てた。しかし、「殺人犯」「前科一犯」の原口さんに対する世間の目は厳しかった。老人会に入れるわけはなく、ゲートボールや花見などの行事にも誘われなかった。親類の葬式や結婚式も辞退するしかなかった。

自ら再審を求める署名とカンパを集めたが、「警察のやることに間違いない」と怒鳴られ、「無駄なことはやめろ」とつばを吐きかけられることもあった、という。

3　共犯とされた三人の「自白」

「自白」の強要は、全員の無罪が確定した志布志事件をはじめ、これまでも明らかになった冤罪事件で、常につきまとう問題だ。原口さんは厳しい追及にもかかわらず、一貫して犯行を否認した。原口さんの有罪証拠とされたのは、共犯とされる三人の「自白」だった。

原口さんの夫は、服役中に面会に来た娘に、原口さんもそして自分も事件には関与していないと話し、原口さんの控訴審の法廷で原口さんの事件への関与を否定、自らもかかわっていない、と証言した。裁判所には一顧だにされなかったが、それまでの「自白」の内容を否認した。その後も、事件への関与は否定し続けたが、事件についてはあまり多くを語ろうとせず、再審請求を勧める弁護士に対しては、警察の厳しい取調べで「自白」させられたことを告白したものの、「前科者になってもいい。裁判は煩わしい」と語ったという。

原口さんの夫は、自らが殺したとされる弟宅の隣の家にずっと住み続け、一九九三年一〇月、自宅でひっそりと病死した。

義弟は、刑務所に面会に来た妻らに対して、事件への関与を否定するようになり、一九八五年に仮出所した直後に、妻と弁護士事務所を訪れ、再審請求したいとの意向を示した。しかし、一九八七年四月、松林の中で首をつって自殺。理由はいまもわからない。

死体遺棄を手伝ったとされた義弟の息子も服役中から事件への関与を否定した。服役したことを悩み、精神のバランスを崩して何度も自殺を図り、出所後は精神科病院に入院するなどしていた。

実はこの三人は知的障害を抱えていた。原口さんの夫は交通事故の後遺症で知的能力が低く、ほかの二人は知的障害があった。

知的障害のある人は、取調官に迎合しやすいということは、最近ではよく知られている。冤罪事件でも、警察が知的障害のある人を責め立て、うその自白をさせている事案は珍しくない。

原口さんを有罪とした証拠の、三人の「自白」は、その後、いずれも本人たちが否定している。捜査段階でとられた三人の「自白」の信用性をどう見ればいいのか。大崎事件の再審請求では、それが焦点となっていった。

4　一度は開いた再審への重い扉

一九九〇年の満期出所後、原口さんは鹿児島県内の弁護士事務所を回り、県外の弁護士にも声をかけて再審請求を待ち望んだ。その思いがかなったのは、一九九五年四月。弁護団は原口さんと三人の「共犯者」たちすべてが無実であるとして、第一次再審請求を申し立てた。

死体遺棄にかかわったとされて服役した義弟の息子も一九九七年に再審請求に加わった。

確定判決は「頸椎前面に出血があることから首に外力が働いた。他殺による窒息死と想像する」とする鹿児島大法医学教室教授の鑑定書と、首を絞めて殺害、死体を遺棄したとした原口さんの夫ら三人の自白を根拠にしていた。第一次再審請求では、鹿児島大学法医学教室教授が鑑定書の作成後に、被害者が事件当日、自転車に乗っていて深さ約一メートルの溝に転落していたことを知ったとして、「事件当日、被害者が自転車を運転中に側溝に落ち、救助されていたことを知らなかった。転落時の頸椎損傷が死因の可能性もある。他殺か事故死かわからない」などと鑑定内容を自ら変更する鑑定補充書を作成、弁護団はそれを新証拠として提出した。さらに、もとの解剖鑑定書と新証拠の補充書を読み取った九州大学教授の鑑定書も提出し、首を絞めたとする確定判決の殺害方法を裏付ける根拠はない、と主張した。未提出の捜査記録なども新証拠とした。弁護側から九四点の証拠、検察側から九点の証拠が提出され、一一人の証人尋問が行われた。

死体遺棄罪で服役した義弟の息子に対しては、五日にわたって尋問があった。

原口さんの義弟の息子は、①事件の夜は外出していない、②確定判決では、原口さんが自宅を訪れて父親を犯行に誘ったとなっているが、原口さんが事件の夜、自宅を訪れた事実はない、などと述べた。さらに、原口さんの一審で述べた自分の証言は、犯人扱いされて作り出したもので、ウソだった、と話した。

「『やっていない』と言っても警察が信じてくれなかったので、ウソの証言をした」。この証言に対して、検察側は「なぜ弁護士にも本当のことを言わず、控訴もしなかったのか」と質問、義弟の息子は「弁護士が自分の味方という認識がなかった。控訴がどういう意味を持つのかもわからなかった」などと答えた。

弁護団によると、彼は涙ながらに法廷でこう訴えたという。任意捜査の段階から犯人だと決めつけられてポリグラフにかけられ、陰毛を採取され、指紋が出ているから証拠は十分だなどと問い詰められて、心理的な抑圧と侮辱的な扱いを受ける中で、自尊心を失い、犯行したかのように物語を作ってしまった、と。

だが、この義弟の息子は二〇〇一年五月、自宅の物置で首をつって自殺。四七歳だった。事件のことで悩み、うつ状態が激しかったという。それまでも農薬を飲むなど、たびたび自殺を図っていた。再審請求は、息子の母、つまり義弟の妻が承継した。

二〇〇二年三月二六日。鹿児島地裁（笹野明義裁判長）は再審開始の決定を出す。弁護側の主張を大筋で認め、再審請求審で新たに提出された医学鑑定結果が、首を絞めたとする殺害状況と矛盾する可能性が高いと判断、共犯者の自白の信用性にも疑問を示した。決定は「遺体には索条痕が認められず、首にタオルを巻いて力一杯引っ張って絞殺したという犯行は、遺体の状況と矛盾する可能性が高い」と指摘。また、「共犯者らがいずれも知的能力が低く、自白は捜査官らによる強制や誘導があったことがうかがわれる」として自白の信用性に疑問が生じるとした。

原口さんはじめ、義弟の妻はもちろん、弁護団は「正しい判断をしてくれた」と喜んだ。だが、検察側は即時抗告した。

その後、義弟の妻が死亡、原口さんはひとり闘いを続けた。二〇〇四年一二月九日、福岡高裁宮崎支部（岡村稔裁判長）は鹿児島地裁の再審開始決定を取り消し、請求を棄却する決定をした。

弁護側が新証拠として提出した「遺体にタオルで首を絞めた痕はなく、自転車で側溝に落ちた際に頸椎などに損傷を負い、死亡した可能性もある」とする鑑定医の追加意見について、「事故死の可能性もあるとしただけで、腹部や脚などの傷との関連を説明していない」と確定判決の事実認定に疑いを抱かせるとは言えないと判断。共犯とされた三人の自白についても、三人は控訴せずに罪を認めており、「整合性がある」とした。義弟の息子が虚偽の自白をした理由として「警察官から犯人と決めつけられてあきらめた」などと述べていることは、理由としてはなおざりで信用できないなどとも述べ、原口さん側の主張を全面的に退けた。

さらに、鹿児島地裁の再審開始決定も批判。「判決確定により動かし得ないものとなったはずの事実関係を、証拠価値の乏しい新鑑定や新供述を提出することにより安易に動揺させることになるので、確定判決の安定を損ない、ひいては三審制を事実上崩すことに連なるものであって、刑訴法の再審手続きとは相容れない」などとした。

原口さんは不服として、最高裁に特別抗告したが、最高裁第三小法廷（藤田宙靖裁判長）は二〇〇六年一月三〇日、特別抗告を棄却。鹿児島地裁の再審開始決定を取り消し、再審請求を棄却した福岡高裁宮崎支部の決定が確定した。

一度開いた重い再審への扉は、再び、閉じられてしまった。

5　第二次再審請求

「やっていないものはやっていない」。そう言い続けていた原口さんが二度目の再審請求を申し立てたのは、二〇一〇年八月三〇日。翌二〇一一年八月三〇日には、共犯とされた原口さんの元夫の遺族が再審請求を追加申請した。

第二次再審請求で弁護団は、①共犯者が自白した「タオルによる絞殺」という殺害の様態と、被害者の遺体の客観的状況とが矛盾することを示す法医学者の法医学鑑定、②共犯者とされた三人の自白の信用性を弾劾する心理学者の鑑定書と精神科医の意見書③殺害現場の状況にかかわるカーペットなどの再現実験報告書、を新証拠として提出した。

共犯とされた三人は、前述したように、元夫が病死、義理の弟とその息子の二人は自殺してこの世にはすでにいないものの、彼らの自白供述は、確定判決が最も重要で直接的な証拠としているものだ。弁護団はその供述の信用性を突き崩そうと、供述が体験供述としての特性を有しているかどうかを供述心理学の専門家に鑑定依頼した。その結果、原口さんの元夫と義弟の二人は「犯行の役割分担をする供述がなく、体験に基づかない可能性が高い」ことがわかり、「非体験性兆候」があることを示したという。また、義弟の息子についても、精神科医が「軽い知的障害があり、他人に迎合しやすい」と誘導による自白の可能性を指摘した。

弁護団は、これらの法医学者や心理学者の証人尋問を求めると同時に、捜査段階で県警や検察が集めた証拠の全面開示を強く求めた。それは、最近の再審請求審では、確定審の公判で提出されなかった証拠が再審開始の決め手になるケースが増えていたからだ。

たとえば、一九六七年に茨城県利根町で大工の男性が殺害され、現金が奪われた「布川事件」。二〇一一年に再審無罪が確定した桜井昌司さんと故・杉山卓男さんの再審請求審では、事件現場で収集された毛髪が桜井さんらのものとは異なるという鑑定書や「事件当日、被害者宅前にいたのは別人」との目撃証言の供述調書などが初めて明らかになり、再審開始への大きな力になった。また、東電ＯＬ殺害事件でも、被害者の遺体の胸に付着していた唾液が血液鑑定から元被告とは異なる血液型であることが捜査当時からわかっていたにもかかわらず、公判では提出されていなかったことが、裁判所の証拠開示勧告によって明らかになり、再審開始へとつながった。

これらは、警察や検察が元々の裁判に提出せずに「隠していた」ともいえる証拠だ。大崎事件にもこうした証拠があるはずで、弁護団はそれを開示するように求めた。だが、検察側がすんなり開示することは珍しい。再審での証拠開示手続きを定める条文が現在の法律にはないため、裁判所が開示を働きかけて初めて表に出てくるのが現状なのだ。大崎事件弁護団の鴨志田祐美・事務局長は「証拠開示を積極的に促すか否かは裁判所の裁量に委ねられている。証拠開示によって再審開始、無罪へと進む事件がある一方、裁判所の消極的姿勢で真相究明が進まない事件もある。裁判所のさじ加減ひとつで、判断に格差が生じるのはゆゆしきこと」と訴える。

大崎事件の再審弁護団に加わった元東京高裁判事の木谷明弁護士も「再審は、現行法の中で間違って有罪認定された人に対する最後のセーフティーネット。それを理解していれば、裁判官が証拠開示の勧告もしないまま結論を出すことはできないはずだ」と語った。

しかし、請求審の鹿児島地裁（中牟田章博裁判長）は証拠開示請求も証拠リスト開示請求も「必要ない」と一切認めず、弁護側が求めた証人尋問についても受け入れないまま、二〇一三年三月六日に第二次再審請求を棄却した。

中牟田裁判長は、弁護側が新証拠として提出した法医学者の鑑定書について、「信頼性が高いとはいえず、被害者の死体所見が確定判決の示す殺害方法と合致しないとは言えない」とした。また、共犯とされた三人の心理学的手法による鑑定書については「ひとつの見解としては傾聴に値する」としながらも、「証拠価値は限定的で供述の信用性を揺るがすとは到底考えられない」と判断。弁護団が三人に知的障害があり、取調官に迎合しやすく、誘導による自白の可能性があると指摘した点は「あまりにも乱暴な議論で到底与（くみ）することはできない」などとした。

弁護側が強く求めた証拠リストの開示を命じなかったことについては「すでに第一次再審で、確定審には提出されていなかった多数の証拠が開示されている。弁護人が開示を求める証拠のリストは、検察官が第一次再審当時に新規に集めた資料について記載されたものにすぎない」とし、確定審段階の証拠が開示されて再審開始につながったほかの事件とは異なるとした。争点の異なる第二次再審の判断には有益とは考えにくく、「不当な蒸し返しにもつながりかねない」ともした。

この判決について、当時、法政大法科大学院教授（刑事法）だった元東京高裁裁判長の門野博弁護士は朝日新聞の取材に対して「決定には疑問が多い。再審請求では、確定判決に疑いを生じさせる新証拠であれば、確定審の証拠と合わせて総合的に判断するのが通説。今回は、個別の新証拠の判断にとどまり、新証拠のハードルが高く設定されている印象だ」と話した。

ちなみに、中牟田裁判長は、富山県氷見市で起きた強姦事件で服役後に真犯人が現れ、再審で無罪が確定した冤罪事件、いわゆる「氷見（ひみ）事件」で元被告だった柳原浩さんに有罪判決を下した裁判官だ。柳原さんはしばしば原口さんの応援に駆けつけている。ある集会では、大崎事件で共犯とされた三人が自白したことに触れ、自らの体験を「（彼らと）同じように、おまえがやったんだと言われて、はい、と言ってしまった。何を言ってもダメだと思っていた」と振り返り、「同じような被害者を出してほしくない」と訴えた。こうした冤罪被害者の声はどこまで裁判官に届いているのだろう。しかも、かつて冤罪事件で有罪を言い渡した経験がある裁判官だ。前述したように中牟田裁判長の決定は、共犯とされた三人の供述が誘導による自白の可能性があるとする指摘を、「あまりにも乱暴な議論」と切り捨てている。

第二次再審請求を棄却された原口さんは二〇一三年三月一一日に即時抗告を福岡高裁宮崎支部（原田保孝裁判長）に申し立てた。原田裁判長は、積極的に訴訟を指揮し、原口さんへの本人質問、法医学者や心理学者などの証人尋問を実施し、弁護団が開示を求める証拠を速やかに出すよう検察側に勧告した。

その結果、新たに開示された証拠は二一三点にのぼった。初期捜査の段階で毛髪や足跡を採取していたこと、共犯とされた元夫と義弟が任意の事情聴取の段階でその後の自白とは大きく異なる内容の自白をしていたことなどがわかり、弁護側は「自白は誘導によるもので信用できない」と主張した。

ところが、福岡高裁宮崎支部が二〇一四年七月一五日に出した結論は、棄却だった。争点だった共犯者の自白の信用性について、原田裁判長は「新旧証拠を総合評価して大筋信用できる」とした。決定は、原口さんの元夫と義弟について、知的障害があることなどから「捜査官からの暗示誘導に迎合して供述したと考えられないわけではない」とし、「信用性は、それ自体だけでは高いとは言えない」と判断した。だが、一方で、義弟の息子と、殺害の報告を受けた義弟の妻の供述は「一貫性があり、信用できる」と認定。四人の供述に整合する部分があり、客観証拠も矛盾しないとして、「確定判決の認定は揺るがない。新証拠に明白性はない」と結論づけた。

弁護団は二〇一四年七月二二日に最高裁に特別抗告を申し立てたが、最高裁第一小法廷（金築誠志裁判長）は二〇一五年二月二日に棄却、原口さんの二度目の再審請求を認めない決定を下した。これで、第二次再審請求を退けた鹿児島地裁の決定が確定した。

特別抗告の申し立てからわずか半年で出た決定に、弁護団は怒りを表したが、指宿信・成城大教授（刑事訴訟法）は「最高裁の再審請求の審理では、高裁の審理に憲法違反があったかどうかが問われ、高裁決定に事実誤認があったかどうかは対象にならない」と解説。弁護団の鴨志田事務局長は証拠開示が進んだことは評価しつつも、福岡高裁宮崎支部での即時抗告審まで新たな証拠開示が認められなかったことを「痛恨の極み」と振り返った。鹿児島地裁での請求審で証拠が開示されていれば、「高裁ではそれをもとに審理ができた」と語った。

6　存命中の最後の闘い

弁護団は、原口さんの年齢を考えて、第三次再審請求の準備を素早く進めた。第二次再審請求の棄却が確定してから五ヵ月後の二〇一五年七月八日、原口さんは鹿児島地裁に三回目の再審請求を申し立てた。

新証拠としては、確定判決が認定した殺害方法との矛盾を指摘する法医学者の鑑定書と、殺害の報告を受けたという義弟の妻の供述が信用性に欠けるとする、心理学者の供述心理鑑定結果を提出した。

第二次再審請求の即時抗告審決定は、共犯とされた原口さんの元夫と義弟の自白について、それだけでは信用性に疑問を投げかけつつも義弟の息子と義弟の妻の供述によって、その信用性は支えられている、としている。

義弟の妻の供述は、①原口さんが義弟に「うっ殺さんといかん」と犯行をもちかけ、義弟がそれに応じて外出した、②義弟が帰宅したとき、「うっ殺してきた」と言った、③その後、義弟の息子が帰ってきて「加勢してきた」「黙っちょらんや」と言った、というものだ。これらの供述について、トイレに起きるなどしてそのたびに目撃しているパターンであることや、「うっ殺してきた」などの発言を聞いても義弟の妻が無反応だったことが供述調書から読み取れることなどから、体験記憶に基づかない情報が含まれている可能性が大きいと、弁護団は主張している。

また、新たに提出した法医学者による鑑定は、被害者の遺体には、死後、心臓や血管内にあった血液が重力に従って身体の低い部分に移動する血液就下（しゅうか）や、移動した血液が身体の表面から透けて見える死斑が、認められない、としている。二〇一五年一一月に証人として出廷した法医学者は、絞殺による窒息死の場合は、体内に血液が多く残っているために血液就下や死斑が強く出ることを考えると、被害者の死因は窒息ではなく、出血に関連した死であるとうかがわれるとし、交通事故や転落による出血性ショックの可能性を示唆した。

弁護団によると、第三次請求審では裁判所の積極的な姿勢が垣間見えるという。たとえば、第二次再審控訴審の証拠開示二一三点のひとつであった「ネガフィルム四六本」については、警察が当時は現物の開示ではなく、印画可能なもの（フィルム二一本分、写真で約五〇〇枚）だけを開示していたが、弁護団がネガの現物開示を求めたところ、裁判所が提出を勧告。検察官がそれに応じてネガフィルム四六本の現物をすべて裁判所に提出した。また、弁護団が今年五月二七日付で供述心理鑑定の補充鑑定書を提出したところ、裁判所から「補充的な尋問を行いたい」と要請があり、昨年一二月の証人尋問に続き、心理学者二人に対する二度目の尋問が八月五日に実施されることになったという。第三次再審請求審は大詰めを迎えつつある。

大崎町や志布志市がある大隅半島は、専門家の間では「冤罪半島」と呼ばれている。

被告全員が無罪となった志布志事件だけでなく、一九六九年に鹿児島県鹿屋市で夫婦が殺害された高隈（たかくま）事件も冤罪事件だ。事件発生から三ヵ月後に、被害者らの知人が別件逮捕され、長期の勾留とその間の厳しい取調べで自白させられた。一審で懲役一二年の判決が言い渡され、二審はそれを維持したが、最高裁が破棄し、差し戻した。一九八六年四月、差し戻しの控訴審は、自白調書は違法収集証拠で証拠能力がなく、さらにアリバイが成立するとして、無罪を言い渡した。その後、元被告が捜査の違法を訴えて国家賠償請求訴訟を起こし、警察の違法捜査とそれを阻止しなかった検察の不作為を認め、賠償を認める判決が出されている。

一九七三年二月に鹿児島県垂水（たるみず）市の山林から女性の遺体が見つかり、殺人などの容疑で二人の少年が逮捕、起訴された垂水ホステス殺人事件でも、最高裁が有罪判決を重大な事実誤認の疑いがあるとして破棄差し戻した。少年らは捜査段階で自白したものの、公判段階で否認に転じていた。その後の差し戻し控訴審では殺人罪を問われた二人の無罪が確定した。

大崎事件は、そんな大隅半島で起こった事件である。

弁護団の鴨志田事務局長は「大崎事件はそもそも一回、再審開始決定が出ている事件。再審にあれだけ消極的な裁判所が開始決定をした。それを検察が抗告することは、再審の時間を長引かせているとしか思えない」と検察側の抗告に対しての問題点を指摘する。

二〇一三年七月一一日、福岡高裁宮崎支部で行われた意見陳述で、裁判官らを前に原口さんがとっさに口にした言葉がある。

「私は生き返りたい。いまは死んだも同然。無罪になって生き返らせてほしい」

陳述書にも用意されていなかった言葉に同席していた弁護団も胸を突かれたという。

原口さんは、存命する再審請求人としては最高齢だ。第三次の再審請求が、存命中に「無罪」を勝ち取る最後の機会であることは間違いない。繰り返すが、残された時間は少ない。

知的障害者への配慮を欠いた取調べ、「自白」偏重の証拠調べ、証拠開示が遅れた再審格差……。事件発生から三七年にわたって原口さんが闘い続けている大崎事件には日本の刑事司法が抱えるゆがみが凝縮されている。

第3部　資料編

1　志布志事件の経過と「住民の人権を考える会」の活動

平成15年

4月12日　県警捜査二課磯辺警部、志布志警察署に派遣される。

4月13日　県議選投・開票日
中山信一候補1万3312得票で初当選確定。
磯辺警部、濵田警部補他陣営森義夫候補のもとを尋ねている。（情報収集の範囲を超えたもの）

4月14日　川畑幸夫氏、ビール口事件の捜査開始。朝早くから夜遅くまで3日間の取調べを受ける。
県警と志布志警察署、公選法違反（買収供応）で四浦集落に捜査に入る。

4月16日　川畑幸夫氏任意の事情聴取で、父の名前、妻の父の名前、沖縄在住の孫の名前が書かれたA4の紙を3枚足元に置かれ、いきなり両足首を掴んで何回もその紙を踏まされる＝「踏み字」事件発生。

4月18日　藤元いち子さん公選法違反の容疑で任意の事情聴取はじまる。

4月19日　懐俊裕氏公選法違反の容疑で任意の事情聴取はじまる。

4月20日　懐俊裕氏福島川の滝壺に飛び込み自殺を図る。（木村氏が、これを救助する）
3日目の取調べ時に濵田警部補、藤元いち子さんに志布志署取調室から携帯電話で電話をかけさせこれを補助官に録音させた。（濵田警部補、後の法廷で偽証）

4月22日　藤元いち子さん逮捕される。

4月30日　捜査会議の簡略化。

5月7日　中山信一氏宅を家宅捜索。

5月9日　この日まで捜査会議は簡略化。
永利忠義氏倒れて救急車で搬送される。

5月12日　6名の者の買収会合容疑での逮捕状請求の総括捜査報告書。（この捜査報告書には虚偽事実が記載されている可能性が大きい）

5月13日　藤元いち子さん再逮捕される。
藤山忠氏、山下邦雄氏、山中鶴雄氏、懐俊裕氏、永山トメ子さん、（新たに5名）逮捕される。

5月18日　藤元安義氏逮捕される。

5月29日　夜の捜査会議で、松元参事官が、検事からの指示で、検察に対して〝全面戦争をしかける。徹底的に叩かないといけない。弁護人とのやり取りを聞き出せ〃と指示した。

6月2日　藤元いち子さん、ノート差し押さえられる。（差し押さえ自体の違法性）

6月3日　1回目買収会合で6名起訴される（藤元いち子さん、懐俊裕氏、藤山忠氏、山中鶴雄氏、永山トメ子さん、山下邦雄氏）。

6月4日　4回目の買収会合で藤山忠氏、山下邦雄氏、山中鶴雄氏、懐俊裕氏、永山トメ子さん再逮捕される。藤元いち子さん再々逮捕される。4回目会合容疑で中山信一氏、シゲ子さん夫婦逮捕される。

6月5日　川畑幸夫氏、買収会合事件で任意同行を受ける。この日から7月23日まで。

6月8日　藤元安義氏再逮捕される。

6月9日　福岡監査局へ←川畑順子さん、柿元俊郎氏、加世田真氏、川畑盛秋氏、川畑直樹氏、門松尚子さん（6人）

6月12日　中山信一後援会会計担当責任者・熊崎作郎氏宅を家宅捜索。後援会会計書類・選挙出納原簿（帳簿・伝票など）全て押収される。

中山信一後援会会計担当責任者・熊崎作郎氏任意同行で取調べを受ける（6月12日13時から6月14日まで）。

6月24日　永山トメ子さんの勾留理由開示裁判。

永山トメ子さん自宅、牧耕志氏宅など家宅捜索に入られる。（法廷で会うことを妨害される）

6月25日　4回目の買収会合で懐智津子さん、藤山成美さん、谷田則雄氏（3名）逮捕される。

6月29日　中山信一氏、中山シゲ子さん再逮捕される。

6月30日　藤元安義氏再々逮捕される。

7月3日　懐俊裕氏、内山国選弁護人と接見後、接見状況を聴取され、調書化される。

7月10日　第1回公判（6人の初公判）

7月17日　熊崎作郎氏鹿児島検察庁へ任意同行（県警2課新川行廣刑事同行）、内田検事から事情聴取（午後4時から8時30分まで）。

4回目の買収会合で13名が起訴される（藤元いち子さん、懐俊裕氏、藤山忠氏、山中鶴雄氏、永山トメ子さん、山下邦雄氏、藤元安義氏、懐智津子さん、藤山成美さん、谷田則雄氏、永利忠義氏、中山信一氏、中山シゲ子さん）。

7月20日　志布志町ダグリ荘で、弁護団聞き取り調査（笹川弁護士、野平弁護士、本木弁護士、中園弁護士）。

7月23日　中山信一氏、中山シゲ子さん再々逮捕される。

第2回公判

7月24日　第3回公判

川畑幸夫氏、門松輝海氏、池口勤氏逮捕される。

7月31日　第4回公判

8月8日　懐俊裕氏保釈。

8月12日　2回目買収会合（2月下旬）、3回目買収会合（3月中旬）で9名起訴される（中山信一氏、中山シゲ子さん、藤元いち子さん、藤山忠氏、山下邦雄氏、山中鶴雄氏、懐俊裕氏、永山トメ子さん、懐智津子さん）。

8月13日　川畑幸夫氏、門松輝海氏、池口勤氏処分保留で保釈。

8月14日　藤元いち子さん保釈。

8月16日　社民・無所属県議団現地調査、志布志町文化会館で第1回報告集会。
上村勝行、櫛下勝美、桐原琢磨、二牟礼正博、福山秀光各県議来志。

8月19日　第1回住民報告集会（於、志布志町文化会館）

8月22日　山下邦雄氏保釈。

8月24日　「住民の人権を考える会」一木法明氏を中心に準備会発足。

8月27日　「住民の人権を考える会」発足。
＊役員　会長・一木法明氏
副会長(2人)・下野太志氏、柿元俊郎氏
事務局長・武田佐俊氏
会計・新村宏典氏
＊会の目的　警察捜査の人権侵害に対する是正、事件の真相究明及び再発防止、更には勾留中の被告の早期保釈。

懐智津子さん、藤元安義氏、藤山成美さん、谷田則雄氏の公判。

8月29日　中山信一氏、中山シゲ子さんの第1回公判

9月3日　第5回公判。山下邦雄氏公判廷の自白を撤回（全員否認に）。

9月3日　第6回公判

9月27日　第7回公判
第2回住民報告集会開催（於、サンポートしぶしアピア2階ホール、午後2時～）
＊経過報告と今後の進め方
＊弁護団報告
＊声明文提案

10月10日　永利忠義氏1回目買収会合事件で起訴される（在宅起訴）。

10月17日　第8回公判・任意性立証のための被告人質問開始

10月31日　第9回公判・被告人質問

11月12日　第10回公判・被告人質問

11月14日　藤山忠氏、山中鶴雄氏、永山トメ子さん、藤元安義氏、懐智津子さん、藤山成美さん、谷田則雄氏（7名）保釈。

11月26日　第11回公判・被告人質問

11月30日　第3回住民報告集会開催（於、四浦小学校体育館、午後1時～）

12月12日　第12回公判・被告人12人に質問

12月26日　川畑幸夫氏、門松輝海氏、池口勤氏3名不起訴。藤元いち子さん、藤元安義氏、焼酎口不起訴。第13回公判・被告人13人に被告人質問

平成16年

1月16日　第14回公判（証拠整理）
2月4日　第15回公判任意性立証のための警察官証人尋問開始。
2月25日　第16回公判・警察官証人尋問
　第4回住民報告集会開催（於、鹿児島交流センター）
3月2日　中山シゲ子さん保釈。
3月12日　第17回公判・警察官証人尋問
3月26日　第18回公判・警察官証人尋問
3月27日　第5回住民報告集会開催（於、志布志町文化会館、午後2時～）
4月9日　川畑幸夫氏・鹿児島県を被告として、「踏み字」濵田国賠訴訟。
　第19回公判・警察官証人尋問
4月21日　民主党菅直人代表（当時）志布志町へ。志布志事件被害者家族と面談。
4月23日　第20回公判・警察官証人尋問
5月12日　第21回公判・警察官証人尋問
5月19日　踏み字国賠第1回口頭弁論
5月21日　上京し民主・社民・共産の野党3党へ事件の真相究明を陳情。日弁連へ取調べの法的規制を陳情。
5月26日　第22回公判・警察官証人尋問
6月7日　民主党国会議員現地調査（辻惠衆議院議員・弁護士、松野信夫衆議院議員・弁護士、川内博史衆議院議員・県連代表、中園貞宏弁護士）
6月7日　第6回住民報告集会開催（於、サンポートしぶしアピア、午後6時～）
　＊事件の主な経緯
　＊取調べの状況
　＊これまで取組んできたこと
　＊これからの運動について
6月9日　第23回公判・警察官証人尋問
6月30日　第24回公判・警察官証人尋問
7月2日　中山信一氏保釈（9回目の保釈申請）
7月7日　踏み字国賠第2回口頭弁論
7月11日　県議会議員補欠選挙、投・開票日。中山信一候補2万3018票で惜敗。
7月16日　第25回公判・警察官証人尋問
8月25日　第26回公判・警察官証人尋問
9月8日　踏み字国賠第3回口頭弁論
9月24日　第27回公判・弁護側証人尋問
10月13日　第28回公判・弁護側証人尋問
10月20日　踏み字国賠第4回口頭弁論
10月27日　第29回公判・弁護側証人尋問

11月1～2日　上京、シンポジウム「可視化で無くそう違法な取り調べ」参加。有楽町・上野・新橋で志布志事件の街宣活動を実施。
11月17日　第30回公判・警察官（磯辺一信捜査主任）証人尋問
11月23日　第7回住民報告集会開催（於、サンポートしぶしアピア、午後2時～）
＊弁護団報告
＊今後の運動のすすめ方
＊大崎事件原口あや子さん外報告
＊アピール文採択、など
12月1日　踏み字国賠第5回口頭弁論
12月15日　第31回公判・警察官（捜査主任）証人尋問

平成17年

1月12日　第32回公判・警察官（捜査主任）証人尋問
踏み字国賠第6回口頭弁論
1月26日　第33回公判・警察官（捜査主任）証人尋問
2月9日　第34回公判・警察官（捜査主任）証人尋問、及び検察官証人尋問
2月23日　第35回公判・検察官証人尋問
踏み字国賠第7回口頭弁論
3月9日　第36回公判・検察官証人尋問
3月23日　第37回公判・検察官証人尋問
4月8日　志布志事件・シンポジウム（於、鹿児島市自治会館）
＊「踏み字」事件の再現
4月14日　踏み字国賠第8回口頭弁論
4月15日　第38回公判・検察官証人尋問
5月11日　第39回公判・検察官証人尋問
5月15日　肺がんで入院中の山中鶴雄氏に、山口弁護士、野平弁護士が聞き取り調査実施。
5月23日　入院中の山中鶴雄氏に、期日外尋問実施。（肺がんが進行し、声も満足に出ない状態で「やっていない」と回答するのがやっとの状況であった）
5月24日　山中鶴雄氏、無念の他界。
5月26日　踏み字国賠第9回口頭弁論
5月27日　第40回公判・検察官証人尋問
6月8日　平成17年度「住民の人権を考える会」総会（於、南大原公民館、午後7時～）
＊運動の経過と今後の運動について
＊平成16年度決算・監査報告
＊平成17年度予算（案）について
＊役員改選について
6月10日　踏み字事件現場検証
6月29日　第41回公判・弁護側冒頭陳述
7月10日　踏み字国賠第10回口頭弁論
7月15日　第42回公判・検察官による釈明（会合の日特定）

7月24日　志布志事件でシンポジウム（於、サンポートしぶしアピア）
7月29日　第43回公判・弁護側証人尋問
8月24日　踏み字国賠第11回口頭弁論
9月9日　第44回公判・弁護側証人尋問
9月22日　踏み字国賠第12回口頭弁論
9月28日　第45回公判・弁護側証人尋問
10月21日　第46回公判・被告人質問
10月26日　踏み字国賠第13回口頭弁論
10月28日　志布志事件でシンポジウム実施（於、福岡市）
11月24日　踏み字国賠第14回口頭弁論
11月25日　第47回公判・被告人質問
12月7日　踏み字国賠第15回口頭弁論
12月14日　第48回公判・弁護側証人尋問

平成18年

1月13日　第49回公判・被告人質問（検証申し出を採用）
1月26日　踏み字国賠第16回口頭弁論
2月15日　検証・夜間検証実施（志布志町ホテル玉垣～四浦懐集落藤元安義氏宅）
3月2日　踏み字国賠第17回口頭弁論
3月31日　大原裁判長退官
4月25日　第9回住民報告集会（於、志布志市文化会館2階集会室、200名参加）
　＊弁護団（野平弁護士）報告
　＊被害者（被告人）違法な取調べ実態報告
4月27日　踏み字国賠第18回口頭弁論
5月2日　住民の人権を考える会ニュース№1号発行
　・第9回住民報告集会報告
　・弁護団・野平康博弁護士から現状報告
5月11日　住民の人権を考える会ニュース№2号発行
　・5月17日は警察、検察が裁かれる日
　・弁護団・野平康博弁護士から現状報告(2)
5月17日　第50回弁論更新。谷敏行新任裁判長（裁判長交代による弁論更新、証拠採用決定の延期）
5月19日　住民の人権を考える会ニュース№3号発行
　・元大原裁判長無責任退官。交代した谷敏行裁判長は、公判手続きの更新を告げた。被告人12名に、意見陳述を促し、一人一人が心境訴える。
6月1日　住民の人権を考える会ニュース№4号発行
　・警察は無実の者を犯罪に仕立てあげた！
6月12日　住民の人権を考える会ニュース№5号発行
　・有留弁護士の死を悼む。（有留宏泰弁護士が6月6日亡くなった。実に惜しい人を亡くした…）
6月15日　住民の人権を考える会ニュース№6号発行
　・鹿児島県議会へ陳情書提出―捜査の適正化と取調べの可視化を求めて―
6月26日　住民の人権を考える会ニュース№7号発行

・県議会の動き
7月6日　住民の人権を考える会ニュース№8号発行
・暑中お見舞い
7月27日　第51回公判・証拠決定（自白調書全部採用）
7月28日　住民の人権を考える会ニュース№9号発行
・自白調書不当採用！信用性は判決で
9月8日　第10回住民報告集会（於、南大原公民館）
9月15日　住民の人権を考える会ニュース№10号発行
・第10回住民報告集会報告
9月29日　第52回公判（論告・求刑）
10月3日　住民の人権を考える会ニュース№11号発行
・―あきれて物が言えない検察の論告要旨―
9月29日、第52回公判―論告・求刑―報告
10月27日　浜野博氏以下8名が、叩き割り国賠事件で鹿児島県を被告として、総額2640万円の損害賠償請求訴訟を鹿児島地裁に提訴する。
11月2日　住民の人権を考える会ニュース№12号発行
・民事裁判結審
11月7日　第53回公判（弁護人の弁論）
11月9日　住民の人権を考える会ニュース№13号発行
・11月7日、第53回公判―弁護人・弁論―報告
11月26日　第11回住民報告集会（於、南大原公民館）
11月28日　住民の人権を考える会ニュース№14号発行
・第11回住民報告集会報告

平成19年

1月13日　裁判に勝とうね・餅つき大会
1月18日　☆「踏み字」事件民事裁判・高野裕裁判長（勝訴判決）
＊判決文「本件『踏み字』においては、その取調べ手法が常軌を逸し、公権力を笠に着て原告及び原告関係者を侮辱するものでありこれにより被った原告の屈辱感など精神的苦痛は甚大と言わざるを得ない」
1月24日　「踏み字」訴訟原告・川畑幸夫氏、取調官の鹿児島県警警部補を特別公務員暴行陵虐罪で鹿児島地検に刑事告訴！　地検は受理。
1月31日　鹿児島県警察本部長宛に国賠訴訟判決についての要請書提出。
県警会見（岸敬也・警務部長）、「踏み字」訴訟控訴断念。
2月2日　鹿児島県控訴断念。勝訴確定。
2月10日　住民の人権を考える会ニュース№15号発行
・「踏み字」事件はなぜ　起きたのか！
2月17日　シンポジウム実施（於、サンポートしぶしアピア）鹿児島県弁護士会共催
＊勝訴判決へのお礼の挨拶・川畑幸夫氏
＊事件の経過と判決について・野平康博弁護士

＊事件についてのパネルディスカッション、パネリスト6名

2月22日　住民の人権を考える会ニュースNo.17号発行
・「全員無罪」を信じて！　歴史に残る判決、明日出される！

2月23日　☆第54回公判・谷敏行裁判長（判決宣告日）全員無罪判決！
＊判決文「被告人らの自白のなかに、あるはずもない事実がさもあったかのように具体的かつ迫真的に表現されていることは、自白の成立過程で、自白した被告人らの主張するような追及的、強圧的な取調べがあったことがうかがわれるものであり、4回の会合事実に関する被告人らの自白全体の信用性に疑問を生じさせるというべきである」

3月1日　鹿児島地方検察庁へ控訴断念要請。

3月5日　志布志事件被害者、本田修一志布志市長に要請書提出！　再就職の斡旋、心のケア、事件の舞台となった懐集落での懇談会の開催、人権侵害をなくするための啓発活動など、5項目を要請する。

3月8日　鹿児島地方検察庁控訴断念。全員無罪確定、控訴断念祝う会。
住民の人権を考える会ニュースNo.18号発行
・黒・元志布志警察署長の退職金返還を！

3月15日　住民の人権を考える会ニュースNo.19号発行
・【全員無罪】―控訴断念・春が来た―

4月7日　シンポジウム実施（於、鹿児島市）

4月24日　日弁連主催国会院内行動。無罪判決を勝ち取った12名全員参加する。

5月12日　住民の人権を考える会ニュースNo.20号発行
・東京行動・院内行動、日弁連報告。

5月17日　鹿児島地検が「踏み字」事件を福岡高検に移送。

6月4日　平成19年度「住民の人権を考える会」総会及び全面勝訴祝勝会（於、南大原公民館）

6月7日　志布志市議会議長宛に「取り調べの可視化」を求める陳情書提出。

6月19日　鹿児島県議会本会議・中山信一県議、一般質問で「身に覚えのない容疑」で捏造された志布志事件について、厳しく当局を追及！

6月20日　住民の人権を考える会ニュースNo.21号発行

6月21日　住民の人権を考える会ニュースNo.22号発行
・県議会傍聴報告

6月23日　住民の人権を考える会ニュースNo.23号発行
・志布志市長、志布志事件の舞台となった懐集落を訪問する！

6月27日　住民の人権を考える会ニュースNo.24号発行
・県議会総務警察委員会・桐原琢磨県議、警察本部長を追及。結果、「判決尊重は当然」

「買収会合はなかった」ことを認める！
傍聴報告。

6月28日　志布志市議会「取り調べの可視化」を求める陳情を採択決定。

6月30日　さつま芋の植え付けから収穫まで「人権」問う焼酎を作るために！
＊志布志事件の被害者をはじめ人権の会会員60名参加。

8月31日　踏み字事件濵田隆広被告が依願退職。

9月10日　鹿児島県議会金子万寿夫議長宛に「取り調べの可視化」を求める陳情書提出。

9月14日　踏み字事件に関し、鹿児島県知事宛に求償権行使を求める監査請求書提出。（下野太志氏、熊崎作郎氏、牧秀伸氏＝3名）

9月19日　踏み字事件・福岡高検の指揮で、福岡地検が特別公務員暴行陵虐罪で濵田被告を在宅起訴。

9月29日　住民の人権を考える会ニュースNo.26号発行
・県議会傍聴報告

10月6日　住民の人権を考える会ニュースNo.27号発行
・県議会議員全員に「取調べの全面可視化」必要性を訴える手紙を出しました。

10月9日　接見交通権国賠訴訟公判
叩き割り国賠訴訟第6回口頭弁論
県議会総務警察委員会・「取り調べの可視化」を求める陳情書審査。

10月17日　県議会本会議・「取り調べの可視化」を求める陳情書継続審査。

10月19日　無罪国賠訴訟提起（原告団・団長＝藤山忠氏他16名）

10月21日　住民の人権を考える会ニュースNo.29号発行
・志布志事件の真相究明を求めて国家賠償請求訴訟！　新たな闘いに立ち上がる。

10月26日　川畑幸夫さんへの賠償金60万円のうち50万円について、県が濵田被告に求償権を行使。

10月29日　濵田被告が鹿児島県に対し50万円を支払う。

11月7日　踏み字事件に関し、鹿児島県知事宛に求償権行使を求める監査請求書の取下書提出。（下野太志氏、熊崎作郎氏、牧秀伸氏＝3名）
鹿児島県が元職員濵田隆広に対し金50万円の請求をし、同人が金50万円の支払いをしたことが確認できた。一定の目的達成。

11月22日　踏み字事件特別公務員暴行陵虐罪初公判（福岡地裁）、濵田被告が無罪を主張。

11月23日　住民の人権を考える会ニュースNo.30号発行
・福岡高裁傍聴報告

12月3日　住民の人権を考える会ニュースNo.31号発行
・芋収穫作業のお知らせ

12月9日　「人権」を問う焼酎を作るための！　芋掘り＝2000kg収穫。

12月17日　無罪国賠訴訟第2回口頭弁論・原告側意見陳述

（井上順夫弁護士、藤山忠団長）

12月27日　住民報告集会（於、南大原公民館）
踏み字事件特別公務員暴行陵虐罪第2回公判（福岡地裁）

12月28日　年末餅つき大会（専念寺境内）
取調べの全過程の可視化（録音・録画）を求め、国会請願署名運動開始する。

平成20年

1月8日　住民の人権を考える会ニュースNo.33号発行
・国会請願署名の呼びかけ・「取調べの全面可視化」早期実現！　1万人の署名を目標に。

1月14日　住民の人権を考える会ニュースNo.34号発行
・名誉ある受賞！
☆多田謡子反権力人権基金運営委員会は、20団体・個人推薦候補の中から、団体・「住民の人権を考える会」と、個人3人が選ぶ。

1月24日　踏み字事件特別公務員暴行陵虐罪第3回公判（福岡地裁）

2月6日　住民の人権を考える会ニュースNo.35号発行
・民事・勝訴、刑事・全員無罪判決祝一周年餅つき大会・記念集会のお知らせ！

2月12日　住民の人権を考える会ニュースNo.36号発行
・国会請願署名

2月17日　国会請願街頭署名運動（於、志布志市内＝アピア、エプロン、サンキュー前）

2月19日　国会請願街頭署名運動（於、鹿児島市天文館・山形屋前）

2月23日　叩き割り国賠訴訟第7回口頭弁論
住民集会全面勝訴1周年記念餅つき大会（ホテル枇榔→南大原公民館）

3月8日　住民の人権を考える会ニュースNo.37号発行
・国会請願街頭署名のお知らせ！

3月11日　無罪国賠訴訟第3回公判原告3人の意見陳述（懐俊裕氏、山下邦雄氏、藤元いち子さん）

3月13日　住民の人権を考える会ニュースNo.38号発行
・福岡地裁公判・傍聴のお知らせ

3月15日　国会請願街頭署名運動（県議団＝県民連合、於、鹿児島市天文館）

3月18日　☆踏み字事件特別公務員暴行陵虐罪第4回公判（福岡地裁）・林秀文裁判長、濵田隆広被告（元鹿児島県警警部補）に有罪判決。
＊被告を懲役10月、執行猶予3年に処する。
＊踏み字の回数は少なくとも1回。
＊説得行為の許容範囲を大きく逸脱し、取調べの手段、方法として常軌を逸しており違法。
＊被害者に精神的苦痛を与える行為で、陵辱または加虐に当たり特別公務員暴行陵虐罪

が成立。
＊警察の捜査全体に対する信頼を大きく損ない、刑事責任は重い。

3月23日　住民の人権を考える会ニュース№39号発行
・ザ・全面可視化！
・民主党本部との意見交換会・3月30日13時～決定のお知らせ。

3月24日　☆接見交通権国賠訴訟・高野裕裁判長、原告（弁護人）勝訴判決下す。
＊弁護人との接見後、被告人らにその内容を捜査機関へ報告させること、捜査機関が聴取することは許されず、接見交通権を侵害する。
＊志布志・県議選事件の被告人らが接見内容を自発的に供述したとしても、弁護人の接見交通権の放棄は認められず侵害がなかったとはいえない。
＊今回の聴取が捜査上必要不可欠なものとは到底認められない。
＊今回の聴取は志布志・県議選事件の一連の捜査で行われたものであり、県と国は共同不法行為責任を負う。

3月30日　民主党と住民の人権を考える会・志布志事件被害者との意見交換会（於、サンポートしぶしアピア2Fホール）
＊国会請願（署名簿計1万5518人）を民主党国会議員へ手渡し。

4月1日　住民の人権を考える会ニュース№40号発行
・シンポジウムin鹿児島
・『ザ☆とりしらべ』講演、ジャーナリスト鳥越俊太郎氏。時・4月5日、所・かごしま県民交流センター。大型バス2台貸切。
参加者の呼びかけ！

4月5日　第10回〝志布志事件〟国選弁護プレシンポジウム（於、県民交流センター）、志布志から80名参加。

4月8日　接見交通権国賠訴訟、弁護人の勝訴判決確定。国・県ともに控訴断念！

5月14日　住民の人権を考える会ニュース№41号発行
・公判傍聴のお知らせ！

5月16日　叩き割り国賠訴訟8回口頭弁論

5月19日　住民の人権を考える会ニュース№42号発行
・人権の会総会のお知らせ！

5月23日　無罪国賠訴訟第4回口頭弁論・原告3人の意見陳述（永山トメ子さん、中山信一氏、中山シゲ子さん）

6月23日　社民党国会議員調査団「志布志冤罪事件」の現地調査＝四浦地区、志布志警察署取調室。事情聴取＝踏み字訴訟原告、無罪国賠訴訟原告団、叩き割り国賠訴訟原告団、及び人権を考える会会長ほか役員。
6月23日　住民の人権を考える会ニュースNo.43号発行
・永利忠義氏無念の旅立ち
6月24日　志布志事件被害者（無罪国賠原告団）永利忠義氏無念の旅立ち！　志布志市ルミエール有明にて告別式が営まれた。
6月28日　平成20年度「住民の人権を考える会」総会（於、南大原公民館、午後5時30分〜）
＊『人権を問う焼酎』の命名＝〝志布志の絆〟に決定。
＊基調講演「志布志事件のこれから」、講師・桐原琢磨県議。
7月9日　住民の人権を考える会ニュースNo.44号発行
・福岡高裁・傍聴の呼びかけ
7月15日　特別公務員暴行陵虐罪・控訴審第5回公判（福岡高裁）結審
7月18日　無罪国賠訴訟第5回口頭弁論
　　　　　叩き割り国賠訴訟第9回口頭弁論
7月24日　住民の人権を考える会ニュースNo.45号発行
・「人権を考える映画と講演の夕べ」弁護士会と共催！
8月8日　「人権を考える映画と講演の夕べ」開催＝弁護士会、住民の人権を考える会共催（於、サンポートしぶしアピア2階ホール、午後6時30分〜、300名参加）。
＊映画『つくられる・自白―志布志の悲劇―』
＊講演「暴走する権力を止めるのは誰か」、講師・原田宏二氏（元北海道警察釧路方面本部長）
8月11日　富山氷見事件冤罪被害者・柳原浩さん来志。意見交換会開催。国賠原告団、及び人権の会、計25名参加。
9月9日　☆特別公務員暴行陵虐罪・控訴審（福岡高裁）判決。濵田隆広被告（元鹿児島県警警部補）の控訴棄却＝福岡地裁有罪判決支持
9月24日　住民の人権を考える会ニュースNo.48号発行
・「踏み字」事件・特別公務員暴行陵虐罪に問われた濵田隆広元警部補の有罪確定！
・川畑幸夫さん民事・刑事共に勝訴おめでとう！
9月26日　無罪国賠訴訟第6回口頭弁論
　　　　　叩き割り国賠訴訟第10回口頭弁論
10月30日　住民の人権を考える会ニュースNo.49号発行
・住民報告集会のお知らせ！
11月9日　住民報告集会・川畑幸夫さん勝訴慰労会及び人権の会焼酎〝志布志の絆〟試飲会開催（於、南大原公民館　参加者60名）。
11月15日　住民の人権を考える会ニュースNo.50号発行
・人権の焼酎〝志布志の絆〟販売店の紹介
11月21日　無罪国賠訴訟第7回口頭弁論

叩き割り国賠訴訟第11回口頭弁論

平成21年

1月13日　住民の人権を考える会ニュースNo.52号発行
　・年頭のご挨拶、一木会長

1月21日　無罪国賠訴訟第8回口頭弁論

2月17日　叩き割り国賠訴訟第12回口頭弁論

2月17日　志布志事件被害関係者の実情調査を求めて、県議会金子議長へ陳情・人権の会三役で実施。

2月17日　住民の人権を考える会ニュースNo.53号発行
　・グランドゴルフ大会開催のお知らせ

3月8日　第1回「住民の人権を考える会」主催・親睦グランドゴルフ大会開催（於、サンポートしぶしアピア）。会員及び家族、一般市民計115名参加。

3月13日　県総務警察委員会陳情（志布志事件被害関係者の実情調査を求める）不採択。

3月14日　住民の人権を考える会ニュースNo.54号発行

3月18日　無罪国賠訴訟第9回口頭弁論

3月19日　叩き割り国賠訴訟第13回口頭弁論

3月19日　接見交通権事件に関し、鹿児島県知事宛に求償権行使を求める住民監査請求書提出！（熊崎作郎氏、長野正富氏、冨永龍治氏）

3月27日　住民監査請求書・県受理する。

3月27日　大出良知志（東京経済大学教授）を囲んで志布志事件被害者と人権の会三役懇談。

4月28日　監査請求陳述

5月15日　監査委員会・監査請求を棄却。
　住民の人権を考える会ニュースNo.55号発行
　・裁判傍聴のお知らせ！

5月20日　無罪国賠訴訟第10回口頭弁論
　叩き割り国賠訴訟第14回口頭弁論（裁判長・牧賢二＝新任）

6月4日　住民の人権を考える会ニュースNo.56号発行
　・図書案内→『虚罪』朝日新聞取材班、前代未聞の捜査権力による「でっち上げ事件」はなぜ起ったのか。捜査内部の「情報提供者」の協力を得て、捜査当局を追い詰める過程を詳細に報告し、元被告たちの苦悩の日々を追って出来上がった著書、として紹介。

6月17日　住民の人権を考える会ニュースNo.57号発行
　・緊急・県議会傍聴呼掛け！

6月19日　鹿児島県議会本会議、くしげ勝美県議が代表質問において、志布志事件で厳しく当局を追及！

6月27日　平成21年度「住民の人権を考える会」総会（於、南大原公民館、午後6時～）
　・講演＝講師＝桐原琢磨県議
　・会員同士の強い絆を大切にする懇親会開催！

6月29日　住民の人権を考える会ニュース№58号発行
・今後の活動について！
7月15日　無罪国賠訴訟第11回口頭弁論
7月18日　住民の人権を考える会ニュース№59号発行
・原告団活動紹介！
7月22日　志布志市職員組合・職員研修会、志布志事件被害者＝川畑幸夫氏、藤山忠氏、山下邦雄氏三名が招かれ、「真相を語る」と題して講演。
9月18日　住民の人権を考える会ニュース№60号発行
・原告団活動紹介！
10月14日　無罪国賠訴訟第12回口頭弁論
10月29日　住民の人権を考える会ニュース№62号発行
・市民集会開催のお知らせ！〃取調べの全面録画を求める市民集会in志布志〃12月6日予定！
11月2日　住民の人権を考える会ニュース№63号発行
・第2回親睦グランドゴルフ大会参加者募集について
11月23日　第2回「住民の人権を考える会」主催・親睦グランドゴルフ大会開催（於、サンポートしぶしアピア）、会員及び一般市民計91名参加。
12月6日　取調べの全面録画を求める市民集会in志布志（於、志布志市文化会館）全国の冤罪被害者集結！　800名参加。
＊基調報告「足利事件と取り調べの可視化」弁護士佐藤博史（東京弁護士会）
＊冤罪被害者報告、足利事件・菅家利和氏、甲山事件・山田悦子氏、氷見事件・柳原浩氏、布川事件・桜井昌司氏、志布志事件・藤山忠氏、同・藤山成美氏、同・藤元安義氏、同・藤元いち子氏、同・懐俊裕氏、同・懐智津子氏、同・山下邦雄氏、同・永山トメ子氏、同・谷田則雄氏、同・山中キヨ子氏、同・永利ヒナ子氏、同・中山信一氏、同・中山シゲ子氏、同・川畑幸夫氏。
＊冤罪被害者が語る取調べの実態「私たちは、どのようにして、うその自白を迫られたか」
＊取調べの全面録画の立法化に向けて
＊アピール「今すぐ取調べの全面録画実現を求める」

平成22年

1月3日　住民の人権を考える会ニュース№64号発行
・年頭のご挨拶、一木会長
・今月の口頭弁論のお知らせ
1月13日　無罪国賠訴訟第13回口頭弁論
2月22日　住民の人権を考える会ニュース№65号発行
・立命館大学院生来志！（志布志事件をより深く知りたい・現地取材のため）

2月26日　立命館大学院生及び職員計6名による〝志布志事件〟現地視察及び事件被害者・人権の会役員との懇談会！
3月17日　無罪国賠訴訟第14回口頭弁論
4月19日　住民の人権を考える会ニュース№66号発行
・冤罪被害者・桜井昌司さんを温かく迎える会への呼び掛け！
5月1日　桜井昌司さんを囲む会を開催・布川事件・冤罪被害者来志に伴って！
＊布川事件について
＊現況報告　桜井昌司さん
＊激励の言葉
5月26日　無罪国賠訴訟第15回口頭弁論
6月7日　住民の人権を考える会ニュース№67号発行
・口蹄疫被害による農家の痛み・苦しみを思い、各種イベントを中止又は延期に協力します（人権の会予定の22年総会、グランドゴルフ大会を延期致します）。
6月9日　叩き割り国賠第15回口頭弁論
7月24日　平成22年度「住民の人権を考える会」総会（於、南大原公民館、午後5時30分～）
＊基調講演「全員無罪判決から3年目」、講師・桐原琢磨県議
＊会員同士の強い絆を大切にする懇親会開催！
8月27日　住民の人権を考える会ニュース№70号発行
・第3回親睦グランドゴルフ大会。とき、9月26日。ところ、サンポートしぶしアピア　参加者募集について。
9月26日　第3回「住民の人権を考える会」主催・親睦グランドゴルフ大会開催（於、サンポートしぶしアピア）。会員及び一般市民計87名参加。
11月24日　「取調べの全面可視化」を求める陳情書を鹿児島県議会・金子議長に提出、住民の人権を考える会（三役）。
12月2日　「待ったなし今こそ可視化の実現を、冤罪はこうして作られる」市民集会へ参加（於、東京弁護士会館）。

平成23年

1月7日　住民の人権を考える会ニュース№72号発行
・年頭のご挨拶、一木会長
（3月11日　東日本大震災）
4月14日　住民の人権を考える会ニュース№73号発行
・叩き割り国賠訴訟今後の日程のお知らせ
5月13日　叩き割り国賠第16回口頭弁論・原告浜野博氏尋問
5月18日　叩き割り国賠第17回口頭弁論・原告川畑まち子さん尋問
5月20日　叩き割り国賠第18回口頭弁論・被告堂免国光取

調官、千々岩茂取調官、新原義博取調官（3名）尋問

5月24日　☆桜井昌司氏、杉山卓男氏（布川事件）に水戸地裁再審無罪判決！
（布川事件。1967年に茨城県利根町布川で男性が殺害され、桜井昌司氏、杉山卓男氏が容疑者として逮捕された。2人は公判で無罪を主張したが、水戸地裁浦和支部は70年、無期懲役の判決。最高裁は78年に上告を棄却し確定した）

6月7日　布川事件・桜井昌司氏、杉山卓男氏再審無罪確定。44年の歳月を経て漸く決着。お二人にはお疲れ様と心からエールを送る。

6月18日　4月29日付け一木法明氏春の叙勲・瑞宝双光章を受章。
志布志事件原告団・あみや信介衆院議員意見交換会（於、南大原公民館）。無罪国賠原告団及び叩き割り国賠原告団、人権の会三役出席。

6月22日　住民の人権を考える会ニュース№75号発行
・祝・情報！お知らせ（一木法明氏（住民の人権を考える会々長）春の叙勲おめでとう）

7月2日　平成23年度「住民の人権を考える会」総会
＊講演「かごしま事件について」、講師・野平康博弁護士
＊会員同士の強い絆を大切にする懇親会開催！

7月19日　志布志で〝桜井昌司さんを迎え44年間の労苦を癒そう会〟を開催！
無実の罪を着せられ29年間という永きに亘り刑務所生活を余儀なくされる中、無実を訴え続け再審無罪を勝ち取られたお二人に敬意と44年間の労苦を癒し、ねぎらいの言葉を交わす貴重な交流会となった。

9月2日　叩き割り国賠第19回口頭弁論・原告門松輝海氏、藤元幸広氏（2名）尋問

9月7日　「取調べの全面可視化」を求める陳情書を鹿児島県議会・金子議長に提出、住民の人権を考える会（三役）。
叩き割り国賠第20回口頭弁論・原告柳栄子さん尋問

9月9日　叩き割り国賠第21回口頭弁論・被告姫野勝範取調官、竹下清隆取調官、今濱宗隆取調官（3名）尋問

9月25日　第4回「住民の人権を考える会」主催・親睦グランドゴルフ大会開催（於、サンポートしぶしアピア）、会員及び一般市民計82名参加。

11月29日　住民の人権を考える会ニュース№83号発行
・12月公判のお知らせ！

12月5日　住民の人権を考える会ニュース№84号発行
・公判傍聴案内！

12月7日　叩き割り国賠訴訟第22回口頭弁論・原告浜野栄子さん尋問
12月9日　叩き割り国賠訴訟第23回口頭弁論・被告川崎清取調官、障子田瑞穂取調官（2人）尋問

平成24年

1月4日　住民の人権を考える会ニュースNo.85号発行
・年頭のご挨拶、谷口会長
2月15日　住民の人権を考える会ニュースNo.86号発行
・全国レベルで行われる、待ったなし！　取調べの全面可視化　署名活動について。
2月23日　住民の人権を考える会ニュースNo.87号発行
・全員無罪確定5周年記念集会のお知らせ！
3月10日　全員無罪確定祝5周年記念集会（於、南大原公民館、60名参加）
＊国賠原告団長（藤山忠氏、浜野博氏）決意表明・謝辞
＊記念講演「ふたつの国賠訴訟の行方と私達の取り組み姿勢」、講師・桐原琢磨元県議
＊当面の活動について
5月11日　住民の人権を考える会ニュースNo.88号発行
・「取調べの全面可視化」を求める署名、3441筆集まる！　ご協力ありがとう！
5月12日　住民の人権を考える会ニュースNo.89号発行
・新任裁判官に意見陳述！
5月16日　叩き割り国賠訴訟第24回口頭弁論・原告団長浜野博氏、意見陳述
6月6日　無罪国賠訴訟第16回口頭弁論・原告団谷田則雄氏、意見陳述
6月15日　叩き割り国賠訴訟第25回口頭弁論・原告中田ツヤ子さん尋問、及び被告・堤章一取調官尋問
6月24日　住民の人権を考える会ニュースNo.92号発行
・24年総会迫る！
6月30日　平成24年度「住民の人権を考える会」総会（於、南大原公民館、午後5時30分～）
＊今年度のスローガン
示そう一致団結！　目指そう国賠勝訴！
講演・一木法明名誉会長
会員同士の強い絆を大切にする懇親会も併せ開催！
7月16日　住民の人権を考える会ニュースNo.94号発行
・7月の無罪国賠裁判・大崎事件再審開始決定を求める要請書の署名活動開始について。
7月19日　無罪国賠訴訟第17回口頭弁論・原告藤元いち子さん尋問
7月20日　無罪国賠訴訟第18回口頭弁論・原告藤元いち子さん、藤山忠氏尋問
8月22日　住民の人権を考える会ニュースNo.95号発行
・叩き割り・9月の裁判。

9月14日　叩き割り国賠訴訟第26回口頭弁論・証人加藤秀雄氏尋問、及び被告磯辺一信取調班長尋問
9月20日　住民の人権を考える会ニュース№96号発行
・10月5日口頭弁論後に行われる志布志事件・大崎事件報告集会のお知らせ！
9月21日　『ショージとタカオ』ドキュメンタリー映画上映会（於、肝属教育会館）
奪われた29年　人生のリターンマッチ！　志布志からも参加！
10月4日　無罪国賠訴訟第19回口頭弁論・原告藤元いち子さん、山下邦雄氏尋問
10月5日　無罪国賠訴訟第20回口頭弁論・原告永山トメ子さん、永利ヒナ子さん原告尋問
10月5日　志布志事件・大崎事件報告集会（於、鹿児島市大谷会館、17時30分～）
＊冤罪被害者は告発する!!　桜井昌司さん（布川事件）、菅家利和さん（足利事件）、柳原浩さん（氷見事件）、河野義行さん（松本サリン事件）、川畑幸夫さん（志布志事件）
11月2日　叩き割り国賠訴訟第27回口頭弁論・被告磯辺一信取調班長尋問、及び被告黒健治志布志警察署長（志布志事件・現地取調本部長）尋問
11月15日　浜野博氏、秋の叙勲・瑞宝単光章を受章（叩き割り集団訴訟団長）
11月23日　第5回「住民の人権を考える会」主催・親睦グランドゴルフ大会開催（於、サンポートしぶしアピア）、会員及び一般市民計104名参加。
12月8日　住民の人権を考える会ニュース№100号発行
・今月の裁判のお知らせ
12月13日　無罪国賠訴訟第21回口頭弁論・証人玉垣大二郎氏尋問及び原告・懐智津子さん（2名）尋問
12月14日　無罪国賠訴訟第22回口頭弁論・原告藤元安義氏、懐俊裕氏（2名）尋問
12月20日　大崎事件の再審開始決定を求める署名簿、20 30筆を鹿児島地裁・中牟田博章裁判長宛に提出。住民の人権を考える会（三役）。

平成25年

1月4日　住民の人権を考える会ニュース№101号発行
・年頭のご挨拶、谷口会長
2月15日　住民の人権を考える会ニュース№102号発行
2月21日　無罪国賠訴訟第23回口頭弁論・原告藤山成美さん、谷田則雄氏、中山信一氏（3名）尋問
2月22日　無罪国賠訴訟第24回口頭弁論・原告中山信一氏、中山シゲ子さん尋問
3月6日　大崎事件再審棄却。鹿児島地裁中牟田博章裁判長。不当決定に原口アヤ子さん（85歳）、福岡高裁宮崎支部へ即時抗告。
4月11日　住民の人権を考える会ニュース№103号発行

・平成25年度総会のお知らせ！　5月12日（日）事件の舞台とされた四浦小・体育館で。

4月28日　住民の人権を考える会ニュース№104号発行
・総会参加確認のため再度発行

5月12日　平成25年度「住民の人権を考える会」総会&10周年講演開催！
＊記念講演・鹿児島大学教授木村朗氏
＊現況報告・野平康博弁護士

5月14日　志布志警察署長宛要請文提出する！　人権の会三役・志布志事件被害者原告団が志布志署1階の取調室に全員入り、副署長、警務課長対応のため、署長に面会を求めるも「副署長の責任で皆さんのご要望を上に伝え日を改めて回答します」として応じず、結局副署長に手渡した。
住民の人権を考える会ニュース№105号発行
・「本日志布志警察署長宛志布志事件・要請書提出した」事を会員に報告。

5月16日　無罪国賠訴訟第25回口頭弁論・原告寺園智江さん尋問。証人川畑順子さん尋問

5月17日　無罪国賠訴訟第26回口頭弁論・証人小桜誠刑事尋問

7月15日　住民の人権を考える会ニュース№106号発行
・7月18、19日公判・傍聴参加呼掛け。

7月18日　無罪国賠訴訟第27回口頭弁論・被告尋問（取調警察官1名）

7月19日　無罪国賠訴訟第28回口頭弁論・原告尋問（原告証人2名）

9月15日　住民の人権を考える会ニュース№107号発行
・10月3日・注目の公判・志布志警察元署長2度目の尋問！

10月3日　無罪国賠訴訟第29回口頭弁論・被告尋問（当時志布志警察署長）

10月7日　住民の人権を考える会ニュース№108号発行
・人権の会会員・原告団員と一般市民の交流の場、グラウンドゴルフ大会11月10日午後から開催のお知らせ！

10月15日　住民の人権を考える会ニュース№109号発行
・無罪国賠第30回口頭弁論傍聴参加呼掛け。

10月17日　無罪国賠訴訟第30回口頭弁論・被告尋問（当時鹿児島検察庁検察官）

11月7日　叩き割り国賠訴訟第29回口頭弁論・「最終弁論期日12月19日(金)」を確認。

11月15日　住民の人権を考える会ニュース№110号発行
・大崎事件再審の光見える！

12月8日　（11月10日雨天の為順延）第6回住民の人権を考える会主催グラウンドゴルフ大会開催！
一般市民80名参加者・原告団員、人権の会々員計104名。交流の場となった！

平成26年

1月27日　住民の人権を考える会ニュース№112号発行
　・緊急公判！　1月31日に！
1月31日　無罪国賠訴訟第31回口頭弁論
　被告・国が、「刑事事件で開示された供述調書を証拠として使用することは、刑事訴訟法が禁じた目的外だ」と主張。原告弁護団は、「その様な主張がとおれば、冤罪被害者の救済は図れない可能性が高くなる」と反論。裁判長からは「被告・国、県も使用している事であるから、被告・国の主張は一方的で受け入れられない」との判断が示された。
3月8日　住民の人権を考える会ニュース№113号発行
　・大崎事件「再審という名の春」
5月2日　住民の人権を考える会ニュース№114号発行
5月9日　無罪国賠訴訟第32回口頭弁論・原告口頭弁論の後、非公開による三者進行協議別室へ移動。0時20分～控室にて、井上順夫弁護団長、今後の公判見通しについて説明。
6月4日　住民の人権を考える会ニュース№115号発行
　・平成26年度総会のお知らせ
6月29日　平成26年度「住民の人権を考える会」総会開催！
7月26日　住民の人権を考える会ニュース№116号発行
　・暑中お見舞い文、訃報・お知らせなど。
8月20日　住民の人権を考える会ニュース№117号発行
　・無罪国賠公判最終日のお知らせ
8月29日　無罪国賠訴訟第33回口頭弁論、原告団意見陳述(藤山忠原告団長)。原告弁護団意見陳述（井上順夫弁護団長)・弁論終結
9月7日　住民の人権を考える会ニュース№118号発行
　・叩き割り国賠訴訟・最終書面審査公判へ。
9月12日　叩き割り国賠訴訟第30回口頭弁論・「次回公判11月7日(金)11時から」を決めて閉廷。
10月31日　九州弁護士会主催シンポジウム。無罪国賠・叩き割り国賠両原告団員を中心に志布志から29名参加する。
11月3日　住民の人権を考える会ニュース№119号発行
　・公判傍聴呼掛け他。
11月7日　叩き割り国賠訴訟第31回口頭弁論・「最終弁論期日・12月19日(金)」確認。
11月13日　住民の人権を考える会ニュース№120号発行
　・人権を考える会主催グラウンドゴルフ大会期日12月7日(日)午後1時から。参加募集始める。
12月11日　住民の人権を考える会ニュース№121号発行
　・叩き割り国賠訴訟最終弁論段階へ。傍聴参加呼掛け！
12月19日　叩き割り国賠訴訟第32回口頭弁論・原告団意見

陳述（浜野博原告団長、原告弁護団意見陳述（野平康博弁護団長）・弁論終結

平成27年

1月9日　住民の人権を考える会ニュース№１２２号発行

3月28日　住民の人権を考える会・平成27年度第6回三役会。

国賠訴訟判決日時決る！に伴って、貸切バス手配、慰労会会場手配、旗の製作、横断幕製作、準備開始する。

5月2日　住民の人権を考える会ニュース№１２３号発行

・民事国賠訴訟裁判判決日時決まる！

・傍聴者貸切バス出発時間のお知らせ

5月15日

（午前10時）☆志布志事件・無罪国賠訴訟「勝訴判決！」

（午後3時）志布志事件・叩き割り国賠訴訟「不当判決！」

（午後7時）志布志に帰り、直ちに慰労会を実施！

…〝両原告団のみなさん12年間の闘いお疲れ様でした〟…

両原告団の辛抱強い闘い・団結力に敬意、県民・市民の温かい支援に感謝！

5月28日　無罪国賠訴訟原告団・声明発する！

…被告（県警、検察）控訴断念に伴って…

5月28日　叩き割り国賠訴訟原告団・控訴の声明。

6月10日　住民の人権を考える会ニュース№１２５号発行

6月27日　志布志事件・両原告団全員&同弁護団による『慰労会』・無罪国賠原告団主催。

開催冒頭・原告団長挨拶・『本日を以って無罪国賠原告団は解散致します』と宣言される！

7月6日　住民の人権を考える会ニュース№１２６号発行

・平成27年度総会・お知らせ！

7月8日　大崎事件第3次再審請求報告集会（於、鹿児島市中央公民館、14時～）

＊冤罪被害者集結、志布志事件・被害者原告団の方々が参加！

7月11日　住民の人権を考える会平成27年度総会（於、南大原公民館）

＊「叩き割り国賠訴訟」原告団は真相究明を求めて控訴！　力強い支援を議決！

＊「取調べの全面可視化」へ向けてねばり強い活動の推進！　など。

＊基調講演・木村朗教授（鹿児島大学）、演題「人権について」

7月14日　「志布志事件についての要請書」を事件被害者、「志布志の人権を考える会」役員全員で志布志警察署長あてに提出。

7月16日　住民の人権を考える会ニュース№１２７号発行

・志布志警察署長あて「要請書」提出！

・鹿児島地裁判決後の「叩き割り国賠訴訟原告団〝声明文〟」紹介
8月31日　叩き割り国賠訴訟控訴審において、控訴理由書、書証を提出。
9月7日　志布志警察署長、要請書に回答。
10月20日　住民の人権を考える会ニュース№128号発行
・人権を考える会主催グランドゴルフ大会案内、11月22日(日)午後1時半から、サンポートしぶしアピア。
10月30日　叩き割り国賠訴訟控訴審・進行協議。証拠や主張の補充等。特に、もと警察官の意見書、刑訴学者らの意見書を提出。
11月5日　柳誠子県議、二牟礼正博前県議来志。意見交換
11月14日　弁護士会死刑廃止シンポジウム（於、サンエール鹿児島、午後1時～）。原告団関係者ら20名参加。
11月22日　グランドゴルフ大会開催。120名参加。
11月28日　住民の人権を考える会ニュース№129号発行
・グランドゴルフ大会無事終わる
・訃報（毛利甚八氏）

平成28年

1月5日　住民の人権を考える会ニュース№130号発行
・年頭の挨拶、谷口松生会長
1月18日　叩き割り国賠訴訟控訴審・進行協議。求釈明書、準備書面、書証を追加で提出。
3月9日　住民の人権を考える会ニュース№131号発行
・4月2日弁護士会主催シンポジウムへの参加呼びかけ
4月2日　鹿児島県弁護士会主催で、「志布志事件を繰り返すな」（冤罪事件の教訓は生かされてきたのか）と題するシンポジウム開催（鹿児島市町村自治会館、12時半～）。
・約300名の市民が参加。多数の冤罪被害者の方々、心理学者、もと警察官、記者、学者及び弁護士らの報告を行う。志布志から61名参加。
4月6日　叩き割り国賠訴訟控訴審・進行協議
4月19日　住民の人権を考える会ニュース№133号発行
・熊本地震見舞い
・叩き割り国賠訴訟控訴審口頭弁論5月13日
5月8日　住民の人権を考える会ニュース№134号発行
・叩き割り国賠訴訟控訴審傍聴参加呼びかけ
5月13日　叩き割り国賠訴訟控訴審・第1回口頭弁論
この日、控訴人らを代表して浜野博氏が意見陳述を行う。また、代理人弁護士による弁論を行う。被害の実際、証拠からも叩き割りがなされたことなどを訴える。志布志「住民の人権を考える会」から多数傍聴。この日の期日で弁論が終結、判決は追って指定。

6月6日　住民の人権を考える会ニュース№１３５号発行
・平成28年度総会案内
6月11日　平成28年度総会
・叩き割り国賠訴訟原告団支援
・全面可視化の取り組みについて
7月12日　住民の人権を考える会ニュース№１３６号発行
・叩き割り国賠訴訟8月5日判決決定
7月27日　住民の人権を考える会ニュース№１３７号発行
・控訴審判決8月5日、傍聴参加を！
8月5日　☆叩き割り国賠訴訟控訴審判決日
控訴人ら全員、また、志布志の人権を考える会会員ら45名傍聴。一審判決を取消し、全員勝訴の判決。
8月16日　鹿児島県は、上告を断念。
住民の人権を考える会ニュース№１３８号発行
・叩き割り国賠訴訟控訴審判決、勝訴確定
8月17日　控訴人らも、上告断念を表明。判決の内容には不服はあるが、全員について県の賠償責任を認めたこと、10年にわたる長い闘いのために、高齢化したことなどを理由とするもの。
9月21日　住民の人権を考える会、県議会傍聴。賠償金の求償、直接謝罪を求めて。16名参加。

2　無罪国賠訴訟・意見陳述書

志布志事件では、「買収会合事件」で起訴された一三人（内一名は裁判中に死亡）全員の無罪判決が確定した（二〇〇七年三月八日）。

その後、元被告人一二人と裁判中死亡した元被告人の遺族ら計一七人が鹿児島県警や同地検の捜査や取調べ、長期間の拘束などで肉体的・精神的被害を受けたとして、国と県を相手に総額二億八六〇〇万円を求める国家賠償請求訴訟を鹿児島地裁に起こした（原告団長・藤山忠氏、二〇〇七年一〇月一九日提訴、平成一九年(ワ)第一〇九三号国家賠償請求事件）。

裁判は、二〇一五年五月一五日、捜査・起訴の違法性を認め、警察・検察のあり方を断罪し、県と国に計五九八〇万円の損害賠償を支払うよう命じる判決を言い渡し終結した。

ここに掲載した意見陳述書は、塗炭の苦しみを強いられた原告らが法廷で陳述した悲痛の叫びである。

一部未完成のもの、氏名未記入のものもあるが、原告らの裁判にかける思いを伝えるものとしてそのまま掲載した。

（編者）

意　見　陳　述　書

平成19年12月17日

原告団長　藤　山　　忠

私は藤山忠と申します。昭和23年4月26日に志布志市志布志町の四浦で生まれました。現在、東洋埠頭という会社で働いています。

私はこれまで、一度も警察署にお世話になったことはありませんでした。

免許証更新以外行ったことはありませんでした。

しかし、平成15年4月17日以降、5月13日に逮捕されるまで、ほぼ連日、早朝、志布志警察署に連行され、深夜まで取調べを受けました。

まず、4月17日と18日、延べ22時間30分、森刑事から取調を受けました。次いで、翌々日の4月20日から5月8日まで、延べ12日に亘り延べ115時間21分、小能刑事から取調を受けました。

私は、今まで、警察官を信頼していました。子供のときから、学校の先生と警察官は尊敬される人物だと親からも教えられてきました。私はその認識を変えました。

4月29日まで、延べ50時間余の小能刑事の取調は酷いものでした。小能刑事は、藤元いち子さんから焼酎2本と現金1万円をもらったということで私を責めました。私は、そのような事実は一切ないと否認しました。しかし小能刑事は、私がいくら否認しても聞いてはくれませんでした。この間、早朝から深夜まで取調べられました。この苦しさは経験した者でないとわかりません。私は体力には自信がありましたが、このままでは死ぬのではないかという不安感に襲われました。

「みんなが認めた、認めたら交通違反と同じ罰金で済む」と言われ、早く楽になりたいという思いで認めてしまいました。

焼酎と現金をもらったというウソの自白をさせられると、次は、藤元いち子さん宅で会合が開かれ、そこに私も出席しただろうという取調べが始まりました。私は、5月1日から5月8日までに延べ7日間、66

時間余、早朝から深夜まで取調べを受けました。ある時は家に、ある時は職場に、忘れられないのは出勤途中に待ち伏せされたりしました。この頃、体調も悪くなり、帰してくださいと小能刑事に頼みましたが、聞いてくれませんでした。これも忘れることができませんが、平成１５年４月２２日、私の言い分を聞いてくれないので、取調室を出ようとしたら強引に連れ戻されました。

結局私は、４月１７日から５月８日まで、延べ１４日間、１３７時間５１分、任意同行と言いながら強制的な取調べを受けました。

１３７時間５１分は、取調べの時間だけです。昼食、夕食などの休憩時間とか志布志警察署と私の家との往復時間は含んでいません。

私は会社勤めをしながら、牛を養っています。毎朝６時には目が覚めて、牛の世話をしていました。警察は私のこのような生活をメチャクチャにしました。今でもこの取調べによって受けた精神的、肉体的苦痛は忘れることができません。

さらに、小能刑事から信じられないような暴言を浴びせられました。

「お前を死刑にしてやる」と言われました。

藤元いち子さんが私に焼酎をやった、ウソを言うなとも言われました。

亡くなった山中鶴雄さんや懐俊裕さんも認めた、と言われました。ポリグラフにもかけられました。４月２２日の取調べでは、机の上に手を載せて絶対おろすなとそのままで取調べを受けました。

ウソの自白をしても、検察官なら真実がわかってもらえると思いました。

しかし私を取調べた徳永副検事は小能刑事の作成した自白調書に沿うような供述を私に求めてきました。

以上のことは、平成１９年２月２３日の無罪判決で明らかになりました。

しかし、この４年間私の受けた精神的、肉体的苦痛は癒されておりません。なぜ私がこのような目に遭わなければならなかったのか、真面目に仕事をし、牛を養い、親を介護し、毎日毎日必死になって生活している人間を苦しめなければならなかったのか私にはわかりません。

いまでも取調べのことを思い出して、夜眠れない時があります。事件発生から、取調べ、逮捕、拘留、そして５４回の公判と経験した者でないとわからないつらい思い、悲しい思いをしました。

なお、私の妻も、私と同じように、任意同行、そして、逮捕、そして、長期間勾留されました。妻も大変つらい思いをしたと思います。夫婦とも、早朝から深夜まで取調を受け、そして、長期間勾留されたことから、養っていた牛の世話は年老いて親がせざるを得なくなりました。その意味で、私達夫婦のみならず、親、そして子供達まで、家族全員が大変つらい思いをしました。二度とこのような思いはしたくない。

再び、このような事件が起きないよう真相が知りたい。そして私を含め１３名の皆さんは高齢者が多くいます。この事件を真摯に受け止め、警察は志布志町四浦にきて直接被害に遭った人たちの家に謝罪をして欲しい。そのことなくしては、この事件は終わりません。私は、１３名の原告の方々とともに、この裁判において何故この事件が起こったのかを明らかにしていきたいと決意しています。

最後に、原告団長として、原告全員に意見陳述の機会を与えて頂きたく、裁判長にお願い申し上げます。

以上をもって、私の意見陳述といたします。

（以上）

平成１９年（ワ）第１０９３号国家賠償請求事件
原　告　藤　元　いち子　外１６名
被　告　国　　　　　　　外１名

意 見 陳 述 書

平成２０年３月１１日

鹿児島地方裁判所　御　中

住　所　鹿児島県志布志市志布志町内之倉6747

氏　名　藤元いち子　㊞

1　私は藤元いち子です。昭和２８年１１月２０日、大崎に生まれ育ちました。家族は父と夫と子ども２人、志布志町四浦の懐地区に住んでいます。

2　私は警察にひどい目に合いました。

世の中に鬼はいないと思いましたが、警察は鬼だと思います。

なぜ私がこんな目に合わなければならないのか、わかりません。

朝から晩まで取り調べられました。

私はノイローゼになりました。私を取り調べた濵田刑事に「死にたい」と言いました。濵田は「おれの前で死ね」と言いました。

3　裁判で無罪になりました。

私は何もうれしくありません。

事件から５年になります。今も夜よくねむれません。仕事も、うしないました。今串間のボーリング場の清そうの仕事をしています。

父も夫も、子どもも、警察の取り調べを受けました。

4　裁判長様、何もいりません。元の生活に戻して下さい。真面目に働き、親子５人過ごしてきた元の生活に戻して下さい。

私をこんな目にあわせた濵田刑事は今裁判中です。ほかにも責任者はいます。その人たちを罰して下さい。お願い致します。

以　上

平成１９年（ワ）第１０９３号　国家賠償請求事件
原　告　藤　元　いち子　外１６名
被　告　国　　　　　　外１名

意 見 陳 述 書

平成２０年３月１１日

鹿児島地方裁判所　御中

原　告　懐俊裕　㊞

5　3

1　私は，平成１５年４月１４日に逮捕されました。懐俊裕といいます。

昭和２４年１月１５日，志布志町に生まれ育ち，今も志布志町四浦の懐集落に住んでいます。今年５９歳になります。

2　私は，この歳になるまでに警察沙汰になる悪いことをしたことは一度もありません。

現在も父と母と一緒に暮らしています。牛を養っています。

子どもは３人いますが，みんな社会人で，まじめに働き，生活しています。

3　父や母がそうであったように，私も子ども達に教えてきました。人の物を盗むな，人を騙すな，人を傷つけるな，それが当たり前だからです。

しかし，私は警察から騙され，傷つけられました。

4　私は裁判でも述べてきました。選挙でお金ももらっていないし，会合にも出ていないと何度も訴えました。

しかし，私を取調べた警察官は，言うことを聞いてくれませんでした。

5　４月２０日，私は近くの福島川に飛び込み，自殺を図りました。

私は泳げません。あのとき木村さんという人が釣りに来ていなかったら，助けてもらえなかったら，私は死んでいました。

6　裁判でも明らかになりましたが，その時の木村さんの調書が，私の言ったことと逆のことが書いてありました。

私は，警察は何を言っても聞いてくれない，死んだ方がましだと木村さんに

- 1 -

飛び込んだ理由を言ったのに，選挙違反でみんなに迷惑をかけたので死んでお詫びしますとあることが裁判でわかりました。

7　私は昨年２月２３日の裁判で無罪になりました。しかし，少しもうれしくありません。

私は，警察というのは血も涙もないものだとつくづく思いました。

私を取調べたのは川崎刑事です。「他の人は認めている」とか「選挙違反は交通違反と一緒。罰金を払えばすぐに出られる」とか言われました。

8　私は高血圧の持病があります。頭痛を訴えても聞いて貰えませんでした。

忘れもしません，あまりの取調べのきつさに，体調を崩し入院しました。

退院後も体調が元に戻らず寝ているところへ，川崎刑事は医者を連れてきて往診させ，志布志警察署に連れて行きました。

これは人間のすることではありません。５月１３日のことです。

9　私も家内と同じようなひどい目に遭いました。

父や母や子どもまでが，警察からひどい目に遭わされました。

現在，年老いた両親を介護しています。

事件の前に７頭いた牛も，生活上のことで手放し，現在２頭しかいません。

仕事も失い，今は市の臨時職員として働いていますが，３分の１のお金しかありません。

１０　体調は全員無罪になってから少しずつ回復しましたが，取調べの時の怒鳴り声や机を叩く音が忘れられなく，夜中に目を覚ますことがあります。

長男が会社のリストラで失職し，何回受けても採用されませんでした。

私の名前で子どもの再就職がなかなか決まらず，ようやく今年，都城で働けるようになりました。

１１　以上，私の身の上に起きたことを正直に述べてきました。

まだ訴えたいことは山ほどあります。

最後にお願いします。私たちの生活を事件の前に戻して下さい。

以　上

- 2 -

意見陳述書

山下　邦雄

1、　私は山下邦雄と申します。生年月日は昭和５年１０月２３日です。７７歳になります。

2、　私は今まで公民館長の経験がありました。国会議員選挙から町会議員選挙まで、選挙立会人もしてきました。

3、　私は公民館長の仕事を誇りに思っていました。公民館長は人から信頼されるからなれるのだ、と思っていました。

4、　私が一度も選挙違反をしていません。私は平成１５年５月１３日に逮捕されました。それから弁護士が２人拘置所にこられて「やっていないのであれば、やっていないと刑事に話なさい」と言われたので、その通り刑事に言いました。

5、　私は正直な人間だと思います。会合に出たとか、お金をもらったのであればウソはつきません。しかし、いくら正直に話をしても刑事はきいてはくれませんでした。

6、　検事から「会合にも行っていない。お金をもらっていない」その証拠を示せ、と言われた時、わけがわかりませんでした。それまで弁護士先生からがんばれ、本当のことを言いなさい、と励まされましたが、信用できなくなり、ウソの供述をしました。

7、　一度、ウソの自白をしたら次から次にウソの自白をさせられました。会合のこと、お金のこと、焼酎のこと、刑事の言うがままになりました。拘置所の中で、次はどんなウソを言えばいいのか眠れないくらい考えたことがあります。

8、　裁判には勝ちましたが、まだ心は晴れません。元被告人という言葉は一生消えません。

9、　警察はどんなことがあっても信頼できません。こんな目にあわせて署長がのうのうと退職して生活していると聞いて夜も眠れないときがあります。ぜひ責任をとらせて下さい。私も高齢です。一日も早く裁判を終わらせてください。

平成19年（ワ）第1093号

平成20年5月23日

鹿児島地方裁判所　御中

原告　　中山　シゲ子（印）

意見陳述書

私は平成15年6月4日、警察が作り上げた事実無根の事件に巻き込まれ、いきなり逮捕・身柄拘留されました。273日間もの長い間拘留され、精神的、体力的にもズタズタにされました。拘留直後から始まった耳鳴りは今でもひどく、電話の対応等日常生活において後遺症に悩まされております。

当時の取り調べでは、毎日毎日、朝、昼、夜、おなじ姿勢を強制し、腰が痛くて、少しでも足を組むと「足を組むな」と怒鳴られ、「相手が認めているのに、お前はうそつき、卑怯者、女優か、双子か、」と、机を叩いたり、タバコの殻を投げつけたりされました。そしてその時顔を真っ赤にし、目じりがぴくぴく動いていた怖い調べ官の顔は今も記憶に焼きついており、その時の恐怖はいまでも頭から離れません。

否認すると、「子供たちも逮捕する。」「逮捕する要素はあるんだ。」「会社もつぶれる。否認すると罪も重くなる。」「私たちの首もぶっ飛ぶ。一回でも四浦に行ったといえばこの事件は終わりだよ。」としつように自白を迫りました。接見禁止も7ヶ月にもおよび、何を信じればいいのか分からなくなり、孤独感の中死を思った事もありました。

当時私は四浦には一度も行ったことなかったし、お金を受け取ったとされた四浦の方々についてほとんど面識はありませんでした。それなのにあれほど詳細な調書があることにびっくりしました。どうしてここまで私たちを苦しめなければならなかったのでしょうか？

仕事面、人間関係、目には見えないかけがえのないものをたくさん失いました。当時取り調べた警官が「こんな投書見たことあるか？」と言って見せた投書のような文書も、本当に存在したのでしょうか。もうすでに無罪も確定していますので、そのようなあらゆるものを開示して一日も早い真相究明をお願いいたします。

平成19年（ヮ）第1093号

平成20年5月23日

鹿児島地方裁判所　御中

原告　　中山　信一

意見陳述書

平成15年4月の統一地方選挙、鹿児島県議会議員選挙において、私は初当選後間もなく、まったく身に覚えのない容疑をかけられ同年6月4日いきなり逮捕、身柄拘留され、395日もの長い間自由を奪われ、多大な人権侵害を受けました。逮捕後約100日余り続いた取り調べの中で、磯辺警部はまったく容疑事実に触れず「議員として責任を取れ」の一点張りで、私をなんとしても辞職させたいとの意向を感じました。このようなやり方はおよそ法律上の手続きにのっとった犯罪捜査とは程遠いと思います。まるで早期の議員辞職を促して次点候補の繰り上げ当選させることが目的であるかのような取調べで、その県警のやり方に大変驚きました。また、裁判も含めて大変長期に渡り、精神的にも肉体的にも苦痛を受け、取り返しのつかない不利益を被りました。

なぜこのような事件が起きたのか。刑事裁判において4年近くたって、ようやく無罪判決が確定しましたが、真相究明は充分ではなく、加害者である県警当事者も誰一人責任を取った人はいません。

私達はデッチアゲ事件の被害者であります。民主主義の基本である選挙の公正中立性を著しく害したこのような捜査手法は、まさに権力犯罪として断罪されなければなりません。

まず、捜査の端緒はどうだったのでしょうか。これだけ大掛かりな捜査に着手するにはそれなりの根拠があったはずです。もしデタラメの通報等があったのであれば、その情報元を再調査して具体的に内容を明らかにされるべきだと考えます。あれだけ私たちを丸裸にするような調査をしたのだから、私のアリバイについても早い段階で認識できたはずです。それらの情報資料を開示すべきだと考えます。また、検察庁もこの捜査の推移をどのように評価し、判断していったかも問題です。県警の暴走を止めさせられなかった検察の責任も大きいと思います。

この裁判において徹底的に真相を究明し、責任者を本当の意味で処分して欲しいです。そして警察・検察による犯罪の被害者全員を救済して欲しいと考えます。大変な苦痛を受けた四浦地区住民をはじめ原告団にとっては、真相究明なくして本当の救済はありえません。

最後になりますが、この国賠は金銭の問題ではありません。日本の民主主義・良識を守る裁判だと考えております。一刻も早く真相がはっきりと明確に明らかにされることを望み私の意見陳述と致します。

平成１９年（ワ）第１０９３号　国家賠償請求事件

原　告　　藤元いち子　外１６名

被　告　　国　　　　　外１名

意　見　陳　述　書

平成２０年５月２３日

鹿児島地方裁判所　御　中

住　所　鹿児島県志布志市志布志町内之倉6942

氏　名　永山トメ子

1　私は，永山トメ子です。四浦の簡易郵便局の局長をしています。私は長年自分の仕事に誇りをもち，誠実に勤めてきました。

2　私は，平成１５年４月２０日，突然訪ねてきた警察官から何か話を聞きたいと言われ，警察に行きました。私はそのまま警察署で昼食も夕食も食べず，水やお茶などの　水分もとらせてもらえないまま，９時間くらい「お前は，嘘をついている。」と怒鳴られ続けました。夜になってようやく自宅に帰ることはできましたが，翌日倒れて意識不明になり，救急車で病院に搬送され，そのまま入院しました。

3　私は，平成１５年５月１３日，勤務場所である郵便局で逮捕されました。家族と会うことも，外の景色を見ることも許されず，警察の独房の中で被疑者・被告人としての日々を１８６日も強制されました。取調べにあたった警察官から，「お前は，まな板の鯉だ。どうにでも裁いてやる。」などと言われました。また，頑として自白しない私は，「お前が一番悪い。」とも言われ，長時間のきつい取調べを受け続けました。

4　警察と検察は，私を含め何の罪もない人たちを被告人という立場に置き，多大な精神的苦痛と経済的な損害を背負わせました。５年を過ぎた今でもあの忌まわしい日々は拭い去ることはできません。

5　このような事件が何故どうして起きたのか真相は解明されていません。二度とこのような事件を起こすことのないよう，真相を究明してほしいと思います。

以　上

意　見　陳　述　書

鹿児島地方裁判所　御中

平成２０年７月１８日

鹿児島県志布志市志布志町内之倉674

藤　元　安義（藤元）

私は藤元安義といいます。
１、私は昭和１９年１１月２３日志布志町に生まれました。６３才になります。私は今まで警察には縁がありませんでした。シートベルトを着用していなかったことで１回だけ警察官から免許証をと言われたことはあります。

２、それまで警察官を信用していました。しかし今回の事件で警察官を信用できなくなりました。私の取り調べでは、平成１５年４月１７日からでした。この日、午前８時頃、会社に刑事が２人来て、署まで来てくれと言われました。何のことか分かりませんでした。
警察署に行けば何か分かると、ついて行きました。今思うと任意同行ですから行かなければ行かなくてもよかったのです。しかし、当時はそういうことを知りませんでしたので、１時間か２時間で済む、と思いました。

３、ところが、この日午前９時頃から午後１１時頃まで取り調べられました。気が動転してしまいましたので、どんなことを言われたのか、私が何を答えたのか、よく覚えていません。翌日の４月１８日朝７時すぎ、自宅に刑事が２人来ました。また聞きたいことがあるので、署に来てくれ、と言われました。４月１７日の取り調べでキツく、仕事もあるので断りました。それでも何度も同行を求めてきました。仕方なく自分の車で行こうとしたら、署の車で行こうと、後部座席に座らされました。この日も午後１１時まで取り調べられました。

４、４月１９日も午前７時頃、刑事が来ました。行かないと言っても聞き入れてくれませんでした。そんなにかからない、と言われました。この日は「焼酎を配ってただろう」「お金を配ったんだろう」と大声で言われました。身に覚えがないことでしたから、何も言いませんでした。５月２日のことをお話します。この日は生涯忘れません。私は朝早くから頭痛がひどく寝ていました。刑事が声をかけてきたので返事をしませんでした。すると家の中に入ってきて、警察署に同行を求めてきたのです。私は寝ていたのです。それでも聞きませんでした。

５、私は起きて、妻の弁護士に電話をしました。佐々木弁護士です。先生は「はっきり断りなさい」と言われたので、刑事に「行かない」と言うと、それでも聞きませんでした。それで弁護士が刑事に代わるように、と言われましたので刑事に代わろうとしたら、代わりませんでした。佐々木先生から「すぐに私のところに来なさい」と言われましたので、私は弁護士に呼ばれている、と刑事に言って　家 を出ました。佐々木先生は宮崎県都城市の方です。

６、先生は病気であってもなくても警察署に行かなくていい、と言われました。しかし、事務所を出ると警察の車が待っていました。家に着くと任意同行を求められました。「頭が痛い」と訴えたのにです。私の家から佐々木先生の事務所まで約１時間もかかります。片道です。
結局、この日も警察署に車で連れて行かれました。私は警察は鬼だと思いました。病人の布団をはいででも連行したのです。取り調べは頭から選挙違反を認めるものでした。私が逮捕されたのは平成１５年５月１８日です。焼酎と現金を配った、という容疑でした。逮捕されてからは選挙運動をしただろう、お金をもらったんだろう、と言われました。黙るか否定するかしていると、私の肩を何度も揺すり、「認めろ」と言いました。

７、ある時は突然取調室の机に乗って立ち上がり、私を見下ろして何度もバカと呼ばれました。そして「あんただけがウソをついている」「他の人はみんなもらっている」と言われました。「認めなければ親も子供も逮捕する」と言われました。「あんたがウソを言っているのだから、オウムのようにずっと引っ張っていきますよ」と言われました。私選弁護人は金が掛かる、何百万円も掛かる、と言われました。国選弁護人はお金が掛からないから変えなさいとも言われました。

８、私も妻もこの事件で仕事を失いました。今はＪＡ選果場の臨時職員です。家内もボーリング場の清掃の仕事に就いています。事件から５年が経過しました。事件前の生活に戻してほしいと思います。何よりもこの事件の買収会合が私の家で行われたとでっち上げられて私も妻も子や親までが犠牲になりました。このような作り話をでっち上げた警察を許すことはできません。県警本部長は直接、四浦へ来て謝罪して下さい。

平成19年(ワ)第1093号国家賠償請求事件
原　告　藤元いち子外16名
被　告　国外1名

意 見 陳 述 書

平成20年7月18日

鹿児島地方裁判所　御中

住　所　鹿児島県志布志市志布志町内之倉6751

氏　名　藤山成美 ㊞

1　藤山成美です。私は、現在、夫、忠とともに、志布志市志布志町に住んでおります。

2　平成15年に、夫とともに選挙違反事件に巻き込まれてから5年が経っていますが、こんな事件は他にはありません。

最初の人が逮捕され、証拠もないのに再逮捕され、今度は他の人が逮捕、再逮捕され、同じことの繰り返しで次々に何もしていない人たちが逮捕されました。こんなに簡単に逮捕状というものが出るのかとびっくりしました。

3　今まで警察とあまり縁のなかった私は、5人の刑事から取り調べという思いもよらないことをされて、戸惑い、本当に恐ろしい毎日を過ごしました。

取り調べといっても、テレビなどで見るものとは違い、一方的な調べかたで、私の言うことには耳を貸さず、子供でも騙すような調べ方でした。田舎の人間だからこんな風にされるのかと思いました。

4　ずいぶん責められましたが、いろんな人たちの助けもあってなんとか苦しい取り調べを乗り越えることができました。それでも4ヶ月半勾留されました。

勾留されているときは本当に惨めでした。みんなもそうだと思いますが、私は自分が一番惨めだったと思っています。別に勾留されている夫や、家族との関係を引き裂くようなことをさんざん言われて、夜は眠れないし、いろいろなことに気を遣いすぎて神経が擦り減りました。

5　今回のことで警察への信頼はいっぺんになくなりました。私の中では警察はいつも私たちの味方だと思っていたのにです。警察は自分たちの立場を利用してやりたい放題でした。

6　警察は当たり前の調べをしたといっていますがとんでもないことです。もっとちゃんとした取り調べをしていれば、私たちはこんなめにはあっていないのです。

早く自分たちの悪いところをそうだといってください。いつまでも引き延ばさないで下さい。

今の平和な日本にあんな恐ろしい場所があるとは信じられないことですが、それが現実にありました。

あの怖さは取り調べられた人でないと決して理解できないと思います。

意見陳述書
りけんちんじゅつしょ

1、　私は懐智津子と言います。昭和２８年４月２４日生まれで５４才です。

2、　私は２００３年平成１５年６月２５日に逮捕されました。取り調べがきつくて、食事もできませんでした。

3、　４月３０日のことは忘れることができません。志布志警察署でイスに座ることもできないくらい体調を崩しました。

4、　それでも警察は簡易ベッドに横にならせて私を取り調べました。

5、　今回の事件で私も主人も仕事を失いました。体調もよくありません。主人の両親と牛をみています。

6、　１日も早く裁判を終わらせて下さい。よろしくお願いします。

鹿児島県志布志市志布志町　H.20年.7月18日
内之倉6744

懐　智津子　㊞

平成１９年（ワ）第１０９３号国家賠償請求事件
原　告　　藤　元　いち子　外１６名
被　告　　国　　　　　　　外１名

意　見　陳　述　書

平成２４年６月６日

鹿児島地方裁判所　御中

原　告　　　　　　　　　　印

1　本日，原告団を代表して，私に意見陳述の機会を賜りました。まず最初に，裁判長，裁判官に深く感謝申し上げます。

　志布志事件発生から９年が経過しました。また，平成１９年１０月１９日この訴訟を提起して既に４年７ヶ月が経過しました。この間，裁判官は何人も代わりました。私たちは，裁判官が代わるたびに，この裁判は本当に終わるのか，いつ終わるのかと，その度に，強い不安に襲われます。私たちは既に殆どの者が６０歳を超えています。このまま判決を聞かずに，命を終えるのかと思うと，心配でなりません。

　実際に，他界された方もおられます。さぞ無念であったろうと思います。

　今回は，３年間にわたって裁判を担当された牧賢治裁判長も転勤となってしまいました。私たちの不安や焦燥は言葉では言い表せません。

2　平成１５年４月施行の県議会議員選挙に関し，当選した中山信一議員の経営する会社の農作業員が焼酎や現金を配ったり，買収会合に参加したりしたとして，警察は，投票日後の同年４月１４日から，志布志の住民を次々に志布志警察署等に連行し，密室で酷い取調べをしました。検察官は，皆が苦し紛れに虚偽の自白をさせられたことが分かりながら，最終的に原告である私たちを受供与の罪で起訴しました。しかし，平成１９年２月２３日，全員無罪の判決が宣告され，確定しました。

3　私は，全く身に覚えもないのに，しかも何の証拠もないのに，「認めろ，認め

－１－

ろ」と朝から晩まで怒鳴られたり，脅されたり，私の人権を踏みにじり，逮捕状も示さず，罪も教えずに連行する車の中で手錠をかけました。そして，１４３日，約５ヶ月間も牢屋にぶち込みました。

私は永年父と２人暮らしをしてきました。ちょうどその頃，９０才を過ぎた高齢の父は病気で入院し，危篤状態でした。私が１人で父の面倒をみておりました。そうした状態であったにもかかわらず，無理矢理逮捕され，入院中の父を置いて鹿児島南警察署に連行されました。幸い，父は私が保釈されてから間もなく他界しました。父に最後の精一杯の看病が殆どできずに心残りです。しかも，私は被告人とされ，父に肩身のせまい思いをさせたまま，結局私の無実の確定も知らずに他界したのが本当に悔しいです。

4　私が，鹿児島南警察署に勾留され４０日が過ぎた頃，姫野刑事が「認めないのは，あなただけだ。あなたが認めないのでみんな帰れない。早く認めてみんなと一緒に帰りなさい」と繰り返し言うので，ついに私は嘘の自白調書に同意させられました。

ところが，検察庁の調べで，検事さんが「本当にあなたはもらいましたか」と尋ねられたので，「いいえ，本当はもらっていません。でも，姫野刑事が認めないのは私１人だけだと言うし，認めないと，みんなが帰れないと言うので，どうにでもなれと思って同意しました」と言いました。そうしたら，「それはだめです」と言われ，あの検察官の方の一言があったばかりに，それから殆ど私の取調べはされなくなりました。しかし，それでも検察官は私を裁判にかけました。

5　先の刑事裁判が始まってみたら，認めないのは私１人ではありませんでした。警察は平気で嘘を言って，しかも脅迫的に自白を迫り，無実の人間を犯人に仕立てます。自白した人達も，私と同じように「脅され」，「騙され」，嘘の罪を認めさせられたのです。警察はひきょうです。警察には法律も何もないところです。北朝鮮と同じように平気で拉致をするところです。

6　ところで，先にも述べましたが，私が１４３日，約５ヶ月間牢屋に入れられていたとき，危篤状態だった父を，近くに居る７０才を過ぎた従姉妹の大野ユキエさんが毎日看病してくれ，さらに関西方面に居る弟の国男，妹のチズル達がそれぞれ４，

５回ずつ帰って来て看病を交代でしてくれたそうです。こうしたことで，従姉妹や弟妹達にも大変な経済的負担をかけました。

私は，保釈されて帰ってきたころ，体がふらつき，体力が衰え，思うように歩くこともできませんでした。私の仕事は庭師でしたが，私が不在のため半分に減り，仕事があっても足腰が弱っていて，高いところの仕事ができませんでした。

7　私は，志布志の山奥で今まで真面目に汗を流して生きてきました。警察が，このようなデッチ上げの犯罪を作ったおかげで，私の一生は狂ってしまいました。これまでの５年間，いつも心にあるのはこの事件のことです。片時も忘れることはできません。なぜこのような事件が作られたのか，目的は何だったのか，この裁判で明確にして下さい。

さも，あったかのように事件を作り上げ，無実の人達を長期間拘留して，酷い目に遭わせておきながら，警察は適正な捜査であったと言っています。私たちは，この事件は何の証拠もない，でたらめな捜査であったことは間違いないと確信しています。

警察から見ると，私達は「虫けら」みたいなものかもしれませんが，それでもそれなりにプライドがあります。是非，私たちの名誉回復を図るような裁きをして下さい。

8　私は，他の人と違って１人だけ集落が違います。今でも，どうして疑いがかかり，犯人扱いにされたのか教えてくれません。それでも先の刑事裁判のとき，検察官は私に対し，論告求刑で，「懲役８ヶ月，罰金１０万円」と求刑しました。無罪にはなりましたが，いったい何を根拠にしてあんな求刑ができたのか，また，どうしたらこの事件の真相が解明されるのか，腹立たしく思いました。警察も検察も信用できない私には，ただ，裁判所の裁きしか期待できません。

日本は法治国家です。裁判所こそ，真実を裁いて下さい。そして，法廷で平気で「嘘」を言う警察などの証言を見抜いて下さい。

よろしくお願いします。ありがとうございました。

以　上

平成１９年（ワ）第１０９３号国家賠償請求事件
原　告　　藤　元　いち子　外１６名
被　告　　国　　　　　　　外１名

意見陳述書

平成２６年８月２９日

鹿児島地方裁判所　御　中

原　告　　　　　　　　　　印

この裁判を終えるにあたり、私は、原告を代表して、意見を述べさせて頂きます。

１　私が生まれて初めて警察の取調べを受けたのは、１１年前の平成１５年４月１７日でした。それからは地獄の日々でした。

私は、刑事たちから、三畳にも満たない密室に朝から晩まで閉じ込められ、誰も犯人ではないのに、警察は犯人を造りだそうと必死でした。「いち子が認めている、鶴雄が認めている、外の人も認めている。認めろ」と、繰り返し繰り返し責め立てました。本当に認めていると思わされました。ときには、大きな怒鳴り声で、ときには、選挙違反は交通違反と一緒だ、認めれば仕事にも復帰できるなどと、取引も持ちかけてきました。ウソ発見器にもかけられました。私は本当のことを言っているので、ウソ発見器で真実が明らかになると思って、ウソ発見器のテストも受けました。しかし、刑事は、機械は嘘をつかない、きれいに出ているなどといい、お前がウソを言っていると、自白をするよう責めてきました。絶望しました。警察は、捕まえた人が、取調べのとき、警察が考えているとおりの答えを言うまで、手段を選ばず、取調べを続けました。

私は、いつの間にか犯人に仕立てられ、そして、集落の人を犯人に仕立てさせ

－１－

られ、犯人ではないのに、手錠をかけられ、腰縄をかけられ、檻に入れられ、牛や馬のように扱われました。とても惨めで悔しいでした。仕事を失い、信用を失い、全てを失いました。

２　このようにして逮捕された住民は、１５名、起訴された住民は１３名、平成１９年２月２３日に全員無罪になるまで約４年かかりました。

逮捕される前から、何の容疑かも告げられず、訳の分からないまま取調室に入れられ、取調べを強要されました。

延べ取調時間は、私は、５３８時間、懐智津子さんが４３６時間、山下邦雄さんが５４２時間、山中鶴雄さんが５９５時間、藤元いち子さんにいたっては７３７時間にもなります。他の人も同様に、長時間・長期間、連日のように、密室で虚偽の自白をするよう強制を受けました。

子どもの名前を挙げて仕事を失うと言われた人、

子どもも逮捕すると言われた人、

裁判が長くなって家族や財産を失うと言われた人、

選挙違反は交通違反と同じで罰金で済むと言われた人。

取調べは、あの手この手が使われました。

私は、親、牛、家族を養っていました。逮捕された人のほとんどが、同じ境遇でした。警察は、そういう人間たちなら簡単に選挙違反をやってなくても認めるだろうと思ったのだと思います。

刑事達は、田舎の人だと、私達をバカにしたのです。

密室の恐怖は、口では言い表すことできません。

固いパイプ椅子に長時間、じっと座らされ、永山トメ子さん、永利忠義さん、その他関係者は、次々に救急車で病院へ運ばれました。

体調不良から点滴を受けたのは、智津子さん、

錯乱状態となったは藤元いち子さん。

自殺を図ったのが、懐俊裕さん智津子さん夫婦です。

－２－

懐俊裕さんは、絶望し、滝壺に入水自殺を図ったこともありました。未遂に終わり、命は無事でしたが、心に大きな傷を負いました。

鶴雄さんは交通事故でケガをして入院していたのに、病院から調べを受けました。

いち子さんの長男も病室から取調室に直行でした。

いち子さんも留置場で錯乱状態となったこともありました。懐集落はもとより、四浦の人々はパニック状態となっていました。

しかし、このような状態で、刑事の裁判が続き、心労のため、山中鶴雄さんはがんで亡くなってしまいしました。無罪の判決を聞くこともなく、さぞ無念だっただろうと思います。

その後も、警察・検察からの謝罪はなく、

永利忠義さん、

永山トメ子さんのご主人、永山東さん、

懐俊裕さんのお父さん、懐功さん、

藤元いち子さんのお父さん、藤元明さん、

私の父、藤山卯一郎と、

本人、夫、親が次々になくなりました。

皆、刑事から、やっただろうと酷い取調べを受けた人ばかりです。

一生懸命弁護してくれた熱血弁護士有留宏泰先生も、若くして亡くなってしまいました。

また、東條雅人弁護士も亡くなりました。

3　いち子宅での買収会合なんてありません。警察がつくったねつ造です。場所も、日時も、お金や焼酎もみんな警察のウソです。警察が押し付けたウソの自白です。

逮捕された住民に、「ウソはいけない」などと説教をしながら、警察は平気で、私たちにウソをつき、取調室が密室であることをいいことに、自白しろ、つまり、ウソを言えと言い続けました。法廷でもウソをつきました。

私は、中山信一さんから、お金や焼酎をもらっていません。だから、大量の捜査員を投入しても、具体的な事実や証拠はみつかるはずがないのです。会合があり、オードブルが出たのであれば、田舎のことです、どこから買ったかは、直ぐに分かることです。田舎の人のつながりは、都会とは違うのです。このことは、強制的に警察署に同行された段階で、警察にも分かっていたはずです。

それなのに、なぜ私たちにこんな仕打ちをしたのか、未だに真相は明らかにされません。

4　私が、逮捕されたのは、平成１５年５月１３日です。再逮捕が、平成１５年６月４日でした。保釈されたのが、平成１５年１１月１４日でした。１８６日間勾留されました。

中山信一さんが３９５日間、

奥さんのシゲ子さんが２７３日間、

懐俊裕さんが８８日間、

そのほか全員が１００日間以上勾留されました。

精神的な苦しみは、私たち経験者でないと全くわからないものです。今でも、当時の取調べのことを思い出して、うなされることがあります。

5　私たち１２名とその家族や親戚、周囲の人、多くの人が死ぬほどの苦しい思いをしました。

しかし、県警本部長や取調べを行った刑事たち、誰一人として、私たちの集落に来て、謝罪をしていません。刑事裁判から現在の民事裁判まで、１１年間、私たち当事者はもちろん、その家族や支援者の方々と一緒に、期日の度に鹿児島地方裁判所へ足を運び、参加しました。尋問のときや午前中の期日のときには、早朝５時には、志布志を出発して参加しました。

私の住む集落は、山間の小さな集落です。昔ながらの棚田があり、山菜や猪などもとり、昔ながらのしきたりなどを守りながら、お互い助け合ってひっそりと暮らしてきました。

そこに、誰も犯人でないのに、あいつと一緒にやったんだ、お前もやったんだと、来る日も来る日も責められ、人間不信となりました。みな、誰も信頼できなくなりました。

6　私たちのような思いを二度と誰にもさせたくありません。

私達の取調べが可視化されていたら、刑事は法廷でウソをつくこともできなかったはずです。そして、刑事は、私が弁護士と話したことを聞くこともなかったでしょう。怒鳴ったり、取引を持ちかけたり、踏み字をさせたり、おらばせたり（叫ばせたり）、ボールペンを握らせて書かせようとしたり、様々な強制がなされました。みな取調べは初めてで、恐ろしかったのです。可視化されていれば、そのような取調べはしなかったはずです。そのことが悔しいです。この裁判には、刑事達がつけていた取調べ小票があるはずです。でも、これも被告らは法廷に提出することを拒みました。

刑事たちは、皆、自分たちは正しいことをしたと言っています。そうであれば、このような小票は出せるはずです。正義はどこにいったのでしょうか。

7　裁判官様。私達をどうか救済してください。私達の苦しみを少しでも和らげて下さい。これ以上、私達を苦しめないで下さい。

法制審の答申では、志布志事件は、可視化されないことになります。そうすると、また、私達のような取調べの被害者が生まれるのです。志布志事件を反省していない、今の警察・検察に取調べの権限を与えてよいのでしょうか。

警察・検察のウソをきちんと裁いて下さい。

警察・検察の落ち度を明らかにして、反省を迫って欲しいです。

それができるのは裁判所だけです。

どうか、二度と取調べの被害者を出さないよう、私達の被害を救済して下さい。

私達の叫びを聞き届けて下さい。

ありがとうございました。

以　上

－5－

あとがき

1

私たち市民は、志布志事件のような違法捜査・違法起訴を二度と繰り返さないようにするために、今、何をなすべきでしょうか。

志布志事件は、現行刑事司法の暗部を垣間見せた事件です（ただ、暗部の全容が明らかになっていないのが不気味です）。志布志事件は、現行憲法・刑事訴訟法のもとにおいてすら、嫌疑らしい嫌疑がなくても、警察官は無辜（むこ）の一般市民を取調室に連行できること、虚偽自白をさせるため連日の取調べができることなどの現実を私たち市民に見せつけました。しかも、「踏み字事件」（虚偽自白を迫り、取調中に親族の名前を書いた紙を強制的に踏ませた事件）、「おらばせ事件」（虚偽自白を迫り、取調中に取調室の窓から外に向かって大声で、自分は犯人だと叫ばせた事件）などに象徴される恐ろしい密室での取調べが、無実の多数の市民に対して繰り返されていたのです。いわゆる「叩き割り」と呼ばれる、嫌疑もないのに、暴力的な言動を用いて虚偽自白を迫る密室取調べが、この平成の世でも、江戸時代から脈々と受け継がれていることに驚きを禁じ得ません。

また、志布志事件では、捜査機関は、逮捕したからには、何としてでも有罪にしようとして、無実の方々と弁護人が接見室で何を話しているかを聞き出し、警察官の立ち会いなく弁護人だけと打ち合わせを行う権利（憲法が認めている秘密交通権）を検察・警察が一体となって、なり振り構わず組織的・継続的に侵害しました。このようなことが許されると、弁護人は自由な防御活動ができなくなり、冤罪を阻止できなくなります。

さらに、あろうことか、裁判官までも、無辜の者が虚偽自白をするまで保釈を認めないという人質司法を無批判に繰り返しました。

そこで、私たち弁護士は、平成一五年の志布志事件発生後、全ての事件について取調べの全過程の可視化を求め、刑事訴訟法改正のための運動を展開してきました。また、被疑者・被告人がきちんとした防御ができるようにするため、弁護人と被疑者・被告人との間の秘密交通権の絶対的保障確立のために運動も展開してきました。就中、志布志事件では、弁護人の固有権としての秘密交通権の組織的侵害があったとして、志布志事件の弁護人らが国や鹿児島県を被告として、国家賠償請求訴訟も提起し、完全勝訴しました。さらに、虚偽自白をするまで身体拘束を続ける人質司法は、冤罪の温床ですから、保釈制度及びその運用の是正のため、保釈（保釈が認められない場合の全件準抗告）を求める運動、人質司法の撤廃運動も展開しました。全面可視化、秘密交通権の確立、そして、人質司法からの解放は、冤罪防止の観点から、必ず実現すべきことなのです。

長期間・長時間の取調べ（例えば、いち子さんは、延べ七〇〇時間以上にわたり取調室での取調べを強制されました。これは先進諸国では他に類を見ない異常なことです）が行われれば、無辜の市民であっても、取調官主導の強制により、虚偽自白をさせられることがあることは、志布志事件で証明されたのですから、身体拘束時間の短縮及び取調べ時間の制限も、虚偽自白防止のために必要不可欠なことなのです。

ところが、志布志事件で身の潔白が証明された冤罪被害者が提起した国家賠償請求事件の鹿児島地裁判決（平成二七年五月一五日判決）では、起訴の違法や取調べの違法等が認められたものの、余りに中途半端な判決で、とりわけ任意捜査（とくに任意の取調べ）が許される範囲について、捜査機関に広範囲の裁量権を付与したため、全ての事件について取調べの全過程の可視化が実現されても、録画・録音は取調べの適正を必ずしも担保するとは限らないことになります。この判決の論理では、カメラの前でも、取調官の少々の暴力的・威迫的言動は許されるというのですから。それはそれは、空恐ろしいことです。

この点、志布志事件において、いわゆる「叩き割り取調べ」の被害に遭い、不起訴となった冤罪被害者が提起した国家賠償請求事件において、平成二八年八月五日の福岡高等裁判所宮崎支部の控訴審判決では、志布志事件について、いわゆる焼酎口事件、買収会合事件などの選挙買収事件がなかった（つまり、犯人ではなかった）ことを明確に認定しました。その上で、同判決は、鹿児島県に対し、当時の鹿児島県警察の「犯人ではない」控訴人らに対する「任意取調べ」が任意捜査の限界を明らかに逸脱した違法があることを認め、控訴人ら全員について損害賠償を命じました。賠償額も増額されました。

同判決は、捜査初期の段階から「極めて薄い嫌疑」のもとで行われた、控訴人らに対する「取調べ」の一部は、取調時間、取調回数及び取調態様において、社会通念上相当と認められる限度を明らかに逸脱しているものとして、国賠法上の違法を認定しました。かかる判決は、任意捜査の限界に関する判例理論に照らせば、きわめて妥当な判決であり、これを高く評価することができます。ただ、密室での取調方法の違法については、「事件さえ起こしておらず、犯人ではない」控訴人らの主張（例えば、警察官から、取調べ中、常に姿勢を正すよう強制された、ペンを持った手をとって供述調書に署名するよう強制されたなどの冤罪被害者の終始一貫した訴え）は、ごく一部（「おらばせ事件」（鹿児島弁で、大声で叫ばせた事件）や外道呼ばわり事件）しか事実認定されませんでした。真実、事件はないと一貫して無実の叫び声を上げている方々が、叩き割りをされたと嘘を言うはずもありません。これも真実の叫びなのです。裁判所が、この叫びを聞き入れなかったのも、取調室が密室であるが故の弊害です。

志布志事件の取調べが可視化されていたならば、「踏み字」「おらばせ」等と同様の冤罪被害者に対する「叩き割り」の事実は、白日のものとなっていたと思います。否、取調官は、彼らに対し叩き割り等できるはずもありません。やはり、現行の国家賠償請求訴訟では、冤罪被害者の救済が困難であることを見事に証明しています。上記判決は、現在の司法制度の限界を示しているのです。

2

刑事司法も、私たち国民のコントロールに服さなければなりません。だから現行の刑事司法の誤りを正すのは国民です。私たち国民は、冤罪被害の深刻さやその原因を認識し理解するため、冤罪被害者の「生の声」はもとより、「声なき声」にもしっかりと耳を傾けなければなりません。それが国家権力の「違法捜査・違法起訴に起因」する冤罪被害であればなおさらです。

国民主権なのですから、司法に関わる者はもとより、一般市民の方々も、「明日は我が身と」違法捜査・違法起訴に起因する志布志事件の被害の深刻さを、まず、十分に理解しなければなりません。しかし、私たちは、たくさんの冤罪被害者の声（悲痛な叫び声）に耳を傾けてきたでしょうか。志布志事件の被害者の声なき声にしっかり耳を傾けてきたのでしょうか。どこかで他人事と考えているのではないでしょうか。

志布志事件は、①嫌疑なき違法捜査（特に違法な密室取調べ）、②逮捕状などの令状を審査し、令状を発付した裁判官の過誤、③検察官がこれらの誤りを見過ごしたまま、あるいは警察と一緒になって行った誤起訴が、冤罪被害の原因となったのです。では、どうして、警察も、検察も、そして、裁判官も、その実態を見誤ったのか。その原因究明こそが、冤罪防止となり、そして、真実罰すべき者を罰する仕組みを確立できるのです。

我が国において、過誤の原因究明がなされないまま放置されてきた分野は、まさに「刑事司法の世界」だけではないでしょうか。公害事件などを契機として、安全な製品や制度を作り出す努力は、各方面で積極的になされてきました。例えば航空機事故が起きれば、徹底した事故原因の究明を行ってきました。航空機搭載のブラックボックスやボイスレコーダーを回収し、二度と同様の事故が発生しないよう、事故原因の徹底究明を行い、その原因に応じ、その都度対策を講じてきました。それが精度の高い安全な航空機をつくり、航空機を安全に飛ばすことに繋がってきたのです。消費者を食い物にするようなセールス、例えば、ネズミ講による消費者被害が続出すれば、特定商取引に関する法律を制定・改正し、訪問販売、アポイントメントセールス、連鎖販売取引など消費者を食い物にする強引な売り込みを規制し、消費者被害の防止に努めてきました。

これに対して、刑事司法自体は、どうでしょうか。

自然科学は、事後の検証ができるシステムを要求します。制度は、世の中に生起する出来事に対応できるよう、法改正を繰り返し、これに対する対応能力を備えるようにするものです。

刑事司法も、自然科学ではないにしろ、誰もが納得できる結論か、その判断過程も含めて事後検証ができるような仕組みを構築しておくことは極めて重要です。取調べの可視化は、密室取調室というブラックボックスを検証できるようにするための仕組みです。この場合でも、常に取調べ自体が開示されるというものではなく、誤捜査・誤起訴・誤判が生じた場合（及びそれらの疑いがある場合）に、このブラックボックスを検証して、その原因を明らかにできるようにすることが狙いなのです。これまでも虚偽自白が原因で誤捜査・誤起訴・誤判が生まれています。氷見（ひみ）事件、布川（ふかわ）事件、足利事件、東住吉事件、四大死刑再審無罪事件など、枚挙に暇がありません。

刑事司法制度も、このような事態に対応できるように、刑事司法の担い手（特に警察組織）の改革・整備など、誤判を生まない刑事司法制度の改革が求められているのです。

では、どうして虚偽自白調書が作成されてしまったのか、その原因を究明したのでしょうか。誤捜査・誤起訴・誤判があった、これらの事件について、ブラックボックスを検証してきたでしょうか。そして、この冤罪被疑者の方々の生の声（取調べで、うその自白を強要されたとの真摯な訴え）に、私たち市民は、しっかり耳を傾けてきたのでしょうか。声なき声（取調室に連行され執拗な取調べを受けながら、検察官に事件送致もなされず、声を上げる機会もないまま、泣き寝入りした無実の方々の叫び）に耳を傾けてきたのでしょうか。それらの声を聞いて、時代に即応する刑事司法の担い手の改革をしたり、これに相応しい人材を育成したり、これらの者が運用する制度を改革してきたでしょうか。もちろん、答えは、否でしょう。

3

志布志事件は、発生から一三年が経過しました。この間、加害者（国や県、あるいは捜査官）から直接の謝罪はありません。しかし、どのような事件の被害者であれ、被害者であれば、加害者・犯人の謝罪を求めるのは、余りに当然のことです。被害回復の第一歩です。既に裁判所が捜査に誤りがあることを認定したのですから、捜査機関が冤罪被害者に謝罪するのは当然です。加害者・犯人が謝罪しないのは、加害者・犯人が反省していない証しですし、更生の可能性も低いし、反省しない加害者・犯人は、またぞろ、性懲りもなく、同様のことを引き起こすものです。捜査機関とて、同じです。

また、志布志事件では、冤罪被害の回復も極めて不十分です。

私たち弁護人は、五〇人以上の冤罪被害者の生の声を聞き、志布志事件の違法・不当な誤捜査に原因がある冤罪被害の深刻さを痛感させられました。このような深刻な冤罪被害のうち、ごく一部の被害回復のために一〇年もの歳月が必要でした。一旦発生した冤罪被害を回復するため、こんなにかかること自体、大問題です。

さらに、冤罪被害者は、冤罪被害を受けたときから、長く苦しい孤独な闘いを強いられます。他方、殺人などの犯罪被害者は、強大な警察・検察権力が味方になってくれます。マスコミもそうでしょう。しかし、冤罪被害者の相手方は、常に強大な警察・検察権力です。マスコミも、捜査機関からの情報を無批判に垂れ流し、犯人視報道をします。被害はマスコミにより増幅され、回復不能なほど甚大なものとなります。だから、冤罪被害の声は、この大きな権力の前で、かき消されてしまうのです。実際、叩き割りの被害に遭ったものの、検察官送致されなかったり、不起訴になった方のうち、国家賠償請求訴訟を提起した方は七名に止まったのです。それは権力と闘うことが勇気のいることだからです。しかし、冤罪被害者も、「被害者」なのです。そのことを決して忘れてはいけません。だから、この声、声なき声を聞くことなしには、刑事司法改革はあり得ません。

だから、冤罪被害者を孤立化させない運動も重要です。冤罪事件発生時から今日まで草の根運動として支援を続けてきた志布志の「住民の人権を考える会」の活動は、そのモデルケースとなるでしょう。

冤罪防止の観点から、今般、立命館大学に日本版イノセンスプロジェクトが立ち上がりました。これも立命館大学の稲葉光行先生が志布志事件の心理学鑑定を行ったことが契機となっています。捜査機関に疑われると、その疑いがさして根拠のないものでも、いつの間にか、もっともらしい証拠があるかのように進んでいくものです。もっともらしい証拠の典型が、叩き割りも可能な密室取調べで作出された虚偽自白調書です。そして、裁判官は、これをいとも簡単に信じてしまうものなのです。そこが国家権力の恐ろしいところです。だからこそ、何としても捜査初期の段階での冤罪被害を救済する必要があるのです。現在、日弁連には、再審事件（一旦裁判で有罪が確定した事件）を支援する体制が確立されているのですが、捜査段階や公判段階での冤罪被害者への支援体制がないのが実情です。個人としての弁護人による、無罪のための弁護活動には限界があり、イノセンスプロジェクトは、捜査初期の段階から、この防御活動に対し、専門家集団による科学的観点からの支援をしようとする試みで、その意義は大変大きいものと思います。現状を打破するためにも、是非とも成功させなければなりません。

4

冤罪被害は、違法不当な誤捜査に原因（それが誤判の原因）がある場合が殆どでしょう。例えば、①無罪の証拠（例えばアリバイの証拠）があるのに、これを収集しない、②無罪の証拠を意図的に隠す、③叩き割りをして虚偽自白をさせる、④捜査の端緒となる情報を裏付ける証拠を収集せずに、その情報を信じ込んでしまうなどが上げられます。このようなことは、何としても防止しなければなりません。捜査員個々人の捜査能力を高める人材教育を行い、さらには、組織捜査能力や質を高めるための組織改革（自浄作用がないことが判明していることからすれば、外部からの組織改革が不可欠）を行うなどして、捜査機関内部のチェックを十分に機能させることができれば、殆ど誤捜査は防止できるはずです。

これまで誤捜査を防止できなかったのは、最終的には、このことに無関心であった私たち国民の責任です。誤捜査に起因する冤罪は、国家による、つまり、私たちによる犯罪行為・違法行為なのです。

捜査機関の暗部の存在を垣間見た志布志事件は、冤罪被害の防止と救済のシステム作りが急務であることを教えています。

とりわけ捜査初期の段階での冤罪防止が重要ですから、弁護人には、接見の徹底、違法捜査に対する抗議など、捜査弁護の徹底が求められています。

捜査機関の側には、有罪方向の証拠だけでなく、無罪の方向を指し示す証拠も含め、収集しうるあらゆる証拠の収集過程の記録化、保存や管理方法の法定及びその遵守などが重要です。

裁判所には、捜査機関が、証拠の収集過程を記録化していない場合（とくに取調べを録画・録音していない場合）には、その証拠能力を否定する判断を行うことにより、捜査機関に法を遵守させることが重要です。例えば、被告人と犯人との同一性を明らかにするためのＤＮＡ型鑑定では、遺留試料の採取・保存過程、その鑑定過程を明らかにする（ビデオ映像等により証拠化する）だけでなく、被疑者の口腔内細胞の鑑定を第三者機関にさせる（現在は、警察の下部機関である科学捜査研究所（以下「科捜研」という）が全て鑑定しているのですから、実験室等で、被告人の口腔内細胞と遺留試料とを汚染させる可能性があり、意図的に汚染させる疑いを一掃することができないのです。意図的に汚染させることは、ＤＮＡ型鑑定の精度を考えると、簡単に犯人をでっち上げることを意味するのですから、恐ろしいことです）などして、遺留試料が被疑者の口腔内細胞によって汚染されることを防止することも必要でしょうし、ＤＮＡ型鑑定の経過を明らかにするため、鑑定人が作成する「鑑定ノート」（鑑定は専門家の知識を利用するものですから、専門家が行っている方法で実施するべきであり、医師等の専門家は、この鑑定ノートを作成して実験を行っているのですから、科捜研の技官も同様の方法によるべきです。だから、科捜研の技官が鑑定ノートを廃棄するなど、絶対にさせてはならないのです）の提出なしには、その鑑定書には証拠能力を付与しないとすることも重要でしょう。

さらには、税金を使って集めた証拠は、捜査機関だけのものではありません。国民のものです。ですから、被告人に有利・不利を問わず、全ての証拠が弁護側へ開示されることも重要です。証拠の標目だけでは足りるはずもありません。裁判所は積極的に証拠開示命令を出し、弁護人に全ての証拠の検討をさせるべきです。

また、違法な「取調べ」を撲滅するために、全ての事件で取調べの録画・録音なくして取調べは許されないとすべきです。また、違法取調べを発見したら、これを抑止するためのあらゆる方策をとることが弁護人には求められます。その点では、取調べへの弁護人の立会いも重要でしょう。当然のことですが、取調べ自体、時間や回数が制限されるべきことを法定すべきです。

さらには、冤罪被害者の事後救済としての刑事補償制度の改正も重要です。個人の尊厳こそ最も価値があるのに、現行刑事補償法における冤罪被害者の事後救済は、補償とは名ばかりだからです。また、犯罪被害者と同様に、冤罪被害者にも、カウンセリングなどを受けられる仕組み、生活支援の仕組みなどを整備する必要があります。犯罪の鎮圧という名目で、私たちのために犠牲となった方々を社会に放置することは、正義に反することだからです。憲法上、国家が個人の財産権を公共のために用いるために侵害した場合、完全な補償が受けられます。そうであれば、国家が個人の権利・自由を犯罪摘発のために侵害した以上、そして、その誤りが判明した以上、所有権侵害以上に、完全な補償が受けられるべきだからです。公権力といえども、間違いは起こすのですから、その間違いには、完全な補償がなされなければなりません。

また、プライバシー保護や捜査の障害となるとして、捜査情報については、情報公開条例による情報公開が制限されていますが、冤罪であることが明らかとなった時点では、捜査情報は公開されるべきです。公開されないと、冤罪原因の究明ができないからです。冤罪原因の解明は、二度と冤罪被害を出さないという意味で、将来のプライバシー保護に繋がるのだし、冤罪原因が解明できないまま放置されることこそが、冤罪を作った捜査方法が改まらないため、将来の捜査の支障となるからです。

さらに、国家賠償請求訴訟において、刑事事件の隠された証拠資料は、現行民事訴訟法の文書提出命令制度では、決して裁判の場で、証拠とされることはありません。そのことは、冤罪被害者の被害救済を阻んでいます。現行法では、密室での警察官らの違法行為を証明できなければ、冤罪被害者が敗訴する仕組みなのに、警察官の違法行為を立証できる証拠は捜査機関だけが保有しています。そうなのに、捜査情報を理由に、この証拠を裁判の場に提出することはできないのです。だから、冤罪被害の実態解明がなされるための制度改正が重要です。

このようにして、冤罪被害について、事後の原因究明をしっかり行って、現行刑事訴訟制度に内在する、その誤捜査・誤起訴・誤判原因の「病巣」を全て除去して、警察組織の改革や刑事司法制度の改革をすることが、刑事司法機関への信頼に繋がるのです。私は、そのことが捜査機関の行う適正捜査への国民の信頼に繋がるものと確信しています。

現在の刑事司法の実態が、私たちの仲間である市民の犠牲の上に成り立っていることを私たち市民が自覚すれば、二度と冤罪被害を発生させないという強い覚悟も生まれると思います。捜査機関は、効率的真相解明や犯罪の鎮圧と称して新たな武器（盗聴や司法取引など）を求めますが、そのようなことよりも、仲間を決して冤罪被害者にはしないという信念のもとで、既に与えられている強力な武器（様々な強力な捜査方法）を適正に行使すべきです。既に与えられている武器が強力なだけに、武器の濫用は許されないことを捜査機関は肝に銘じるべきです。

私たちは、刑事司法の適正化のため、志布志事件で垣間見た現行刑事司法の暗部を全て抉り出し（暗部の全容を解明し）、その教訓を生かすべく、闘いを継続しなければなりません。そして、私たちは、冤罪被害を撲滅する仕組みをつくり上げ、二度と志布志事件のような、多数の無辜の市民を犯人扱いした悲劇の再発を阻止しなければならないのです。それが今も冤罪被害に苦しんでいる志布志の方々の思いに報いることになると確信しています。

志布志の冤罪被害者の苦しみが少しでも癒えるように祈念して、あとがきとさせて頂きます。

共同編集者 **野平康博**

編・著者紹介（執筆順）

【編・著者】

木村　朗（きむら　あきら）
鹿児島大学教員、平和学専攻。一九五四年八月生。北九州市小倉出身。日本平和学会理事。平和問題ゼミナール主宰。インターネット新聞NPJに論評「時代の奔流を見据えて」を連載中。主な著作は、単著『危機の時代の平和学』（法律文化社）、共著『広島・長崎への原爆投下再考―日米の視点』（法律文化社）、『21世紀のグローバルファシズム―侵略戦争と暗黒社会を許さないために―』（耕文社）、『米国が隠す日本の真実―戦後日本の知られざる暗部を明かす』（詩想社）、『核の戦後史―Q&Aで学ぶ原爆・原発・被爆の真実』（創元社）など。

野平康博（のひら　やすひろ）
鹿児島大学を卒業後、平成七年、司法試験合格。平成八年四月、第五〇期司法修習生。平成一〇年四月、鹿児島県弁護士会に弁護士登録。弱者弁護を志し、民事事件では、原爆症認定集団訴訟、中国残留孤児訴訟、全国トンネルじん肺訴訟、防空壕陥没事故国賠訴訟などの訴訟を手がける。刑事事件では、国選弁護を中心に、裁判員裁判の死刑求刑事件で、一審無罪の判決を得た被告人の弁護人を務め、一審有罪の強姦被告事件の控訴審で逆転無罪判決を受けた被告人の弁護人を務めた。

【著者】

梶山　天（かじやま　たかし）
一九五六年、長崎県五島市生まれ。一九七八年、朝日新聞社入社。東京社会部警察庁担当、西部本社報道センター（旧社会部）次長、鹿児島総局長、東京本社マーケティング企画・戦略主査、東京本社特別報道部長代理、東京本社文化暮らし報道部員を経て現在、日光支局長。著書に『「違法」捜査　志布志事件「でっちあげ」の真実』（角川学芸出版）がある。

大久保真紀（おおくぼ　まき）
朝日新聞編集委員。一九八七年、朝日新聞社入社。盛岡、静岡両支局を経て、東京本社社会部、西部本社社会部などに在籍。二〇〇六年から約二年、鹿児島総局でデスクを務めた。著書に『買われる子どもたち』『こどもの権利を買わないで――プンとミーチャの物語』『明日がある――虐待を受けた子どもたち』『中国残留日本人』『児童養護施設の子どもたち』『献身――遺伝病FAP患者と志多田正子たちのたたかい』、共著に『虚罪――ドキュメント志布志事件』など。

原田宏二（はらだ　こうじ）
一九三七年札幌生。一九五七年、警察学校初任科入校北海道巡査。一九七五年、警察庁出向、山梨・熊本県警の捜査二課長などを経て北海道警釧路方面本部長（警視長）、一九九五年、退職。二〇〇四年、道警裏金問題を告発。「明るい警察を実現する全国ネットワーク」発起人。「市民の目フォーラム北海道」代表。広く警察の実態を国民に知らせる活動、冤罪被害者や国賠訴訟の支援活動など、全国で警察改革を求めて活動中。著書に『たたかう警官』（ハルキ文庫、『警察内部告発者』を改題・再編集）『警察捜査の正体』（講談社）など。

辻　恵（つじ　めぐむ）
一九四八年京都市生。東京大学法学部卒業。弁護士。元民主党衆議院議員（二期）。衆議院法務委員会与党筆頭理事、検察官適格審査会委員、民主党副幹事長、政策調査会副会長、法務部門会議座長等を歴任。現在は「オール関西　平和と共生」代表として活動。著書に、『デッチ上げを許さない――志布志選挙違反事件の真実』、『政権崩壊――民主党政権とはなんだったのか』（青木理・宮崎学氏らとの共著）がある。

※第2部の著者について、本文著者名に、主要な肩書きを紹介しました。

志布志事件は終わらない

発行日　2016年11月10日　第1版第1刷

編著者　木村　朗・野平　康博

著　者　梶山　天・大久保真紀・原田　宏二
辻　恵・中山　信一・永山トメ子
一木　法明・谷口　松生・下平　晴行
柳　誠子

発行者　藤田　敏雄

発行所　株式会社　耕 文 社

〒536-0016 大阪市城東区蒲生1-3-24
TEL.06-6933-5001　FAX.06-6933-5002
E-mail　info@kobunsha.co.jp
URL　http://www.kobunsha.co.jp/

ISBN978-4-86377-045-4　C0036